理解的追寻

从实践理解论到社会理解论

刘少杰 / 著

人民出版社

责任编辑：郭彦辰
封面设计：石笑梦

图书在版编目（CIP）数据

理解的追寻：从实践理解论到社会理解论 / 刘少杰 著 . 北京：人民出版社，2025. 6. -- ISBN 978 – 7 – 01 – 026981 – 8

Ⅰ. C912.68

中国国家版本馆 CIP 数据核字第 202550KA96 号

理解的追寻

LIJIE DE ZHUIXUN

——从实践理解论到社会理解论

刘少杰 著

人民出版社 出版发行

（100706　北京市东城区隆福寺街 99 号）

北京建宏印刷有限公司印刷　新华书店经销

2025 年 6 月第 1 版　2025 年 6 月北京第 1 次印刷

开本：710 毫米 ×1000 毫米 1/16　印张：19.75

字数：300 千字

ISBN 978 – 7 – 01 – 026981 – 8　定价：89.00 元

邮购地址 100706　北京市东城区隆福寺街 99 号

人民东方图书销售中心　电话（010）65250042　65289539

立足实践的崇高追求

——纪念恩师高清海先生逝世20周年（代序）

刘少杰

转瞬之间，先生已经离开我们20年了。20年来，虽然大部分时间都在忙于学术研究与教学工作，但老师的音容笑貌和言谈话语却常常闪现在我的眼帘和思绪之中。老师给我留下了亲切而深刻的永远不能忘怀的记忆，不仅因为我在老师身边学习工作了20年，老师在教学、科研和人才培养各方面取得的辉煌成就，给我树立了终生学习的榜样，而且更重要的是，老师立足实践为追求中华民族乃至整个人类的进步发展而阐述的一系列思想观点和崇高追求，成为我40多年来在教书治学中不断汲取的思想源泉。

1985年9月，我考入了吉林大学哲学系马克思主义哲学研究生班，高老师和张维久老师是研究生班的指导老师。当时，高老师正在率领哲学系的老师们大力推进马克思主义哲学观念变革，主要内容是批判由苏联传入的马克思主义哲学教科书体系的本体论教条，倡导哲学思想解放，在实践观点基础上坚持辩证法、认识论和逻辑学的统一，直面改革开放实际，提出新问题、阐发新思想。我和同学们非常认真地听取老师关于推进哲学观念变革的讲座，虽然也理解了老师的一些哲学思想，但应当承认，刚开始听到老师的崭新观点，领悟的程度还是很有限的。

1987年7月研究生班毕业留系任教，给哲学系本科生讲“马克思主义哲学史”和马克思恩格斯哲学著作。1988年在张维久老师指导下完成关于马尔库塞哲学思想的硕士论文，后来经过高老师的审阅和指导，扩充了篇幅，于

1993年以《马库色：批判与重建》为书名，在台湾唐山出版社出版。1989年9月，开始跟随老师攻读博士研究生。从此之后，有更多的机会聆听老师的学术指导和学术讲座，对老师的哲学追求也有了日渐清晰的理解。

1989年至1993年，4年的博士研究生学习，受到了老师十分严格的哲学训练。老师训练研究生学术能力的一个有效形式是，每个星期举行一次学术沙龙。入学后前两年，学术沙龙举办的次数较多，基本形式是周末到老师家开展学术研讨，每次有一人做主题发言。孟宪忠、孙正聿、秦光涛、邴正、孙立天等师兄经常参加学术沙龙，后来还有胡海波、崔秋锁和田海平等师弟也加入了沙龙讨论。老师和师兄弟们的学术报告令我受益匪浅，特别是大家就共同感兴趣的一些重大哲学问题开展热烈讨论，对于深化思想观点、形成新知创见，起到十分有效的激发作用。

老师对沙龙的要求是，每位的发言都要有一个明确的主题，半个多小时的发言要紧紧围绕主题展开，发言人要针对主题表达一个有新意的独到见解，最好是用一句话能够清楚表达自己与众不同的思想观点。并且，要在学术史考察和对现实问题深思的统一中，史论结合地对自己的观点作出有说服力的论述。其实，学术沙龙不仅为撰写学术论文起到引领和推进作用，也是为博士论文选题与写作开展了积极的前期训练。

博士研究生学习期间，对老师的哲学思想有了进一步的研究和理解，感到老师在哲学史、哲学原理、认识论、辩证法和社会历史观等方面都有深厚坚实的学术功底和充满远见卓识的理论建树。老师博大精深的思想理论对我产生了深刻影响，其中最重要的是老师高度重视的实践观点。在老师看来，实践观点是马克思主义哲学区别于其他哲学派别或学术传统的基本立场，是认识世界、分析矛盾、推进社会发展的出发点与理论归宿，无论开展哪一方面的哲学研究，只要坚持马克思主义立场、观点和方法，就必须从实践出发、面向实践并最终回归实践。

进入博士研究生二年级，一个艰难的问题摆在面前，即博士论文选题与设计。从实践立场出发，设想了很多选题，但怎样才能提出一个既有学术价值又有实践意义的问题，而且还要针对提出的问题阐述一个有独到见解的核心观点，这是一个只有经过深入研究并深思熟虑才能清楚回答的问题。经过老师的精心指导，通过对科学认识论、人文理解论、解释学、现象学和文化哲学的学术史考察，联系国内哲学界认识论研究现状，在孙正聿、秦光涛和孙立天等师兄的帮助下，最后确立了博士论文选题：实践理解论研究。

博士论文的基本观点是，以实证主义为代表的科学认识论（即科学理解论），同以解释学和现象学为代表的人文理解论明确对立，实证主义强调认识对象的客体性和理解过程的客观性，而解释学和现象学强调认识活动的主体性和理解过程的主观性，二者在主体与客体、主观与客观的对立中分别展开了认识论或理解论的两个基本方面。应当坚持马克思主义的实践立场，在主体与客体、主观与客观的相互作用中揭示二者的辩证关系，并从实践出发对日常理解、文化理解和哲学理解给出超越科学认识论与人文理解论对立的回答。从中可见，博士论文积极继承了老师的思想观点和学术追求。

1993年5月，完成了博士学位论文并通过了答辩。原来想在博士论文的基础上继续探索以实践为基础的马克思主义理解论，以此承继老师开创的发展哲学、创新哲学的事业。可是，到了1994年秋季却迎来了一个始料不及的变化，吉林大学决定筹建哲学社会学院，老师让我去做社会学系主任。在老师的鼓励和指导下，我邀请张金荣、贺来和崔凤三名青年教师一起组成了社会学系最初的“班底”，1995年春天正式建立了吉林大学社会学系，归属哲学社会学院。

老师对新建立的社会学系十分关心，不仅亲自指导社会学系确立发展目标、建设方案和行动路线，而且多次给社会学系师生作学术报告，启发师生提高教学、科研和人才培养质量。老师的亲切关怀、精心指导和大力支持，为我们增添了坚定的信心和积极的动力，学院也对社会学系给予了大力扶持，社会学系借助这些支持踏上了快速发展的轨道。

时至2003年，在老师和学院的领导与支持下，经过8年的艰苦努力，社会学系的教师队伍扩大到近30人，不仅从人口所转接来的社会工作专业（当时仅有1992级和1994级两个班的本科生）得到了巩固和发展，而且还新建了社会学专业和社会保障专业，增设了这三个专业的硕士点。特别值得庆贺的是，我们于2003年成功申报了社会学专业博士点，为吉林大学社会学学科的进一步发展开拓了广阔空间。

回忆20多年前的这些往事，不仅感到老师作为一位伟大的哲学家和教育家当之无愧，而且对老师的深厚学养、远见卓识和崇高追求也无比崇敬。在吉林大学工作的后十年中，虽然我进入了原来知之甚少的社会学，开始为社会学的教学、科研和人才培养而艰苦探索，但这十年中却一直得到了老师多方面的精心指导。联系后来20多年的经历，感到老师强调的实践立场和辩证分析，对我在社会学领域开展新的探索，具有奠定基础、明确方向的重要意义。

当我开始在社会学领域开展学术活动时，遇到的一个问题是：很多学者告诉我要明确社会学与哲学的区别，认为社会学是对社会事实开展客观性研究的经验学科，从哲学进入社会学领域，要经历“脱哲学之毛”的转变。经过同很多社会学教授的交流，我明白所谓“哲学之毛”不过是哲学研究高度重视的理论思维和价值评价。我同很多社会学教授开展了辩论，认为轻视理论思维和价值评价的经验描述是浅层次的学术研究，社会学应当坚持理论思维与经验观察的综合，单纯描述经验现象不可能形成具有重要学术价值和现实意义的研究成果。

我敢于理直气壮地坚持自己的观点，其底气源于老师传授的实践观点、辩证方法和崇高追求。如果像老师那样坚持马克思主义的实践观点，就不能把社会事实看作单纯的客体性，就不能仅凭外在的客观描述去认识复杂的社会问题，而应当在主体与客体的相互作用中，在主观与客观的辩证统一中观察社会现象、揭示社会矛盾、提出问题对策。实际上，实践观点也是马克思主义社会学的基本立场，正是立足实践、面向实践，马克思主义社会学才超越了实证主义社会学同现象学、解释学社会学的对立，成为独树一帜且具有旺盛活力的社会学传统。

实证社会学是国内社会学的主流，尤其在20世纪80、90年代，客观观察、经验描述、个案与问卷调查，是社会学的主要研究方法，吉林大学社会学系的师生们也开展了规模较大的国企改革、下岗再就业等方面的实地调查。开展社会调查，推动经验研究，是我们试图同主流社会学会合的努力，但在这种努力之中，我们始终没有放弃实践立场和辩证方法，坚持在理论与经验的统一中展开社会学的学术追求。

2005年12月，在老师因病与世长辞1年后，我调到中国人民大学社会学理论与方法研究中心工作。转眼之间离开吉林大学已有20年了，虽然科研和教学等方面的任务一直很多，但从未忘记老师在学业和事业上的谆谆指导，坚持马克思主义的实践立场和辩证方法，在紧密关注当代中国社会与人类社会重大发展的学术视野中，积极推进社会学理论创新。

20多年来，我一直坚持从实践出发的基本立场，继承老师关注社会发展重大问题、积极推进思想理论创新的学术追求，在社会学领域作出了艰苦努力和积极探索。首先，继续深入研究国有企业改革和市场经济发展中的问题。老师生前对这个问题十分关心，在社会发展研究所期间，老师曾率领我们开展了中外社会发展研究，并出版了一部关于社会发展理论的学术专著。我把国有企业改革和市场经济发展作为社会发展的重大实践开展了研究，以国有企业工人下岗再就业为对象，在评析新古典经济学单纯强调理性选择的片面性同时，在马克思的感性实践观点的基础上，首次提出并深入论述了感性选择理论，在中外社会学界产生了一定范围的影响。

进入21世纪，社会生活网络化以日益加快的速度在中国大规模发展，人们利用移动通信、微信和视频等形式在互联网中开展了灵活而迅捷的网络交往，形成了脱离地方空间的迅速流动且无限扩展的网络空间。网络空间是人们的信息交流和社会交往空间，是信息化时代的空前活跃的社会交往实践，是与实体社会在形式和内容上都有不同特点的“线上的”网络社会。

我关于社会发展研究的学术兴趣和理论视野，很快转移到网络社会学领域，承担了两项关于网络社会发展变迁的国家社科基金重大项目，主编了10部《中国网络社会研究报告》，其中2016年的研究报告被麦克米兰出版公司译为英文在欧美出版发行。国家社科基金重大项目的结项成果《网络社会的结构变迁与演化趋势》，被伦敦劳特里奇（Routlege）出版公司译为英文在欧美出版发行，在国内网络社会学研究领域居于领先地位。

最近几年，我更加坚定地坚持老师以实践为基础的基本立场，开展了马克思主义社会学理论研究。2019 年，我承担了中国人民大学重大规划项目：马克思主义社会学研究，组织吉林大学、东北师范大学、中央党校、北京市委党校、中央财经大学、安徽大学、西南科技大学、西北农林科技大学、江西财经大学等高校的 15 名中青年教师，编写了一套《马克思主义社会学丛书》，包括经典、俄苏、中国、东欧、德、英、法、美、意大利、拉美等 10 部马克思主义社会学理论著作。这套书是中外社会学界首次以国别形式考察和评析马克思主义和新马克思主义社会学思想理论的研究成果，2022 年入选“国家‘十四五’出版规划重点图书项目”，获得了国家出版基金和国家社科基金资助，目前正在由中国人民大学出版社陆续出版。

作为这套丛书的主编，我坚持按照老师的原则制定编写方案，推进编写进程。这套书评述了近百名马克思主义社会学家的思想理论，从各国社会学家中鉴别哪些人属于马克思主义社会学家，这是一件比较复杂的事情。我们的原则是，鉴别一个社会学家是不是属于马克思主义传统的，首先要看他是否坚持实践立场，在主客辩证统一中考察社会结构变迁和社会发展规律。因为实践立场和主客辩证统一的方法原则，是区分马克思主义与非马克思主义的最重要的基本原则。

时间飞逝，光阴无情，匆忙之间已是古稀之年。随着岁月的流去，对往事的回忆也逐渐增多。自 1993 年开始指导研究生以来，经我指导的研究生已有 171 名（其中博士研究生 77 名），研究生毕业后联系较多的主要是在高校任职的教师。我经常向学生们介绍高老师的严谨治学、高尚为人、勤奋著述和辉煌成就，鼓励他们沿着老师坚持的实践立场、辩证方法以及为中华民族和全人类发展进步而奋斗的崇高追求，坚定不移地开创未来、勇往直前！这或许是告慰老师在天之灵最有意义的纪念。

2024 年 7 月于北京海淀区世纪城时雨园

目　录

下篇 社会理解论

上篇　实践理解论引论

序

高清海

近些年来，我国哲学界依据马克思的实践观点，突破教科书哲学狭隘视界的局限，从追求彼岸存在终极性的普遍思辨原理，转向人的现实生活世界诸种问题的研究，取得了许多值得重视的成果。实践观点赋予我们的是一种现实而又具体的人的观点，只有运用这种观点才能看清人类生存活动及其历史发展中的问题，并把握到这些问题的真实内涵和本质。这就是为什么我们一旦真正理解了这一观点，就会在自己面前展现出一个崭新的世界，形成一系列不同于以前的见解的根本原因。在我看来，马克思在哲学上的最大贡献就是为我们提供了一个适于现代人本质，即能够使我们具体把握人的现实本质的崭新的哲学思维方式，这正是其作为举世公认的伟大思想家之伟大之处。

以往以教科书形式所表述的那种“马克思主义哲学”，恰恰没有理解这一点。它把实践的作用仅仅限制于认识领域，只承认实践的观点是马克思主义认识论的首要的和基本的观点。那么，世界观领域呢，历史观领域呢，还有辩证法领域呢？这些都拱手让给了旧哲学和传统观点去任意占领和支配。由此便不能不引起人们首先考虑如何以实践观点去收复这些失地的问题。依我的理解，我们在前些年兴起的实践哲学热，即围绕“实践唯物论”以及后来提出的“实践辩证法”所展开的探索和讨论，它的起初意义就是要把马克思的实践观点不只局限于认识论范围，而且要贯彻到世界观、历史观、辩证法等一切哲学领域中去。从实践观点出发，在这些领域我们都确实取得了许多重大的进展和成果。

贯彻实践观点，这不是仅仅下一个论断，也不是仅仅用“实践”去代换旧有哲学范畴位置的问题，而是哲学观察视角、哲学思维方式的根本转换，是我们对待世界、对待自己的态度和方式的一种根本转变。贯彻实践观点就是意味着，如马克思曾经指出过的，要从人的创造性活动所表征和体现的那种不只是客体的，同时是主体的、主观的即能动的人的关系方面去理解一切哲学问题。从这一意义说，以往的教科书哲学尽管也讲实践，并承认实践是认识的基础和来源，由于它并未转变思维方式，所以那里的实践观点往往只是源于一句空洞的论断，关于问题的观点、见解并没有什么实质性的改变。

这里一个明显的问题是，如果承认实践是人的意识包括认识在内的整个精神活动的基础，那么从实践基础所理解的认知、意识乃至精神活动的本质，就应当与旧哲学从自然物质基础所理解的认知、意识和精神的本质有原则的不同。这样才能体现出“基础”改变的意义。遗憾的是，在以往的教科书哲学中，认识的基础虽然换成了实践，可是由实践基础决定的认知本性同过去以自然物质为基础所理解的认知本性，并没有什么原则上的不同。

如果承认人的精神活动是以实践活动为基础和本原的，这也就是说，精神活动乃是人的实践活动的内在要素，它必然要以创造性的实践活动为原型，不过就是精神形式的实践创造活动，它当然就会与旧唯物论从自然物质基础所理解的根本不同。

作为它的一个重要表现的，就是如何看待“理解”在人的认识、意识、评价活动中的地位、作用和意义的问题，长期以来，在我们以“马克思主义”为称谓的哲学中，认识活动只被看作一种“反映”客体对象的活动，虽然我们加上了“能动的反映”的字样，但在其性质的理解上与旧唯物论的认识并无原则区别。这样，“理解”的问题就被排除于认识活动乃至意识活动之外，也就是排除于马克思的哲学思想范围之外，仿佛它只是属于西方哲学家们才去关注和研究的问题。这应当看作脱离马克思实践观点、没有真正理解实践意义的一个必然结果。

其实，“理解”正应属于以实践观点为基础的意识理论的本质内容，不只如此，而且它还是只有从实践观点才能真正把握其内在本质的一个问题。我们这样说，当然并不意味着马克思对“理解”问题已经给出了全面答案，而只是说，正像认识问题乃至外部世界问题都只有在实践观点的思维方式中才能真正理解一样，也只有从这种思维方式出发才能解开“理解”问题之谜，才有可能把握它的真实本质，并消除西方某些思想家强加于它的那些片面性的观点。

刘少杰的博士论文《实践理解论引论》正是抓住这一点，尝试以马克思的实践观点为理论基础，针对近代和当代西方哲学理解论在其发展中出现的对立冲突和理论困境，提出了建构新理解论——“实践理解论”的一种理论框架、理论原则和理论追求。这虽是一种尝试，但也应该说是一个在国内具有创新意义的探索。书中对有关理解论的一系列重要问题都作了具体的论述，并特别着力于突破传统认识论的主客二元论模式，力求在实践主客体关系与主体间关系的统一中去把握总体性的理解活动。这些，对于推动我国理解论的研究肯定会起到积极的有益作用。

本书作为一种新理解论的引论，毕竟是初步的。有关理解的许多问题已经困扰哲学几千年，现在尽管把它放到了真实的基础之上，要彻底解决这些问题还需作者以及有志于此的研究者进行更深入的研究工作。文中有许多初次提出尚待进一步展开的观点和问题，在我看来，这或许正是本书的可贵之处，它将会为人们的进一步研究提供一个基础，甚至成为引玉之石。

1994 年 5 月 2 日于长春

导 言

理解作为人类意识活动的本质，既是人类以实践为基础领悟意义的总体性意识活动，又是人类区别于动物的生命本质和存在方式。理解展开于人类意识活动各种层面，伴随着人类生命活动始终。理解是人生的秘密，是困扰哲学的难解之谜。

理解的本质在于对意义的领悟。意义是人类生活特有的现象，是主体情感、欲望、意志、概念和选择等主体性因素与客体现象、本质、规律和自在性等客体性因素的统一。理解执着地追求着意义，意义也离不开理解的追求；意义作为主体性与客体性的统一，只有在理解的追求中才能创生，同时理解也只有在对意义的追求中才能获得区别于非理解意识活动的本质规定。

理解是一种动态变化的过程，它不断地从意识的非理解层面中生成，又不断地向意识的非理解层面中逝去。当意识活动创生了意义，意识活动便进入了理解层面；而当意识活动失落了意义，意识活动就退回到非理解层面。人们常说的“困惑”“失望”“迷惘”等心理状态，其实就是失落了意义的非理解意识活动。

非理解意识活动的本质是主体性与客体性的分裂。不仅把情感、意志和选择等主体性因素从客体对象、周围环境中孤立出来加以追求，将会陷入失望与迷惘的无意义“不理解”心境之中，而且脱离主体情感、意愿和选择，孤立地追求客体现象、本质与规律等客体性因素，同样要陷入“乏味”“厌倦”等无意义心境之中。

可见，理解既是人类领悟意义的一种本质能力，又是人类创生意义的一种意识过程，还是人类领悟了意义的一种精神境界。而无论理解是本质能力、意识过程，还是精神境界，理解都表现为总体性的意识活动。

从理解作为人类领悟意义的本质能力看，理解既是认知能力、评价能力和审美能力的统一，又是逻辑能力、想象能力和直觉能力的统一。事实上，人类这些意识能力在实际发生的意识活动中是同时发挥作用的，在领悟意义的理解活动中尤其如此。

从理解作为人类创生意义的意识活动过程来看，理解既是科学认知活动、价值评价活动和审美体验活动的统一，又是逻辑推演过程、想象创造过程和直觉顿悟过程的统一。也就是说，理解过程是人的各种意识能力的综合发挥。理解过程的综合统一性，不仅是人类各种意识能力统一发挥作用的表现，而且也是理解追求意义的直接要求。因为意义作为主体性与客体性的统一，仅凭哪一种意识能力或哪一种意识活动的独立发挥与运作，都无法捕获到。

从理解作为人类获得了意义的精神境界看，理解是达到了知情意合一、真善美统一的意识层次。这是人类各种意识能力综合发挥和各种意识过程统一展开而必然形成的结果，同时也是理解领悟了意义后的真实内涵。意义的本质已经说明，孤立地认知客体的现象与本质和孤立地追求主体的情感、意愿与选择，都不可能创生意义，而一旦把主体性与客体性真实且具体地统一了起来，知情意合一，真善美统一的境界也就达到了。知情意也好，真善美也好，分开看都是对主体性与客体性的不同指向，而合起来看则都是主体性与客体性的统一，亦即意义的生成。

这里，我们不是在传统哲学对认知、评价和审美，或对知情意、真善美预先作出分裂性限定基础上谈论它们在理解活动中的统一。传统哲学所说的知情意合一、真善美统一，仅仅是一种理想境界，它只有在认知、评价和审美等意识活动经过分裂性发展以后才能达到。如果人类意识活动果真能够截然划分为互不相干的认知、评价和审美几种形式，那么知情意合一、真善美统一就只能是一种永远无法成为现实的空幻理想。

传统哲学对认知、评价和审美的划分，是一种从意识活动的现象出发，根据意识活动对象和意识活动领域的区别，对人类意识作出的一种形式上的划分。这种划分对于分门别类地把握不同对象和不同领域中的意识活动，无疑具有积极意义。以这种划分为前提对人类意识活动进行分析式研究，相当于自然科学刚刚兴起时对自然现象的分类研究。对于比自然现象复杂得多的人类意识活动作分类和分析研究，当然是深入研究人类意识活动，达到从总体上把握人类意识活动的必要环节。

但是，从认知、评价和审美等不同意识活动方式对人类意识作分类研究，毕竟仅是对人类意识的初步性研究，它只能作为从总体上把握人类意识活动的准备。如果哲学对人类意识的研究不能及时地从分类研究转入综合研究，那么这不仅会像恩格斯早已指出的那样，哲学由此而陷入形而上学境地，而且哲学永远不能从总体上把握人类意识活动的本质联系。哲学对人类意识的研究应当是分类与综合的辩证统一，在初步分类研究之上展开综合研究，以便从总体上把握意识活动本质，然后再进入新的高层次分类研究，经过多次反复，哲学才能对人类意识达到具体而完整的把握。

传统哲学对人类意识现象的分类研究，越来越清楚地展示了人类各种意识活动的共同本质。在对人类意识分类研究中，哲学揭示出各种意识活动的不同本质：认知活动的本质在于主体以特定认知模式把握客体现象与本质；评价活动本质在于主体以理想模式评价和规范人类行为；审美活动本质在于主体于超越现实中达到主客统一。这种意识活动本质不仅把三种意识活动明确区分开来，而且也向人们昭示了三种意识活动的共同本质：主体性与客体性的统一。从三种意识活动的统一中来把握主体性与客体性的统一，它既不是单纯的主体认知观念同客体现象与本质的符合，也不是单纯的主体对客体的评价，更不是单纯的审美体验，而是人类各种意识能力、意识过程和意识结果的多维统一，即意义的创造与意义的生成。

创生意义是人类全部意识活动的共同本质，是各类意识活动本质的本质。而创生意义的活动是理解，因此，理解是确证人类意识活动本质的活动。作为意识活动，理解是意识现象；作为创生意义的过程，理解又是人类意识活动的本质：因此，理解是人类意识活动本质与现象的统一。于是，哲学研究理解活动，就是以人类意识总体为对象，从本质与现象的统一上把握人类意识活动。

在传统哲学建构的认识论、价值论和审美论等任何一种理论领域中，都无法完成哲学以人类意识总体为对象，从本质与现象的统一上研究人类理解活动的任务。因为传统认识论、价值论和审美论所把握到的意识活动，是根据意识活动对象的区别或意识活动领域的区别而从意识现象上划分出来的分裂意识，仅从哪一个理论领域或哪一种意识活动中，都无法把握到人类意识活动总体，都无法把握到理解作为人类意识活动本质与现象统一的真实含义。

这里我们需要明确指出：无法在传统认识论、价值论和审美论中完整把握人类理解活动，不等于在实际发生着的认知活动、评价活动或审美活动中也无法把握人类理解活动。实际发生着的认知、评价与审美，都是相互渗透、相互包含的总体性意识活动，它们很难在实际意识活动中明确分开。在实际发生着的认知、评价与审美中，主体不仅认知、评价和体验着客体性，而且也表达着自身的主体性，因此，人类意识活动的主体性因素和客体性因素在各种意识活动中都发挥着作用，并且都可以实现统一——创生意义。这就是说，每种意识活动都可以创生意义，进入理解层面。

传统哲学往往仅在认知范畴内谈论理解，认知当然可以进入理解层面，但是进入理解层面的认知绝不仅是对客体现象与本质的反映，而且还包含着价值评价和审美体验；同样，价值评价也可以进入理解层面，而进入理解层面的价值评价也绝非仅是主体对客体的价值要求，其中也包含了主体对客体的事实认知与审美体验；对于审美体验来说也是如此，审美体验也可以进入理解层面，但进入了理解层面的审美意识也一定包含了认识与评价。简言之，理解在每一种意识活动中都可以展开或实现，并且任何一种意识活动只有达到了理解层面，才能实现自己的目的。但是，无论哪一种意识活动都不是由一种意识活动方式（认知、评价或审美）进入理解层面的，意识活动进入理解层面只能是各种意识活动方式的总体性跃升。

不能在传统哲学认识论、价值论和审美论中把握人类理解活动的另一个更重要的原因是：传统哲学的这些理论都没有把理解活动放到实践中去考察，仅就意识现象本身来研究意识现象，这是它们无法从总体上把握理解活动本质的根本原因。

理解发生于实践过程之中，或存在于实践基础之上。理解作为实践的自觉因素，是实践不可缺少的基本方面。实践规定着理解，理解表达着实践。实践的基本关系、基本矛盾和基本特点都在理解中得到了体现。理解的一切矛盾和一切冲突也都可以在实践中找到根源。只有从实践出发，把理解放到实践中去理解，才不致仅仅停留于对意识和理解的现象分析，才能从人类意识总体上抓住理解的本质，达到对理解的正确理解。

哲学没有忽视理解，理解始终是各派哲学的主要课题。并非如人们通常所认为的那样，理解仅仅是解释学的专门对象。哲学自古以来就在思考理解，并一直试图从总体上揭示理解的基本结构和基本追求，以此导引人类展开更有效的意识活动。然而，自古希腊以来，由于哲学未能把理解放到实践中去理解，因此，哲学一直未能在人类意识活动总体中把握理解的本质，而往往从某种特殊的意识现象或理解现象出发，进而在人类意识活动的个别领域中得出了许多自以为是关于人类理解现象总体把握的片面结论。

尤其到了近代，在自然科学成就的鼓舞下，哲学把人类理解活动归结为科学认知活动，因而仅在主体对客体的认知关系中把握人类理解活动，由此而形成了以洛克等人为代表的推崇科学认知的近代理解论。近代理解论在科学主义精神主导下以自然科学知识为知识基础，以科学认知活动为理解的典范，以科学方法和科学理性为理解的原则与根据，以科学知识和科学真理为理解的追求与目的，根据近代理解论的这些特点，我们称之为“科学理解论”，即通常所说的“传统认识论”。

不可否认，实际发生的、以客体现象和本质为对象的科学认知活动，其中包含了价值评价活动和审美体验活动，是一种重要的理解活动，它创生着人类生活不可缺少的科学意义。但是，科学理解论所说的科学认知活动，是把实际包含于其内的价值评价和审美体验从中清理了出去的主体对客体现象与本质单纯的认知过程。科学理解论的对价值评价和审美体验的排斥，说明它是片面追求客体性的科学认知论，是无视主体性的片面理解论。

科学理解论的片面性受到了从人文学科出发，在主体间关系中把握人类理解活动的当代理解论拒斥和批判。当代理解论在人文主义精神主导下，以人文学科为知识基础，以价值评价和审美体验为理解的典范，以价值理性和审美理性为理解的原则与根据，以自我理解和人际共识为理解的追求与目的，根据当代理解论的这些特点，我们称之为“人文理解论”。当代解释学、解构主义和新实用主义等哲学流派，从不同角度阐发了人文理解论的观点。

人文理解论认为主体对客体的纯粹认知过程是不存在的，人总是在与他人的相互关系中理解着自我，理解着周围世界。在这种理解活动中，价值评价和审美体验是基本的理解方式。人文理解论的兴起是主体地位在实践中提升、人际关系在社会生活中转为中心关系的理论表达，它具有一定程度的积极意义。但是，人文理解论在反对科学理解论片面性的同时又走向了另一个极端，即以人性取代了物性，以主体性消解了客体性。

科学理解论和人文理解论的两极对立，明显暴露出人类理解活动的两重本质——主体性与客体性的矛盾。这种矛盾自人类从自然中提升出来以后就存在于人类理解活动中。在神话理解、宗教理解、道德理解、科学理解和审美理解中，尤其在哲学理解中，都可以把握到这种矛盾关系。这种矛盾关系是实践基本关系的精神表现，只有深入实践，在理解与实践的统一中才能正确把握这一矛盾关系。

人类理解活动的本质，科学理解论与人文理解论把握理解活动的理论偏失及其陷入的理论困境，以及主体性与客体性矛盾在当代人类理解活动和人类实践活动中的进一步展开，都要求我们建立一种从实践出发，在人类意识活动总体性中把握理解本质，并具体而完整地把握人类理解活动基本关系，把主体性与客体性统一起来的新哲学理解论——实践理解论。

为了实现建构实践理解论的理论构想，我们应当正确概括科学理解论和人文理解论的理论偏失与理论困境。在弄清两种理解论理论片面性基础上，应当首先回答的问题是：为什么只有把理解当作实践去理解才能把握住它的本质？实践理解论应当以何种世界观为理论基础？实践理解论把握人类理解活动、建构自己理论观点的理论原则、理论框架和理论追求应当是什么？

如果实践理解论从实践出发研究人类理解活动，那么首先进入理论视野的是发生于日常生活中的日常理解。日常理解在人类理解活动中占有何种地位？它的本质特点、运作结构和文化功能如何？

日常理解一定要提升为各种形式的文化理解。然而，日常理解是怎样提升为文化理解的？科学理解、价值理解和审美理解作为文化理解的基本方式，它们的主题、结构与功能如何，它们之间的相互关系如何？如果它们的主题不同，那么它们的结构是否也不同，在什么意义上不同？主题与结构的区别必然导致功能的区别，它们的功能区别在哪里，各种文化理解的功能之间的关系如何？

无论哪种理解活动都要形成自己的成果——知识，知识一定有意义，知识意义一定有真伪。那么，从实践理解论的观点看，日常理解、科学理解、价值理解和审美理解的各自成果：常识、科学、伦理道德和文学艺术等知识的意义是什么？根据什么来鉴别这些知识意义的真伪？如果知识意义不同，那么鉴别知识意义真伪的标准是否也不同？根据不同标准来鉴别不同知识意义真伪，是否会确认不同类别的真理，或者说形成多元真理论？

实践理解论不仅考察日常理解和各种形式的文化理解，而且也要反思哲学理解。哲学理解方式的本质与特点如何？哲学作为对人生的整体性理解，对人类理解的教化功能如何？哲学怎样教化日常理解和文化理解？哲学在教化人类各种理解的同时怎样教化自身，哲学教化的命运如何？

上述就是本书在现当代哲学背景下针对哲学理解论提出的问题，而对这些问题的回答就形成了实践理解论的基本理论观点。尽管本书还难以做到对这些问题给出深入、系统和完满的回答，但它力图从理论基础、理论原则、理论框架、理论追求，以及人类理解活动若干重要问题上超越明显具有片面性的科学理解论和人文理解论，以便为系统建立实践理解论做出必要准备，这就是我们的初衷。

第一章　科学理解论的源流、框架与导向

"科学理解论"在当代西方哲学中遭到了各种责难，如"虚妄的知识基础论""专断的逻辑中心论""狭隘的科学理性论"等。毫无疑问，作为特定历史条件下产生的意识理论，科学理解论难免带有种种局限，它受到后来哲学批判是不足为怪的。然而，在人类历史中曾经发挥重要作用的科学理解论确有当代西方哲学所指责的那些错误吗？科学理解论的地位、意义与缺陷究竟何在？我们不应简单接受当代西方哲学关于科学理解论的现成结论，而应对科学理解论的理论源流、理论框架和理论导向认真考察之后再作出我们的判定。

一、科学理解论的理论源流

理解论（theory of understanding）这个概念最早见于洛克（J. Locke，1632—1704）的代表著作《人类理解论》。后来，又有了莱布尼茨（G. W. Leibniz，1646—1716）的《人类理解新论》，斯宾诺莎（B. Spinoza，1632—1677）的《知性改进论》，休谟（D. Hume，1711—1776）的《人类理解研究》等著作。这些著作都是以理解问题为主题写出的著作。可见，对理解问题的研究，是近代哲学探讨的一个主要内容。正因如此，黑格尔（G. W. F. Hegel，1770—1831）

曾经把17、18世纪英法哲学统称为“思维理智”时期。[①]然而，当代西方哲学中凡是把理解问题作为主题加以研究并阐发了某种理解论的哲学流派，如释义学、解构主义和新实用主义等，却都把近代理解论（modern theory of understanding）称为认识论或知识论。因为这些哲学流派认为，理解的本质在于领悟人生意义，而洛克等人所说的理解却是认识客体本质、建构科学知识的意识活动，因此在他们看来便不能把洛克等近代哲学家所阐发的认识理论看作真正意义的理解论。

把洛克等人的近代理解论称为认识论或知识论，虽然抓住了近代理解论的一个特点，但是并没有抓住近代理解论同当代理解论（contemporary theory of understanding）的本质区别。在洛克等人那里，理解即人们通常所说的理性认识。洛克认为：“所谓思想底能力就叫做理解”[②]，它以起源于经验的各种观念为对象，它可以展开为概念、判断和推理过程，并能形成真理或知识。这种理解能力或理解过程，实质就是科学认知能力或科学认知过程，以之为对象并对之充分肯定的理论，必然推崇科学方法和科学理性，必然追求科学知识或科学真理，因此，近代理解论最突出的特征是模仿科学和崇尚科学，将近代理解论称为科学理解论是最恰当不过了。

科学理解论虽然建立于近代，但它的理论源头却可以追溯到古希腊哲学。古希腊哲学最初没有理解这个概念，它是在“宇宙理性”（universal reason）的分解中形成的。宇宙理性在赫拉克利特（Herakleitos，约公元前6世纪）那里被称为“逻各斯”（logos）；在阿那克萨哥拉（Anaksagoras，公元前5世纪）那里被称为“奴斯”（nous）。虽然逻各斯和奴斯两个概念各有侧重点，逻各斯主要指万物必须遵守的规则，奴斯主要指万物的知晓者、动因和本原，但就二者

① 在黑格尔哲学中，“理智”概念与近代哲学和现当代哲学所用的“理解”概念一样，都用“Verstand”一词表示，它们的含义基本是一致的。差别不过在于，黑格尔一般把理智看作低于理性的知性思维，而在伽达默尔等现当代哲学家那里，Verstand则与理性思维不分。参见《精神现象学》下卷，第193、284页；《哲学史讲演录》第4卷，第63—235页。

② 洛克：《人类理解论》，关文运译，商务印书馆1981年版，第93页。

皆存在于包括人在内的宇宙万物之中，并且规定、支配和推动着宇宙万物这一共性而言，它们在本质上是同一的。文德尔班（W. Windelband，1848—1915）在论述宇宙理性时指出："每个人的知识中都渗有'宇宙理性'；'宇宙理性'处处一样；赫拉克利特的'逻各斯'和阿那克萨哥拉的'奴斯'，作为同质的理性，都被当作动力散布在整个宇宙中。"①

把人和万物的本性与根据归结为同一个宇宙理性，这说明哲学对人的自主地位还没有明确的意识。经过普罗泰哥拉（Protagoras，前 490—前 420）和苏格拉底（Sokrates，前 469—前 399），哲学的视野转向了人生，人的自主地位在哲学中得到了初步肯定，哲学开始不满意用宇宙理性来笼统、模糊地说明人和万物的本质。在此基础之上，柏拉图（Platon，前 427—前 347）对宇宙理性进行了分解。柏拉图首先把宇宙理性一分为二，一个是存在于人世之上的客观本质——理念（idea），另一个是存在于人性之中的主观本质——理性。然后又把理性划分为：以善理念或与善理念相联系的理念为对象的理性（reason）；以数理学科理念为对象的理解（understanding）。这里的理性相当于现当代哲学中的价值理性（valuational reason），与康德哲学中的理性概念也基本相同；这里的理解概念则与近代科学理解论所说的理解概念含义基本相同，可以看作科学理解论的理论源头。

柏拉图的理解概念是从当时的算术学、几何学和天文学等数理学科中概括出来的，它基本上把握了数理学科理解活动的特点。柏拉图说："关于几何学家以及这类科学家的品质，叫做理解，而不是理性，理解是意见和理性的居间者。"② 柏拉图认为，理解是一种介于理性和信念之间的心灵状态或认识能力；理解的认识对象介于可感事物和纯理念之间；理解的运思过程是凭借可感图形、运用假设并遵循逻辑规则进行的；理解的运思结果是关于对象数理规定性的科学知识。把柏拉图对理解的这些规定同洛克、康德等人关于理解的论述相

① 文德尔班：《哲学史教程》上卷，罗达仁译，商务印书馆 1987 年版，第 90 页。

② 柏拉图：《国家篇》第 6 卷，第 509—511 页，转引自苗力田主编：《古希腊哲学》，中国人民大学出版社 1989 年版，第 316—318 页。

对照，我们可以发现以洛克、康德等人为代表的科学理解论同柏拉图的理解观有一种明晰的理论继承关系。

柏拉图分解宇宙理性的观点为亚里士多德（Aristoteles，前 384—前 322）所继承。亚里士多德说："我们现在必须对理性的部分再次以同样的方式加以划分，让我们设定理性有两种功能，依靠其中一种，我们思辨其本原没有变化的事物，依靠另一种，我们思辨其本原有变化的事物。"①所谓以本原无变化的事物为对象的理性相当于柏拉图所说以善理念为对象的理性；所谓以本原有变化的事物为对象的理性相当于柏拉图所说以数理学科为对象的理解。在《论灵魂》中，亚里士多德把前者称为主动的理性，而把后者称为被动的理性。被动的理性以外界事物为对象，在感觉知觉和记忆的基础上发展起来，它要随身体的死亡而消逝。主动的理性具有创造性、永恒性和普遍实体性，这个观点似乎又回到了阿那克萨哥拉的奴斯。

亚里士多德的独到之处在于：他不仅明确了理解应当通过逻辑推理来完成，而且还为实现正确理解而系统地建立了逻辑学。亚里士多德认为，逻辑学是从思维形式上保持理解正确性，进而能够形成可靠科学知识的方法和工具。马尔库塞（H. Marcuse，1898—1979）在批判西方文化中的实证性科学思维传统时，曾把亚里士多德的逻辑学理论看作"通往科学思维漫长道路上的第一阶段"，并认为："形式逻辑自身的理想，是在发展普遍控制与计算的精神工具和物质工具的过程的一个历史事件。"②在马尔库塞看来，亚里士多德的逻辑学同科学思维在本质上和功能上都是同一的，都是排除价值理性、片面追求实证科学知识的单向度思维。马尔库塞还把现代科学理解论所推崇的数理逻辑和符号逻辑看作是亚里士多德古典逻辑在当代的发展，认为现代科学理解论的运思方式是从亚里士多德那里承袭而来的。

---

① 亚里士多德：《尼各马可伦理学》，转引注苗力田主编：《古希腊哲学》，中国人民大学出版社 1989 年版，第 316—318 页。

② Herbert Marcuse：*One-Dimensional Man*：*Studies in the Ideology of Advanced Industrial*，Routledge，2002，p.137.

马尔库塞对亚里士多德逻辑学的批判，使人们清楚地了解到科学理解论同亚里士多德的理论也有一种理论继承关系。如果说科学理解论在柏拉图那里继承来的主要是关于科学理解活动性质的规定，那么科学理解论在亚里士多德那里继承来的则主要是关于科学理解活动形式和规则的规定。因此，我们认为古希腊哲学中关于理解的性质、运思形式及规则的理论是近代科学理解论的理论源流。这说明科学理解论源远流长，我们不应当因为科学理解论建立于近代，就把科学理解论仅仅看作近代历史中的一种特殊现象，进而主张在当代生活中把它取消。而应当在科学理解论生成和演化的悠远历史中，既看到它的理论缺陷或理论偏失，又要看到它的一些基本观点和基本原则在意识活动和现实生活中的根据。

二、科学理解论的理论框架

肯定了科学理解论同柏拉图和亚里士多德的理论继承关系，并不等于把柏拉图和亚里士多德的理解观也算在科学理解论范畴之内。国内外许多学者把柏拉图和亚里士多德的理解观包括在近代认识论亦即科学理解论之内，这种做法是难以成立的。我们反对把前者包括在后者之内的理由，既不在于二者的历史间距，也不在于二者理论系统化程度的差异，而在于二者理论框架的区别。

理论框架即理论展开的基本关系。科学理解论展开的基本关系是主体同客体的二元关系，具体些说，即主体如何以其观念把握客体现象和本质。这样一种把观念从对象中明确区分开来并单纯追求客体性的主客二元关系在古希腊哲学中还没有确立，正如黑格尔说的那样："希腊人以自然与精神的实质合一为基础，为他们的本质；并且以这种合一为对象而保有着它，认识着它。"① 这就

① 黑格尔：《哲学史讲演录》第1卷，贺麟、王太庆译，商务印书馆1959年版，第160页。

是说，希腊哲学家没有达到主客二元分化，它把宇宙理性作为人和自然的共有基础和共有本质加以认识或理解。不仅前柏拉图哲学家是这样做的，而且柏拉图和亚里士多德也是如此。

柏拉图虽然分解了宇宙理性，但是并不很彻底。被人们当作主体看待的柏拉图的“心灵”概念，是一个预先就包含了作为宇宙本质的理念于其中的、主客未完全分化的精神实体。因此，柏拉图把由心灵来完成的、以理念为对象的理解活动看作对理念的“自省”，而不是像近代理解论那样把理解活动看作主体对自身之外客体的映像和摹写。

亚里士多德把灵魂区分为两部分，以感觉经验为基础的那部分灵魂以外物为对象，而超越感觉经验的那部分能动的灵魂则以自身为对象，“思维者和被思维者是一样的”①。这个思维者不过是仍然萦绕在亚里士多德心际中的宇宙理性，因此，亚里士多德也没有明确的与客体相对立的主体概念。

正是因为柏拉图和亚里士多德都没有明确的主体和客体概念，他们的理解观没有展开明确的、一贯的主客二元关系，我们才不把他们的理解观划在科学理解论之内。

只是在近代理解论中我们才能看到主体和客体的明确分立。笛卡尔首先论证了心灵实体与物质实体的并立自存，由此而获二元论之称。洛克虽然没有明确主张有两个相互独立的实体，但是我们在他关于认识过程的系统考察中，可以清楚地看到他是以主体同客体二元分立为前提的，他展开的观念世界正是一个同客观世界相对立的主观世界。在这个意义上可以说，笛卡尔的主客二元论充当了洛克理解论的理论前提。法国唯物主义继承洛克经验主义原则，建立了唯物主义反映论，其理论框架更明确地展现为主客二元关系。

唯理论、经验论和法国唯物主义反映论，作为近代科学理解论的不同形态，它们都把人类理解活动的基本关系归结为主客二元关系，它们的理论框架

① 亚里士多德：《论灵魂》第3卷第4章，转引自北京大学哲学系外国哲学史教研室编：《西方哲学原著选读》上卷，商务印书馆1982年版，第153页。

在本质上是相同的，即都体现了主客二元关系，并在主客二元关系中片面追求客体性。

康德作为近代理解论的集大成者，看到了唯理论、经验论和法国唯物主义反映论各自长处和不足，在继承前辈主客二元理论框架前提下，提出了科学理解发生的双向建构过程：主体⟷客体模式，即物自体刺激感官产生感性杂多，在时空感性机能整理下成为现象，同时引起范畴知性机能把握现象，进而形成必然性的科学知识。康德把他对理解活动的这种揭示称为“哥白尼式的革命”，后人也大都对这种模式崇尚备至。其实，从当代人类自我意识所达到的成就上看，康德模式的意义是有限的，它不过是主客二元理论框架的进一步展开和深化，并没有突破这一框架、消除其间的对立关系。就此而论，与其说康德提出双向建构的理解论模式是一次革命，不如说它是对近代已有的理解论模式的综合与完善。

笛卡尔、洛克和康德等人共同坚持的主客二元理论框架，成为科学理解论进一步发展的主观根据。在这一根据之上，科学理解论建立了一系列理论原则，它们成为科学理解论进一步展开和付诸实践的基本保证。这些理论原则主要有：

（1）把客体自在性和观念自明性作为理解论展开的理论前提。所谓客体自在性，即认为客体是独立于主体观念自存的，主体以观念形态把握客体时，虽然可以对客体呈现于主体观念中的现象发生作用，但不能改变客体的实存和本质；所谓观念自明性，即主体对客体的感觉和表象是无可怀疑的，主体可以形成如实把握客体本质的正确观念。

（2）坚持把合逻辑性看作保证运思过程正确性的必要条件。一般说来，在科学理解论中，只有合逻辑（形式逻辑或辩证逻辑）的思维过程才被认为是正确可靠的，而那些受情感、意志和传统干扰的意识活动则是不可靠的。因为这些因素都是发生于特殊性之中，不具有普遍必然性的因素，它们在理解过程中将损害科学知识的形成。所以，应当从理解过程中极力排除这些非理性因素。

（3）确信认知理性建立起来的知识具有可通约性。这点与科学理解论相信逻辑思维的普遍可靠性是直接联系的。科学理解论认为，认知理性的运作过程就是思维逻辑的展开过程，思维逻辑的普遍可靠性保证了认知理性建立起来的知识系统具有普遍可靠性，并且思维逻辑对于每个人来说都是有效的，因此，按逻辑规则建立起来的普遍必然性知识一定能够得到人们的普遍接受，知识由此而具有了可通约的普遍效力。

（4）把主体把握客体本质和规律的理解活动看作是最高级、最有意义的活动。这一原则的实质就是把自然科学的认知取向、认知方式看作人类理解活动的楷模。因为，正是自然科学把自己的全部注意力和全部活动都贯注到对自然客体本质和规律的把握上，并取得了显著成效。

（5）认为对理解反思和批判所形成的一系列基本原则，可以成为人类理解活动的基本准则，它们为各种科学理解活动提供了发展的基础，或者为鉴别各种理解过程和理解成果的正误真伪提供了标准，这就是所谓的“知识基础论”。这点在新康德主义马堡学派那里得到了最为充分的表达。

科学理解论主客二元理论框架和维持这个理论框架的上述理论原则，在17、18世纪哲学中就已经基本确立，它们都已印记在哲学史的历史文本之中。不过，科学理解论的理论框架和理论原则不仅仅是已逝去的历史，而且还是正在发生作用的现实。对于科学理解论同现当代哲学的关系，人们往往过多地注意到现当代哲学对科学理解论的否定，而常常忽视了科学理解论作为传统对现当代哲学的影响。

科学理解论对现当代哲学的影响主要表现为两种情况。一种情况是：科学理解论的理论框架和理论原则被继承了下来，但在某些具体观点上发生了变化。例如，马堡学派取消了感性和思维的区别，专门研究思维逻辑；美国新实在论取消了理解过程问题，把理解活动看作主体关于对象的“直接呈现”；批判实在主义否认“本质”概念是客观事物的反映，认为关于对象本质的那些概念不过是描绘对象的符号，并不能正确表象一个对象，但又主张认识由三部分构成：认识主体、客观对象与介于二者之间的感觉材料；逻辑实证主义把对观念的研究转换为对语言的逻辑形式研究，理解论的任务被归结为对语言的逻辑分析，这似乎超越了科学理解论的理论框架，其实正如罗蒂（R. M. Rorty，1931—2007）所言："'分析的'哲学是另一种康德哲学"，"基本上未曾改变笛卡尔——康德的问题体系，因此并未真正地赋予哲学一种新的自我形象。因为分析哲学仍然致力于探求、从而也是为一切文化建立一种永恒的、中立的构架"①。

这些哲学流派既承袭了科学理解论的理论框架和理论原则，又在某些方面提出了许多新问题，展开了许多新层面。这些哲学流派流行于 20 世纪前半叶，这个时期正是西方工业社会继续向前发展，但已经暴露了各种工业异化和社会异化的历史时期。上述哲学流派在这种历史背景下，一方面想继续推进科学理解论研究，探索保证科学思维准确有效的方法和准则，以此适应工业实践迅速发展的要求，因而基本上保持了科学理解论的理论框架和理论原则；另一方面，上述哲学流派面对工业化带来的各种异化现象，对为工业实践服务的科学理解论进行了一定程度的批判性反思，超越了科学理解论的某些局限，例如从对观念问题的专注转向对语言问题的研究，从对客体本质问题的追寻转向对语言意义问题的探索，从对概念的逻辑推演转向对符号的解读和阐释，等等。这些新进展表明上述哲学流派已经出现了向现实生活回归的理论趋向，但不能因此而将之夸大为对科学理解论的突破，因为它们既没有摆脱科学理解论的理论框架，也没有否定科学理解论的理论原则。

科学理解论影响现当代哲学的第二种情况是：某些哲学流派不仅继承了科学理解论的理论框架和理论原则，而且也基本上未加改变地继承了科学理解论在近代形成的一系列比较具体的理论观点，简言之，科学理解论在某些哲学流派中得到了全面继承。这种情况主要发生在工业化起步较晚的后发展国家和后发展地区。那里的人们仍然把科学进步和工业发展同生活幸福简单地统一在一起；那里的哲学家们仍然像近代哲学家那样思索着主体如何才能客观地把握认识对象的本质，认识活动怎样才能由感性上升到理性，怎样才能发现无主观成见的客观真理等问题。西方某些哲学流派把这种情况看作一种落后于时代的理

① 罗蒂：《哲学与自然之镜》，生活·读书·新知三联书店 1987 年版，第 5 页。

论现象，但是，如果从这些国家和地区的工业化进程和科学发展的历史要求出发，我们将看到这种情况存在的客观现实根据，所以，把这种情况仅仅指责为一种落后的理论现象是片面的。

综上所述，科学理解论的发生和发展首先是一种历史现象，它的客观根据是近代工业实践，它的主观根据是主客二元理论框架，它受主客观根据规定，建立了一系列理论原则和理论观点。同时，科学理解论又不仅仅是一种过去了的历史现象，它的理论框架、理论原则和许多比较具体的理论观点，在今天仍然被人们信守着并发挥着作用，这是因为它的客观根据还在继续发展着，所以它的主观根据和理论内容也无法被遗忘和废弃。

三、科学理解论的理论导向

无论就科学理解论的理论框架还是就科学理解论的理论原则而言，科学理解论都首先是一种哲学意识论，因此，科学理解论的理论导向也首先在哲学意识论方面表现出来。作为哲学意识论，科学理解论一方面导引人们在主客二元关系中把握人类的思维过程和心理过程，另一方面又导引人们在主客二元关系中展开对世界的认知与理解。因此，科学理解论既是人类理解自己意识活动的理解方式，也是人类理解外部世界的理解方式。

当人们按照科学理解论主客二元理论框架和理论原则去认知世界和理解世界时，世界或者被看作独立的客观存在，或者被看作独立的主观存在，或者被看作主客并立的二元存在。于是，哲学建立了客体物质本体论、主体精神本体论，以及主体和客体并立的二元本体论。在这个意义上，近代各种主客二元对立的本体论都不过是按照科学理解论为人们确立的理解方式去理解世界所得出的结论。古希腊哲学中没有主客截然对立的本体论，因为古希腊哲学没有确立主客二元分立的理解观，所以古希腊哲学把握到的世界也只能是一个浑然一体的笼统世界。只是在科学理解论主客二元理论框架确立之后，各种主客二元对立的本体论才得以建立起来。

科学理解论还导引了向自然索取物质利益的价值观。一般说来，科学理解论反对主体从自身利益、文化传统和情感意志出发去展开理解活动，认为正确的理解活动应当以排除这些主体性因素为前提条件。科学理解论主张克服“应然性”选择，追求“实然性”认识，以便达到无偏见的“客体性”把握，形成关于客体本质和规律的“科学知识”。科学理解论的这些主张似乎排斥了基于主体利益的价值评价，其实这些主张恰恰导引了一种关系到人类根本利益的价值观。正是科学理解论的主客二元理论框架把主体与客体、人与物截然分开，人类才能够自觉地独立于自然之外，并自命为自然的主人，自然不过被看作人类生存与发展的利益之源。于是，征服自然，从自然中索取财富成为人类最神圣的事业，人类把幸福与发展越来越明确地寄托于这一事业之上，这就是近代以来带有根本意义的价值观。

科学理解论导引了主客二元对立的本体论和从自然中索取根本利益的价值观，这是科学理解论在哲学领域之内发生的理论导向。在关于哲学史的理论著述中，人们往往过多地注意了本体论和价值论对理解论的理论导向作用，而很少有人谈及后者对前者的理论导向作用。当然，不能否认本体论和价值论对理解论的理论导向，因为无论哪一种本体论和价值论，它们的进步展开都能够影响理解论对客体与主体本质的理解，并影响理解论目的与取向的选择。然而，就理解论同本体论与价值论的逻辑关系而言，特定的本体论和价值论都是某种理解论所确立的理解方式的产物，只有理解论确立了某种理解方式之后，才能形成某种本体论和价值论，这种逻辑关系在古希腊哲学、中世纪哲学和近现代哲学中都可以找到确证。

科学理解论更为重要的理论导向作用发生在哲学领域之外。科学理解论同它引发的本体论和价值论一起，共同导引着近代以来的人类理解活动，人类文化由此而获得了二元论和功利主义性质。荷兰哲学家皮尔森（C. A. V. Peursen，1920—1996）从不同角度把在科学理解论导引下的近代文化分别概括为本体论思维、主客分裂性文化、功利主义价值观、实体主义等。在皮尔森看来，科学理解论所造成的这些影响，蔓延到科学、伦理、文学和艺术等各种文化领域之中，科学理解论突破了宇宙理解论的笼统性和神学理解论的虚幻性，使人类文化发生了深刻变化。

科学理解论对人类文化的理论导向突出表现为对自然科学的推崇。自然科学的理解方式被科学理解论尊奉为一般理解活动的楷模，自然科学的理解原则和理解方法被归结为一般意义的认知理性而推上了人类意识活动的王位。科学至上在科学理解论倡导下成为近代时代精神，这种精神在今天仍然占有难以替代的地位。自然科学也确实没有辜负笛卡尔、洛克和康德等人寄予的厚望，它一向按照科学理解论归纳和概括出来的一般原则，始终不渝地追求着客体本质和规律，并取得了改进技术、发展生产、提高人类生活水平以及改变人类生活方式的巨大积极作用。

科学理解论对自然科学的过度推崇，导引了人文学科的自然科学化，亦即人们常说的“实证化”“客观化”和“科学化”。近代兴起的各种历史学、政治学、经济学、伦理学、社会学和心理学，甚至包括某些文学艺术在内，纷纷按照科学理解论的理论框架和理论原则，像自然科学那样把本学科圈定的范围和在这些范围中活动的人，都当作客观对象加以实证性、客观性研究，它们运用逻辑演绎和数理分析去把握各种人文现象，建立了包含不同“社会规律”和“人类本质”的各种“科学知识”。各门人文学科由此而失去了人文性，变成了各种为社会管理或社会控制服务的、具有“客观确实性的”社会科学。

科学理解论对人类文化实证化和客观化的理论导向，一个严重的后果是人类自我意识狭隘化和批判性思维的软弱化。科学理解论对情感、意志、成见与传统等主体性因素的排斥，把人类理解限制为抽象逻辑过程；科学理解论对应然性价值评价的否认，抑制了人类理解活动的选择性、理想性和批判性。因此，科学理解论引导人们把自己看成一切以获取物质利益为终极目的的孤独而抽象、迂腐而短浅的存在。

西方许多学者都已反复指出：人类自我意识的狭隘化和批判性思维的软弱

化，是近现代社会异化的主观原因。因为狭隘的自我意识无法在人与自然和人与人的总体联系中把握自身，人同自然的依存关系、人与人的交往关系皆在人类自我意识的视野之外。于是，人类无所顾忌地发展工业、掠夺自然，致使工业污染和环境破坏成为威胁人类生存与发展的严重问题，缺乏批判性的思维，只知追求实证性知识，不知否定现存弊端，它可以放弃人类超越现存的理想追求，消极地顺应现存，对现存种种有碍于人类解放和社会发展的保守因素不仅加以默许认可，甚至还会推波助澜。

总之，科学理解论的理论导向作用不仅发生在哲学领域之内，而且也发生在其他文化层面或文化领域之中。科学理解论的理论导向作用是巨大的，它既促使近现代人类精神文化发生了巨大历史变革，又因其局限性而引起许多理论缺失和社会问题。所以，我们应当在人类文化的历史发展和人类文化的总体联系中，从正反两个方面来把握和评价科学理解论的理论导向，只有这样我们才能准确地把握科学理解论的地位、作用和意义。

第二章　人文理解论的理论准备

自从科学理解论在近代哲学与文化中确立了主导地位，它就不断地遭到来自美学、史学、社会学、古典释义学以及各种哲学流派中的人文主义反抗。在持续不断地反抗的过程中，形成了各种具有强烈人文主义倾向的理解论，它们为人文理解论的建立作了充分的理论准备。考察不同文化领域和不同哲学流派在反抗科学理解论过程中形成的各种理解论，把握人文理解论建立的理论准备，是我们从更广泛和更深入的理论层面与文化层面上理解科学理解论同人文理解论对立的必要环节。

一、审美意识论的抗争

人们普遍认为，首先在理论领域里以人文主义精神反对科学主义专制的是维柯（G. Vico，1668—1744）。这位文艺复兴运动发源地意大利的思想家，怀着对历史和文化的深切体验，最先突破了科学理性禁锢，提出要建立一种从自然转向人，以人为中心的“新科学”。在维柯看来，笛卡尔过度地推崇自然科学，使人只注意自然物，片面追求数理知识，而把人以及关于人的知识置于科学视野之外，或把它们放在不重要地位。这是人类思想的一种迷误，因为人无法获得关于自然对象的确切知识，过去被自然科学奉为真理的知识往往随着时间推移而变成了谬误，所以，自然科学真理是可以改变的；相反，人能够真实理解的只是人自己制造出来的东西，即人只能真正理解自己的历史、语言与文化，人只能认识自己。这样，维柯一方面动摇了科学认识、科学理论的确定性和权威性，冲击了被奉为神圣的科学理性和科学精神；另一方面又提高了人文因素和人文知识的理论地位与文化地位，高扬了被压抑的人文主义精神。

维柯进一步提出，不能按自然科学的原则和方法来认识人的历史与文化，而要“从我们人类自己心灵的变化中找到人类世界的原则”①。人类心灵是通过语言、诗、神话和寓言等文化形式表现出来的，因此，以这些文化形式为对象，析理出它们的意义，就可以正确理解人类世界。但是，用什么样的意识活动来理解人类各种文化形式呢？维柯认为，人类现有各种文化都是在形象思维基础上发展起来的，科学理智的抽象思维只是在后来才形成的。因此，要理解具有悠久历史的各种文化，必须借助想象力、发挥形象思维作用。这样，维柯就从强调人类文化历史性入手，贬低了逻辑思维在理解文化与历史中的作用，提高了审美意识的地位。维柯在《新科学》中向人们昭示的主旨是：号召人们高扬人文主义精神，从外界自然转向人类历史，从科学理解论转向审美意识论。

维柯轻视科学理解论而重视审美意识论，这使他的理论在近代哲学领域中遭到了冷遇，而在美学领域中受到了欢迎。我们首先在狂飙运动先驱、德国美学家和哲学家赫尔德（J. G. Herder，1744—1803）那里看到了维柯的影响。赫尔德不仅像维柯那样坚持人文主义精神、崇尚审美意识，而且还把这两方面都大大地向前推进了。首先，赫尔德重新明确了人文主义基本精神，批判了启蒙主义理性观，为人文学科奠定了理论基础。赫尔德的时代正是启蒙主义运动蓬勃发展时期，启蒙主义精神无疑深刻影响了这位敏感的思想家。但是，赫尔德不满意法国启蒙主义思想家们把理性看作裁判人类事物的绝对尺度。启蒙主义把早期人文主义弘扬的人性归结为理性，这实质上是把情感、欲望和意志等因素从人性中净化了出去。在赫尔德看来，康德所宣扬的“纯粹理性”就是启蒙

① 维柯：《新科学》，朱光潜译，人民文学出版社 1986 年版，第 331 条。

主义抽象理性的真实表达。赫尔德批判了康德的“纯粹理性”观点，他指出：理性不是纯粹的，是同人性其他方面联系在一起的，应当记住理性同心灵其他能力的相互作用，它们一起通过语言表现出来。①

赫尔德主张哲学应当从整体上关心人、爱护人，寻求人的全面发展，而不是像启蒙理性那样仅要求人们按照逻辑思维、科学原则去征服自然、控制社会。他说：“如果哲学要想成为对人们有益的哲学，它就应当把人作为自己的中心问题。”②这是赫尔德反对科学主义专断，弘扬人文主义精神的最明确表达，成为其理论活动的座右铭。赫尔德认为人文主义应当引导人们转向对自我完善的追求，在真善美统一中发展社会、实现人生美满与和谐。伽达默尔评价赫尔德的贡献时指出：“他用一种培养人即‘教化’人的新理想而超越了启蒙运动的至善论，并由此而为19世纪历史人文学科奠定了基础。”③

其次，赫尔德把人文主义精神、历史主义原则与美学理论统一起来。通过狂飙运动将之付诸文艺实践。赫尔德认为这三个方面是一致的，关心人、研究人就要面向社会历史。因为人是在社会历史中生存的，只有在社会历史中才能贯彻人文主义精神，真正为个人和民族服务。赫尔德还认为，在社会历史中研究人、关心人，也就是在文化中看待人。因为社会历史就是文化史，人的存在与发展都是在文化中实现的。而文化与自然对象不同，语言、艺术、宗教等文化形式都不能用科学理智加以说明，必须从历史主义的美学观点去理解人类文化史。赫尔德以这些观点为根据，为德国狂飙运动制定了弘扬人文主义，推进个性解放、民族解放和社会发展的文艺纲领，并由此而成为这个运动的精神领袖。

深受赫尔德影响的歌德（J. W. Goethe，1749—1832）和席勒（F. Shiller，1759—1805）充当了狂飙运动的主将，他们按照赫尔德的主张在德国掀起了一场追求人性解放的文艺狂潮。后来，他们又在自己的浪漫主义美学中把赫尔德

① 参见阿·符·古留加：《赫尔德》，侯鸿勋译，上海人民出版社1985年版，第1243页。

② 阿·符·古留加：《赫尔德》，侯鸿勋译，上海人民出版社1985年版，第91页。

③ H.G.Gadamer：*Truth and Method*，The Crossroad Publishing Corporation，1989，p.9.

的理论观点具体化、系统化，在美学领域里为当代人文理解论的形成准备了丰富理论来源。

歌德反对过分夸大理智的作用，尤其在文学艺术领域，歌德主张把理智同感性结合起来，他指出："我们的这个世纪在理智方面固然是很开明的了，但是极不善于把明晰的感觉和理智结合在一起，而真正的艺术作品都只有凭这种结合才能创造出来。"①这就是说，单凭感性或理智都不能进行艺术活动，艺术家必须以自己的整体性思维创造出"显示特征的整体"。追求整体性是歌德美学思想的一个重要内容，也是当代人文理解论从歌德那里继承来的一个重要观点。歌德追求的整体性是感性与理性、现实与理想、主观与客观、自然与社会，以及浪漫主义与古典主义的多重统一。

歌德追求的整体性是具体的、特殊的个性，它深深地植根于现实生活之中。歌德说："一部重要的作品是生活的结果"，"我的全部诗都是应景即兴的诗，来自现实生活，从现实生活中获得坚实的基础"。②并且，艺术不仅植根于现实之中，还要超越现实、创造现实。歌德指出："艺术家一旦把握住一个自然对象，那个对象就不再属于自然了；而且还可以说，艺术家在把握住对象那一顷刻中就是在创造出那个对象。"③歌德这里所宣扬的正是当代人文理解论所坚持的超越性、创造性的主体性原则。

歌德还主张："艺术应该是自然的东西的道德表现。同时涉及自然和道德两方面的对象才是最适宜于艺术的。"④依照朱光潜先生所见，歌德所说的道德是广义的，泛指人的精神和社会性。也就是说，歌德主张艺术应当在社会关系中，在伦理和价值关系中面对人生、理解人生。这说明，歌德把道德理想和价

---

① 歌德：《艺术与手工艺》，转引自朱光潜：《西方美学史》，人民文学出版社 1975 年版，第 431 页。

② 歌德：《歌德谈话录》，转引自朱光潜：《西方美学史》，人民文学出版社 1975 年版，第 425 页。

③ 歌德：《〈希腊神庙的门楼〉的发刊词》，转引自朱光潜：《西方美学史》，人民文学出版社 1975 年版，第 427 页。

④ 歌德：《关于艺术的格言和感想》，转引自朱光潜：《西方美学史》，人民文学出版社 1975 年版，第 429 页。

值评价等因素融进了审美意识之中，这是对近代排除道德理想和价值评价的科学理解论又一次超越。

席勒是在美学领域中为当代人文理解论的理论准备贡献最多的人。席勒善于理论思维，他对近代文化危机根源有着深刻的透视。席勒指责近代社会“是一架精巧的钟表，在那里无限众多但都没有生命的部分拼凑在一起从而构成了一个机械生活的整体”①。这种形式上统一的社会整体，在实质内容上处于极端分裂、对立之中，“人性的内在联系被割裂开了”。造成社会生活及人性裂解的根源是“划分一切的理智”，它把科学原则和方法捧上无以复加的地位，把人的思维形式化、公式化，丰富的人性、智慧、灵感和天才创造都被窒息于科学理解活动之中。所以，体现人性的“积极社会交往”被冷漠无情的机械关系所取代，造成近代社会非人化的文化危机。

按照席勒的推论，近代社会的非人化也就是科学理性化，所以，欲解决近代社会非人化的文化危机，就必须推翻科学理性专断，就必须消除科学理解论造成的公式化、形式化。席勒主张用审美意识超越科学理性，以此来弥合人性及生活的分裂。在席勒看来，审美意识是把人类从危机中挽救出来并走向自由之路。因为审美意识是人性的完整体现，是感性与理性、主观与客观、理想与现实等各方面的统一，它把人类引向的是整体和完满。

席勒认为，审美意识发挥其作用的方式是“审美教育”“审美训练”或“审美修养”。这些审美活动可以陶冶情操、美化心灵，可以塑造新感受力和新理解力，在把人类引向对自我最高价值的追求中，培养“完整人格”，实现人生美满与社会和谐。从席勒赋予审美活动的这些功能上看，他所说的审美活动也就是当代人文理解论极力主张的“教化”。教化是一种人们相互启迪、人生自我修养，以真善美统一为追求目标的超理性主义、超功利主义活动，它的基本含义已由席勒给予比较完全的表述。

总之，在维柯之后，欧洲文化中涌流着一股同科学理解论完全对立的浪漫

① 席勒：《审美教育书简》，冯至、范大灿译，北京大学出版社1985年版，第30页。

主义美学思潮，这股美学思潮高举人文主义旗帜，以超逻辑思维和超本质主义的审美意识论冲击了科学理解论。这种审美意识论关注个体的全面发展，关注人生的完整价值，它藐视征服、崇尚和谐，它反对控制、追求自由。这种审美意识论在精神实质、理想目标、运思形式、知识基础等各方面都同科学理解论尖锐对立。正因如此，伽达默尔把浪漫主义美学作为他阐发当代理解论的出发点，在审美意识论中吸取建构人文理解论的理论营养。然而，人们对人文理解论的美学基础并未给予充分重视，仅仅在近现代释义学中考察它的理论来源，这样做的结果使我们无法把握人文理解论坚实而深厚的人文主义传统。

二、历史理解论的求索

维柯和赫尔德的美学思想是在对历史问题的思考中阐发的，他们的历史哲学理论要比他们的美学理论丰富得多。他们的历史哲学理论同他们的美学理论有着共同的基本趋向，即强调人文科学的特殊性。然而，在他们的历史哲学中，除了能够看到同他们的美学共有的一种弘扬人性的主体性原则外，还能够看到同他们美学思想不同的一种肯定历史理性、追求历史规律的客体性原则。在维柯和赫尔德看来，历史是人的历史，所以必须从人的本性去看历史，而不能用自然科学的原则和方法去简化历史，这是他们反对科学理解论的一面；同时他们又认为由人的活动构成的历史不是任意的，是受“天意”或“一般规律”支配的，历史规律是“由一切民族在他们兴起、发展、成熟、衰颓和灭亡的事迹中所显示出来的永恒规律”。① 人类可以用不同于科学理性的历史理性（historic reason）来把握这些永恒的历史规律。这是他们没有摆脱科学理解论影响的一面，即趋向客观性、追求普遍规律。维柯同赫尔德的这些思想引发了

① 维柯：《新科学》，朱光潜译，人民文学出版社 1986 年版，第 1096 条。

德罗伊生（J. G. Droysen，1808—1884）和狄尔泰（W. C. L. Dilthey，1833—1911）的历史理解论（theory of historic understanding）。

德罗伊生的历史理解论是在同兰克（L. Ranke，1795—1886）实证主义史学理论的对立中阐发的。德罗伊生反对兰克用自然科学实证方法研究历史，他认为兰克从自然科学中引入收集史料、解说史实、排除主观性的实证方法不适于史学研究，因为史学面对的是伦理世界，它必须把价值关系考虑在内。史学家带着自己的价值观去批判地研究历史，同时也在实现着自己的伦理追求和政治目的，这样，史学家研究历史就是在重构历史，推进历史，促进历史趋向人类自由。

德罗伊生认为只有用这样一种发挥史学家主观性的历史理解方法，才能真正把握到历史的普遍意义，获得真正的历史客观性，史学才能成为真实揭示历史客观必然性的科学。在德罗伊生看来，发挥史学家主观性不是把史学家限制在个人的特殊性之中，史学家要在创造性的研究中理解历史活动的"普遍自我"和"精神逻辑"。这样，史学家就超越了个别而提升到一般，但不是像兰克那样把握到一种"宦官一样的客观性"，而是把握到有生命活力的历史普遍性。

不难看出，德罗伊生的历史理解论从主观性走向客观性，这同实证主义者片面强调客观性有明显区别。但是，德罗伊生没有超出主客二元框架，他对客观必然性和建立具有普遍意义历史科学的追求，在根本趋向上同科学理解论是一致的。正是因此，伽达默尔认为德罗伊生的理论并未完全突破自然科学模式。

狄尔泰把德罗伊生的历史理解论大大地向前推进了，形成了比较系统、有突出方法论特征的历史理解论。狄尔泰的根本目的同德罗伊生是一样的，要建立一种能把握历史普遍规律、可以同自然科学一样具有客观必然性的历史科学。狄尔泰模仿康德通过《纯粹理性批判》为自然科学奠定哲学基础，他要通过《历史理性批判》为"精神科学"奠定哲学基础。所谓历史理性也就是以历史现象为研究对象、能够揭示历史规律的历史理解能力和历史理解形式。狄尔泰继承德罗伊生的观点，认为对历史文本的理解如同人与人之间的理解，因为历史文本表达了作者的意愿与追求，理解文本也就是理解作者。

英国研究狄尔泰的专家里克曼（H. P. Ricdman，1918—2012）把狄尔泰的历史理解论概括为四个方面：(1)“理解”是日常生活的一个普遍过程。[①]在狄尔泰看来，理解作为一种以意义为对象的心理过程伴随着人的终生，人时刻都在理解着自我、他人与周围环境，理解是人类生活一种最普遍现象。狄尔泰这一观点后来被海德格尔概括为：理解是人的基本存在。(2)“理解”作为关于人的最基本知识的泉源乃是重要的。人的最基本知识也就是关于人生过程和人生意义的知识，而人生过程和人生意义都是在理解中展开、在理解中实现的，所以，理解也就成了人的最基本知识的源泉。(3) 理解作为人文科学基石“既不可能从其他认识过程中派生出来，也不可能为其他认识过程所代替”[②]。这里进一步强调了历史理解同科学认识或科学理解的区别。狄尔泰认为，历史理解是内在的，它要通过“移情”(empathy) 和“体验”(experience) 来实现，它要“从里面来领悟”，[③]因此它是从事物外部来探寻因果联系的认识活动无法替代的。(4) 理解是人文科学的一般方法。这既是狄尔泰历史理解论的核心，也是他为之奋斗的最高目标。狄尔泰效仿科学理解论为自然科学提供一般方法论，试图把历史理解论建成人文科学方法论，以此确保社会科学的客观性和可靠性。

狄尔泰的历史理解论受到施莱尔马赫（F. D. E. Schleiermacher，1768—1834）的文本释义学很大影响。施莱尔马赫不仅提出了理解历史文本意义的“语法解释规则”和“心理学解释规则”，还揭示了理解历史文本过程中存在的一些矛盾，其中主要的矛盾有：整体和部分之间的矛盾，即对文本整体意义的理解取决于对文本各部分意义的理解，而对各部分意义的理解又以对整体意义理解为前提，这也就是所谓的“释义学循环”；主观理解同客观理解之间的矛盾，即对文本作者的心理学把握(主观理解) 同对文本语言规则的语法理解(客观理解) 不可兼得，相当于王弼所云“得意忘言”和“得言忘意”的矛盾；语

① 参见 H.P. 里克曼：《狄尔泰》，殷晓蓉、吴晓明译，中国社会科学出版社 1989 年版，第 141 页。

② H.P. 里克曼：《狄尔泰》，殷晓蓉、吴晓明译，中国社会科学出版社 1989 年版，第 141 页。

③ H.P. 里克曼：《狄尔泰》，殷晓蓉、吴晓明译，中国社会科学出版社 1989 年版，第 141 页。

言规则具有一般性，而心理意向则存于个体之中，于是，文本理解又面临着一般和个别的矛盾。施莱尔马赫揭示的这些矛盾成为狄尔泰致力探索的课题。

狄尔泰的历史理解论对现代历史哲学和社会哲学都发生了很大影响。文德尔班和李凯尔特（H. Rickert，1863—1936）等新康德主义者（弗莱堡学派），沿着狄尔泰的思路，把现实世界划分为事实世界和价值世界，然后根据事实与价值的区分把科学划分为自然科学和文化科学。文化科学是历史的科学，是价值的科学。“关于价值，我们不能说它们实际上存在着或不存在，而只能说它们是有意义的，还是无意义的。”①因此，文化科学亦即历史科学，是有着特定领域、用“历史理解”②方法去领悟意义的科学。

与狄尔泰同时代的齐美尔（G. Simmel，1859—1918）赞同狄尔泰的历史理解论，并进一步强调历史理解的主观性，他指出：历史理解是“在自己的心灵中构造出号称是过去写照的东西”③。柯林伍德（R. G. Collingwood，1889—1943）则更彻底地强调历史研究和历史理解的特殊性，他指出：“史学的确切对象乃是思想”④，而历史哲学的作用就在于引导人们正确理解内涵于历史思想中的意义。

狄尔泰的历史理解论还直接影响了韦伯（Max Weber，1864—1920）。韦伯认为：“个人是有意义的行为的上限和唯一载体，‘国家’‘团体’‘封建主义’等概念标志着一定类型的人类相互作用。因此，使这些概念成为‘可理解的’行动是社会学的任务。”⑤韦伯主张通过“主观理解”（subjective understanding）来研究社会行为。主观理解包括反省和同情两个方面：反省是对主观动机和主

---

① 李凯尔特：《文化科学和自然科学》，涂纪亮译，商务印书馆 1986 年版，第 21 页。

② H. 李凯尔特：《自然科学概念构成的界限》，转引自张文杰等编译：《现代西方历史哲学译文集》，上海译文出版社 1984 年版，第 23 页。

③ R.G. 柯林伍德：《历史的观念》，何兆武、张文杰译，中国社会科学出版社 1988 年版，第 194 页。

④ R.G. 柯林伍德：《历史的观念》，何兆武、张文杰译，中国社会科学出版社 1988 年版，第 305 页。

⑤ 韦伯：《社会学论文选》，纽约版，第 55 页。

观意义的自我体验与自我理解；同情是将自我置于对方的情境中去体验对方，进而理解对方主观动机和主观意义。反省和同情的统一才是理解，这种统一实现的过程即社会互动行为中的角色体验。①

总之，继维柯与赫尔德之后，德罗伊生和狄尔泰等人建立了一种在理论对象和思维方法上完全有别于科学理解论的历史理解论，这种历史理解论影响了现代西方历史哲学和社会哲学，并促使现代西方史学与社会学中出现了许多坚持历史理解方法和社会理解方法的新学派。历史理解论形成的许多观点和原理都在当代人文理解论中得到了继承，并且历史理解论所引发的现代史学和社会学新流派又为当代人文理解论准备了崭新而丰富的知识材料。所以，我们不能低估历史理解论为当代人文理解论所作的理论准备。

可是，德罗伊生和狄尔泰的历史理解论并没有得到当代人文理解论的充分肯定，甚至认为它在根本方向和基本原则上都没有跳出科学理解论的窠臼。当代人文理解论的大师们指责德罗伊生和狄尔泰没有摆脱自然科学追求客观性、普遍性和确定性的模式，②仍然具有实证主义知识论的倾向。这些指责的理由在于，尽管历史理解论竭力把社会历史研究同自然现象研究区别开来，试图建立一套与科学理解论完全对立的新理解理论，但是历史理解论没有抓住问题的根本，即没有在社会历史领域里高扬人文主义精神，没有把人性的全面展开和人的基本存在作为理解论关注的中心。因此不管历史理解论作为方法论多么特殊，但是用它求得的不过是在本性上同自然科学知识一样的客观必然性知识，不同之处仅在于加上社会历史这一限定词罢了。

然而，我们不能根据当代人文理解论对近现代历史理解论的指责，就断定前者对后者没有理论继承关系。如前所指，当代人文理解论的许多基本观点和基本原理是从历史理解论中继承而来的。而且还应进一步指出，历史理解论受到的上述指责并不能说明它与人文主义精神完全相背，它对人文现象特殊性和

---

① Cf. H.G.Gadamer：*Truth and Method*，The Crossroad Publishing Corporation，1989，p.9.

② 参见保罗·利科尔：《解释学与人文科学》，陶远华等译，河北人民出版社 1987 年版，第 47 页。

对研究人文历史方法特殊性的强调，实质在一定程度上提升了人的地位与价值，肯定了人类历史和人生现存的特殊意义。因此，尽管历史理解论同科学理解论还有许多共同之处，尽管历史理解论还没有明确地在主体间关系中张扬人的主体性，但是我们应当肯定它是作为科学理解论的对立面出现的，它是建立当代人文理解论的必要理论准备之一。

三、人文理解论的前奏

人文理解论是以人文主义精神为主旋律，由历史理解论同实用主义理解论、文化哲学理解论以及语言哲学理解论等合奏而成的交响乐。历史理解论经过人文主义改造后才获得了参加合奏的资格，而杜威（J. Dewey，1859—1952）为代表的实用主义理解论、卡西尔（E. Cassier，1874—1945）为代表的文化哲学理解论和维特根斯坦（L. Wittgenstein，1889—1951）为代表的日常语言哲学理解论，在进入交响乐主曲合奏之前就已经奏出了同交响乐主旋律和谐统一的情调，因此，它们可以看作人文理解论这一曲交响乐的前奏。

在人文理解论的三曲前奏中，实用主义理解论最坚定地张扬了人文主义精神。英国实用主义者席勒（F. C. S. Schiller，1864—1937）明确指出："人文主义是实用主义的精神。"① 詹姆斯（W. James，1842—1910）认为人文主义是迄今为止最完善的真理。杜威则呼吁要把哲学改造为以人的问题为核心的理论。在实用主义者们看来，人的认识活动或理解活动也是如此。詹姆斯认为人的思维同事物不是异质的，它们都是由相同的"纯粹经验"构成的。杜威把哲学关于思维与存在的区分看作是历史性错误，他认为思维同情境、行为以及生活空间是连为一体的。这样，实用主义从人出发把世界看作不能离开人而存在的经

① F.C.S. 席勒：《人本主义研究》，麻乔志等译，上海人民出版社 1966 年版，第 1 页。

验整体，由此而超越了传统哲学，尤其超越了科学理解论坚持的主客二元论。

在把一切都与人联系在一起的经验一元论基础上，杜威等人把以追求客观本质为目的的科学认识论改造为以把握经验意义为目的的工具主义认识论。这是一种把思维对象、思维过程和思维结果都同人的生活、信念和价值联系在一起加以考察的理解论。这种理解论认为，无论思维过程合逻辑性程度高低，无论思维结果有多大确定性和普遍性，思维的意义都在于它是否具有功用。意见、概念和理论是否反映了客观实在是不重要的，重要的在于它们能否帮助人们在行动中达到预期效果，功用和效果是检验思维及理论真理性的唯一标准。杜威指出："任何理智命题的逻辑价值，依赖于实践上的思考，最后依赖于道德的思考。"①这就是说，理解没有独立的逻辑价值，逻辑价值同实践追求和道德评价是统一的。于是，杜威否认了以绝对合逻辑性而自尊的科学理性或科学理解的存在。

实用主义理解论的理论价值是不可低估的，它的出现使科学理解论受到了一次最有力的冲击。由于它直接从人的现实生活出发，从人的生存需要或功用利益出发，否定科学理解论的抽象性，把理解的目的由远离人性的实体本质转向与人性直接统一的经验意义，理解由此而进入意义世界、价值世界亦即实际的生活世界之中。

如果说实用主义理解论把自己的目光深入到了人类生活内容之中，那么可以说文化哲学理解论则把自己的目光提升到了人类生活形式（life form，又译生命形式）之上。卡西尔认为，人类的生存活动是通过各种符号形式表现出来的，不同的符号形式构成了不同的文化形式，亦即人类的生活形式。在卡西尔看来，人与物之间和人与人之间的理解活动都是通过这些符号形式来完成的，并且哲学关于人类理解活动本身的理解也是通过符号形式实现的。因此，我们又可以把卡西尔为代表的文化哲学理解论称为"符号形式理解论"或"文化形式理解论"。

---

① 杜威：《人的问题》，傅统先、邱椿译，上海人民出版社 1986 年版，第 186 页。

卡西尔的文化哲学理解论面向了人类全部文化形式。卡西尔认为科学理解论仅仅面对人类文化形式的一个方面，这不足以完整地把握人类生命活动的意义。他指出："自然科学教导我们怎样去拼读（buchslabieren）现象，以便把这些现象阅读为经验；而人文科学则教导我们去诠释符号，以使我们能够把隐藏于其中的内容揭示出来——而这也即是说，把这些符号所由出的生命再度展现在我们面前。"① 这里所说的人文科学实际上指文化哲学，亦即有别于实证科学理解论的文化理解论。卡西尔把神话、语言、宗教、艺术、历史、科学和哲学等都看作人类的文化形式，他试图扩张文化哲学的视野，把这些文化形式联系起来全面考察和理解，以求对人类生命或生活达到整体性把握。

然而怎样去理解各种文化形式或符号形式呢？卡西尔宣称要"超越认识的摹写论"②，因为各种符号形式都是内容与形式、本质与现象、观念与实在、主观与客观的统一，而传统认识论主张对客体的摹写是建立在这些方面的分裂和对立基础之上的，它得出的结果——概念也仍然是这些方面的分立，不能真实把握本是统一整体的符号的意义。所以，不能按照认识的摹写论去理解符号形式，而应当以立足于符号整体功能性的理解去把握它。卡西尔进一步指出："如果我们不是从抽象的假定出发，这二元的对立体就解决了。在理智与感觉、'观念'与'现象'之间做出根本区分的幻相消失了。"③ 虽然文化哲学理解论对科学理解论持一种比较温和的态度，它承认科学及科学理解活动的合理性，但是它在主要趋向上是追求人文主义精神的，科学精神的意义仅仅被限定在生活的一种形式即科学活动中。文化哲学理解论的特殊意义，不仅在于它的许多独到之见为当代人文理解论作了从其他理解论中得不到的理论准备，而且还在于它把科学同其他文化形式都看作人类生命形式统一起来考察，为我们超越科

① 恩斯特·卡西尔：《人文科学的逻辑》，关子尹译，台湾联经出版事业公司，第 137 页。

② 恩斯特·卡西尔：《语言与神话》，于晓等译，生活·读书·新知三联书店 1988 年版，第 242 页。

③ 恩斯特·卡西尔：《语言与神话》，于晓等译，生活·读书·新知三联书店 1988 年版，第 248 页。

学理解论和人文理解论的对立作出了深刻的启示。

语言理解问题不仅是当代人文理解论的主题之一，而且也是前面所提到的各种理解论的主题之一。但是，并非所有理解论的语言理解观点都可以充当人文理解论的理论准备。近代科学理解论也很注意研究语言理解问题，但那是在主客二元框架中把语言作为表达概念的形式而展开的研究，其目的在于规范语言的使用规则，以求其更准确地表达客观对象；现代西方逻辑原子主义和逻辑实证主义直接以语言分析为己任，它们虽然标榜反对近代认识论，但如罗蒂所指，它们不过是近代认识论的继续。它们试图建立一套规范的、能够治疗日常语言、取消形而上学语言的逻辑语言或人工语言，这种做法的实质是把人文因素从语言中剔除出去，使语言成为科学理解活动的有效工具。因此，逻辑原子主义和逻辑实证主义的语言理解论是更精致的科学理解论，它同近代科学理解论中的语言理解论一样，都是当代人文理解论冲击的对象。

相反，日常语言哲学和逻辑实用主义的语言理解论却在许多基本方面同当代人文理解论是一致的。20 世纪 30 年代，维特根斯坦由人工语言哲学转向了日常语言哲学，这被认为是西方语言分析哲学发生重大转折的标志。转向日常语言哲学之后维特根斯坦提出的问题不再是语言的逻辑规则和语言如何符合经验事实等问题，而是语言的实际用法问题。维特根斯坦指出："一个词的意义就是它在语言中的用法。"[①]在日常生活中使用的语言意义不是硬性规定而来的，而是对话双方在特定的心境和环境中达成的一种约定。因此，语词的意义就不在于主观与客观是否相符，而在于主体之间的相互理解。

维特根斯坦向日常语言的转向，是从观念世界向生活世界的转向，是从抽象客体向现实主体或真实生活着的人的转向。在这种转向中，语言理解成为人际之间的理解，成为人对其生活和环境的理解，其实质是人的自我理解。语言不再是一种获得科学真理的工具，而是人的活动和人的生存。维特根斯坦的转向启发了赖尔（G. Ryle，1900—1976）、奥斯汀（J. L. Austin，1911—1960）

① 维特根斯坦：《哲学研究》，汤潮、范光棣译，生活·读书·新知三联书店 1992 年版，第 31 页。

和奎因（W. V. O. Quine，1908—2000）等一大批语言哲学家，他们纷纷从维特根斯坦出发，建立了内容丰富的语言哲学理解论，最终都汇入人文理解论主流之中。

上面考察的三种理解论虽然都弘扬了人文主义精神，都从不同方面在主体间关系中追求了主体性，但是，这些理解论还缺乏对人类理解活动的系统反思，还没有明确概括出同科学理解论鲜明对立，以主体间关系为基本内容的理论框架，也没有用人文主义精神把关于社会生活各方面(如历史、文化、语言、生活和艺术等）的理解论融为一体，它们还没有达到具有普遍意义的当代人文理解论的高度。它们只有被融入同科学理解论理论框架明确对立的新理论框架中，才能奏出人文理解论这一气势宏阔的交响乐。

综上所述，我们可以清楚地看到，当代人文理解论的发生有着广泛的文化基础和充分的理论准备，它的出现是人文主义精神在近现代哲学和近现代文化中振兴的必然产物。如果把当代人文理解论归结为释义学，仅在释义学领域里把握人文理解论的生成和发展，不仅不能看到它如此广泛而充分的文化基础和理论准备，而且也无法领悟到它深刻的精神实质和普遍的理论意义与实践意义。

第三章　人文理解论的建立与扩展

在人文主义精神鼓舞下，由近现代发展而来的各种理解论越来越繁荣兴盛，虽然这些理解论发生于相互区别的文化领域，有着不同的理论对象和理论内容，但是它们不可避免地要联系起来，并引发一种具有普遍意义的人文理解论。因为除科学理解论外，各种理解论都是从人出发的，它们所面对的人类历史、社会行为、功用价值、文化形式、语言符号等不同理论对象，都是直接联系在一起的人类生活构成因素，各种理解论因为这些因素的直接联系必然形成无法分割的理论关系，所以它们不仅为建立具有普遍意义的人文理解论作出了理论准备，而且也提出了在哲学层面上建立人文理解论的理论要求。

一、人文理解论的基本建立

在现当代哲学中，海德格尔（M. Heidegger，1889—1976）最先从人的本质与存在出发，把理解活动作为哲学研究的主题之一。海德格尔清楚明确地在以主体间关系为基本内容的理论框架中考察人类理解问题，并坚定不移地张扬人类理解活动的主体性。海德格尔阐述了许多人文理解论的根本观点，为建立人文理解论奠定了理论基础。

1929 年，海德格尔发表了震撼世界哲学论坛的巨著《存在与时间》。在这部著作中，海德格尔把人类理解活动作为他的存在主义哲学核心问题加以探讨。海德格尔认为哲学的任务是关于“在为什么在”“在怎样在”这些基本问题的追问，亦即对在的意义的理解。而能理解在的意义的只有此在，此在即是人，也就是说只有人才能理解在的意义。因此，说到底哲学乃是关于人如何去理解在的意义这样一种探寻。哲学一旦去着手这种探寻，也就是在揭示人的本质。因为只有人才能理解在的意义，所以理解就是人的本质，探寻人怎样理解在的意义，也就是探询人的本质存在。

然而，人是怎样理解在的意义呢？在海德格尔看来，理解是此在的存在方式，此在须臾不可不理解，理解与此在不可分。此在的理解实质上是一种自我理解，因为此在是在自己的前结构中去理解在的“作为结构”的，而前结构和作为结构都与此在不可分。此在理解的前结构包括：（1）前有（Vorhabe）：理解者在理解之前已经具有的风俗习惯、文化传统、社会条件和心理结构等等；（2）前见（Vorsicht）：理解开始前选定的展开角度和已经具有的观点；（3）前设（Vorgriff）：理解前预先已有的假设。所谓作为结构是此在选取出来的与理解有关的事物结构，是此在意向之中和视野之中被理解的结构。所以，无论从理解者还是从理解对象看，理解都不过是此在的自我理解。

利科尔（P. Ricoeur，1913—2005）在评价海德格尔这些观点时，称之为超越主客二元对立的一次理论变革。① 海德格尔通过此在去理解在的意义，实质上是从人出发，从人的境遇和视野出发去看世界，从人的利益和需求出发去选择和评价世界。这样看到和评价的世界不是一个在我之外的世界，而是在我之中的世界。并且这个被看、被评价的世界不过是人与人之间对话和交往的世界，是人的活动和生存环境的世界。所以，在海德格尔的理解论中，不仅客体隐退了，而且主体也消解了，主客二元对立被超越了。

海德格尔的贡献“应该被看作是企图在认识论的研究之下深掘，以揭示其真正本体论的条件”②。海德格尔把现代作为认识论和方法论加以研究的理解论

① 参见保罗·利科尔：《解释学与人文科学》，陶远华等译，河北人民出版社 1987 年版，第 52—56 页。

② 保罗·利科尔：《解释学与人文科学》，陶远华等译，河北人民出版社 1987 年版，第 52 页。

变成了存在论理解论，更确切地说变成了生存论的理解论，由此而从局部上升到了一般。狄尔泰的历史理解论、韦伯的社会理解论和卡西尔的文化理解论，都不过停留于人类生活的某一个侧面，所以只具有局部和个别的意义；而海德格尔则掘到人类生活最底层——在，世间一切都不过是在的具体表现，因此追问如何理解在的意义，也就是从根本上追问世间万物的意义，这最深层的理解论也就蕴含着最有普遍意义的理解论。

然而，尽管海德格尔在建立人文理解论过程中作出了具有决定意义的贡献，他确立了同科学理解论主客二元理论框架截然对立的主体间一元理论框架，并把主体性作为人文理解论的理论追求，这些观点都是人文理解论进一步发展的基础，但是海德格尔没有把他确立的新理论框架放到人类文化的各种层面上加以充分展开，对人文理解论无法加以回避的各种理论问题缺乏系统论述。人文理解论的理论体系在海德格尔那里尚未形成，而这个任务是由伽达默尔（H. G. Gadarmer，1900—2002）完成的。

1960年，伽达默尔发表了被视为释义学经典的巨著《真理与方法》，这部著作被公认为当代理解论系统建立的标志。在这部著作中，伽达默尔对哲学研究理解问题的历史，对人类理解活动的本质，结构与功能，对各种文化层面中的理解、理解冲突，以及理解与语言、文本、意义等一系列人文理解论的基本问题都做了系统论述。概而言之，主要表现在以下四个方面：

（1）从理论对象、理论框架与理论功能等方面把人文理解论同科学理解论区别开来。伽达默尔在海德格尔观点的基础上进一步指出："理解并不是主体诸多行为方式的一种，而是此在自身的存在方式。"①这里，伽达默尔强调海德格尔关于"主体行为方式"和"此在自身存在方式"的区别，其意在指出人文理解活动与展开于主客二元关系中的科学理解活动不同，它不是为了把握客体本质的认知活动，而是展开于人与人之间或展开于人与自我之间的、对人自身

① H.G.Gadamer：*Truth and Method*，The Crossroad Publishing Corporation，1989，Perface to 2nd edition.

存在（包括人的现实活动、未来发展以及历史活动结果）意义的领悟，是人与其自身存在直接统一的自我意识。

这样，伽达默尔既明晰了人文理解论理论对象同科学理解论理论对象的本质区别，又揭示了因对象不同，人文理解论张开的理论框架同科学理解论的理论框架也不同：前者是人与人之间或主体间关系，而后者则是主客二元关系。

并且，正是因为理论对象和理论框架不同。人文理解论同科学理解论的理论功能也不同：科学理解论的理论功能在于导引人们追求关于客体本质和客体规律的科学知识，然后利用这些可以转化为物质力量的科学知识去征服自然并控制社会；而人文理解论的理论功能则在于导引人们在现实、历史与未来等方面的复杂联系之中，达到更深刻的自我体验与人际间相互理解，以此促进人类自我完善和人生和谐，亦即人类自我“教化”（Bilung）。

（2）通过对艺术经验的析理，明确了人文主义精神在人文理解论中的根本地位。伽达默尔指出：“我的出发点是：历史人文科学保持的人文主义精神。”① 而人文主义精神在近代以来的科学理解论中受到了窒息，因此欲发扬人文主义精神就必须在科学理解论的氛围以外去继承它的传统。

于是，伽达默尔把视野转向了歌德和席勒等人为代表的德国古典美学。通过对德国古典美学中“教化”“共通感”“判断力”“趣味”四个概念的考察，伽达默尔明示了一种具有感性普遍性和主客统一性的艺术经验，这是一种同科学理解论的视觉经验不同的、具体地体现着完整人性、能理解人生意义的经验，其实也就是伽达默尔所说的“释义学经验”或“理解经验”。

在伽达默尔看来，当艺术经验具有了普遍性，达到了对意义的理解，“艺术真理”也就生成了。艺术真理不是关于客体本质的客观性概念知识，而是在真善美统一中对人生意义的整体理解。因此，艺术真理不仅是人文主义追求的真谛，并且亦是人文理解论追求的理论目标。这样，伽达默尔就通过对艺术

---

① H.G.Gadamer：*Truth and Method*，The Crossroad Publishing Corporation，1989，Perface to 2nd edition.

经验的分析，揭示了人文主义精神作为人文理解论出发点和使命的重要地位。

伽达默尔还通过对“游戏”“创作”和“绘画”等艺术活动的考察，揭示了艺术经验或理解经验的存在论基础。这实质上揭示了人文理解论的现实生活基础，因为在伽达默尔那里，艺术活动同日常生活在本质上是同一的，都是对人生意义的体验和创造。这样，伽达默尔又为人文理解论弘扬人文主义精神提供了现实生活根据。

（3）通过对理解现象历史性的考察，阐明了人文理解论的历史主义原则。伽达默尔讨论的理解现象历史性主要包括传统与成见、释义循环、时间间距、效果历史、视界融合等方面。

伽达默尔认为，人们都在特定的文化传统中展开理解，人们把理解中的文化传统看成是有碍正确理解的偏见，这是错误的。因为偏见是不可避免的，伽达默尔称之为“合法的成见”。①

在伽达默尔看来，人们在成见中去理解，然而理解的目的又在于领悟文本意义，这又需要让历史文本“说话”。而一旦人们倾听历史文本“诉说”时，人们已在成见之中，所以，理解处于试图超越成见又不断回到成见的“释义循环”之中。

释义循环展开于时间之中，时间拉大了文本与理解的距离，这种时间距离不仅不会像科学理解论所认为的那样能掩盖文本意义，相反它会使文本意义更加明晰和丰富。造成这种效应的原因在于文本意义生成于理解过程之中，它不是那种客观性的原意，而是处于无限延伸着历史可能性之中的、不断被创生的意义。

时间距离的延长和理解环境的变化，使理解过程在更长久更丰富的境遇中加以展开，历史意义也就在这种不断展开的理解过程中发展自己的可能性，这就是所谓的“效果历史”。效果历史是借助理解者同历史文本作者的“视界融合”

---

① H.G.Gadamer：*Truth and Method*，The Crossroad Publishing Corporation，1989，Perface to 2nd edition.

来实现的。视界融合既说明了理解的条件限制——视界，又说明了理解的开放性和达成共识的可能性——融合。

总之，伽达默尔在动态中、过程中和开放性中把握理解现象，“不是任意的也不是对个别方面的夸大，而是事物本性自身使理解运动的内容丰富且普遍存在。”①因此，在可能性和发展中把握理解现象，是一条符合事物本性且符合理解活动本质的历史主义原则。

(4) 通过对理解同语言关系的考察，揭示了经过语言来研究理解问题是人文理解论的展开形式。伽达默尔不仅继承了欧陆人文哲学关于语言问题的研究成果，而且也融汇了英美语言分析哲学的研究成果，把语言问题同人文理解论提出的其他问题紧密地交融为一体。

伽达默尔所指的语言问题包括“阅读”“书写”“对话”等各种语言活动中对意义的领悟、表达和交流等问题，理解过程正是在这些语言活动中发生和实现的。因此，理解过程和语言过程是同一的，理解离不开语言。具体说来，语言为理解提出了释义的任务，伽达默尔指出：“写下的文本提出了真正的释义学的任务，书写包含着自我对象化和自我的消解，因此对文本的阅读是理解的最高任务。”

不仅如此，伽达默尔还认为，语言也为理解规定了条件。历史文本、文化传统、理解视界等等都是通过语言而成为我们理解的现实条件的，离开了语言，这些内容也就离开了我们，“语言破碎处，万物不复存”②。并且，我们还是在语言中把自己的理解带入世界的，没有语言我们不能领悟他人的理解，也不能表达自己的理解，交流和沟通都无法进行，我们就会被隔离在现实世界之外。正因语言同理解的关系这样紧密，所以研究理解现象就不能离开语言。

明确经过语言来研究理解活动，使人文理解论在理论形式上同科学理解论进一步区别开来。科学理解论以观念为对象，观念是客体的抽象，所以科学理

---

① H.G.Gadamer：*Truth and Method*，The Crossroad Publishing Corporation，1989，pp.402，57.

② 恩斯特·卡西尔：《语言与神话》，于晓等译，生活·读书·新知三联书店 1988 年版，第 21 页。

解论面对的和展开的世界是一个抽象的、概念化和逻辑化的无生命的世界。语言是现实过程，是生活和交流，是使人们敞开自我的知情意综合性交流活动，它把历史、现实与未来等各种因素都导入理解活动之中。因此，以语言为对象来研究理解，使理解论面向了悠久的历史领域、广阔的文化领域和无限延伸着的可能世界，更重要的是面向了活生生的生活世界（life world）。

经过上述考察我们可以作出结论：人文理解论的建立是一个从海德格尔到伽达默尔的理论发展过程。在这一过程中，海德格尔奠定了人文理解论的理论基础：把理解活动同人的存在方式直接统一起来，明确了人文理解论在主体间关系中追求主体性的理论框架和理论宗旨；伽达默尔在海德格尔奠定的基础上系统地阐发了人文理解论，通过对人文理解论理论对象、理论框架、理论导向、理论功能、理论原则和理论形式等基本问题的全面论述，比较完整地建立了人文理解论的理论体系，使人文理解论臻于成熟。总之，海德格尔和伽达默尔共同建立了人文理解论，实现了同科学理解论的全面对立。科学理解论是传统哲学的主要内容，人文理解论同科学理解论全面对立也就是同传统哲学全面对立。因此，人文理解论必然作为一种崭新的哲学理解论挺立于世界哲学之林。所以，伽达默尔把自己的人文理解论称为全新的哲学理解论，是名副其实的。

二、人文理解论的综合发展

海德格尔和伽达默尔创立的理解论在欧陆人文哲学中迅速产生了巨大影响，人文理解论的基本精神和基本原则很快得到了各种哲学流派认同，并同各种哲学流派原有的基本观点融汇、重构，为人文理解论增添了更加丰富的内容，人文理解论由此而在一个更为广阔的理论层面上实现了综合发展。

法兰克福学派后期主要代表人物哈贝马斯（J. Habermas，1929—）在伽达默尔的《真理与方法》发表不久，便把理解问题作为自己理论研究的核心问题，并建立了把人文理解论同社会批判理论、语言分析哲学、社会学融为一体的“交往理论”（the theory communication）。哈贝马斯指出：“我把以达到理解为目的的活动看作是最根本的东西”，“其他形式的社会活动——如冲突、竞争、通常意义上的战略活动——统统是以达到理解为目标的活动的衍生物”①。仅就哈贝马斯在《交往与社会进化》一书中的这句开篇语，我们就能得知理解问题在交往理论中的重要地位。

如果对哈贝马斯的交往理论作比较具体的考察，我们将发现交往理论不过是把伽达默尔的人文理解论、韦伯的社会哲学理解论、维特根斯坦的语言哲学理解论，用社会批判理论的原则加以重建后，向社会现实生活的进一步推进。哈贝马斯交往理论的基本内容：普遍语用学、自我认同论、交往理性论、社会共识论等等，都是以主体间的理解问题为核心而展开的。因此，我们可以把哈贝马斯的交往理论称为交往理解论。并且，就哈贝马斯选用“交往”（Kommunikation）这一词的语言学含义而言，交往理论也可以直接看作理解论。因为在德语中，Kommunikation 的含义主要是人们之间的信息联络和意见沟通等社会意识活动，它与马克思（K. Marx，1818—1883）在《德意志意识形态》等文中所使用的“交往”（Verkehr）概念的含义是不同的，Verkhr 主要指交通运输、商贸流通等社会物质活动。

同伽达默尔的理解论相比，哈贝马斯的交往理解论有三个鲜明特点：

首先，交往理解论有突出的现实性。哈贝马斯的交往概念不是一般意义的意识交流活动，而是指实践活动中或现实生活中的主体间意识沟通。哈贝马斯一贯把交往与理解放到经济关系和政治关系中加以考察，把理解问题同人们的经济利益、政治要求和道德评价等方面因素统一起来加以把握。因此，哈贝马斯的交往理解论是立足现实生活之中的更为具体的理解论。

其次，交往理解论具有强烈的批判性。前面提到，哈贝马斯是按照社会批

① 哈贝马斯：《交往与社会进化》，麦卡锡英文版。

判理论的原则去批判地重建各派理解论的。众所周知，社会批判理论的基本原则是坚持马克思所主张的对社会意识形态虚假性进行不断批判，以求唤起人们否定性的思维，进而克服社会异化的原则。根据这个原则，哈贝马斯指责伽达默尔过分地强调了属于既存意识形态内容的传统、成见、视界等因素的作用。在哈贝马斯看来，这些因素都是社会交往中的保守因素，它们有碍于主体在生活实践中相互理解，不加批判地承认它们、顺应它们，乃是一种消极保守的态度。基于这种观点，哈贝马斯始终坚持对交往中的保守因素进行批判，使其交往理解论具有强烈的批判性。

最后，交往理解论具有明确的重建性。哈贝马斯认为，在意识形态保守因素的扭曲下，交往不能正常进行，人与人之间的理解也无法顺利实现，只有否定这些消极作用，重新建设人际间交往资质和交往形式，才能保证交往与理解无阻碍地进行。重建的依据或标准是交往理性，哈贝马斯把交往理性规定为真实、诚恳、正确、可领会四个基本原则。这四个原则被看作言语沟通、相互理解的有效性基础，亦是人们社会交往的基本准则。

哈贝马斯的交往理解论内容十分丰富，它保留了马克思的许多基本观点。哈贝马斯本人也经常以马克思理论继承者自居，他的交往理解论在一定意义上可以看作马克思的意识形态批判理论和交往实践理论同人文理解论的一种综合。

哈贝马斯同伽达默尔之间的分歧引起了法国哲学家利科尔的高度重视，利科尔对他们采取了兼取二者所长的综合态度。利科尔“把批判的社会科学[①]同历史解释学[②]的立场作了尖锐对比”，发现“后者倾向于对传统权威的承认”，而前者则“坚决反对传统权威的压抑”。[③]在利科尔看来，哈贝马斯向伽达默尔提出的问题是：如果不以人类追求自由和解放的本性为根据去批判压抑人性的文化传统或意识形态，人际间体现人性的理解怎样才能实现呢？而伽达默

① 即哈贝马斯的理论。

② 伽达默尔的理论。

③ 保罗·利科尔：《解释学与人文科学》，陶远华等译，河北人民出版社 1987 年版，第 96 页。

尔向哈贝马斯的反驳却是："如果不是依据文化遗产的创造性复兴，将根据什么来具体支持交往活动中的理解呢?"①利科尔认为，哈贝马斯和伽达默尔分别提出了理解活动中的两种普遍性："释义学的普遍性和意识形态批判的普遍性，它们互相渗透。"②因为，脱离传统去理解是不可能的，而限于传统中去理解又是消极的。所以，利科尔主张既承认传统和成见的实际作用，又要发挥意识形态批判的积极功能。于是，利科尔首先把伽达默尔的历史继承性原则与哈贝马斯的现实批判性原则综合在自己的理解论之中。

体现在利科尔理解论中的另一种综合是更为重要的：他试图把狄尔泰等人的方法论理解论同海德格尔和伽达默尔的本体论理解论结合起来，同时还以文本理论为基础把认识论原则纳入理解论中。在利科尔看来，不讲方法论的理解论是无效的，不讲本体论的理解论是空浮的，而不讲认识论的理解论则是浅薄的。利科尔主张历史性原则和批判性原则相结合的理解方法，用这种方法去理解文本世界。"'文本'就是任何由书写所固定下来的任何话语。"③

利科尔在一个宽泛的意义上使用文本概念，不仅各种书写形成的文字材料属于文本。而且各种历史事实、文化建筑以及社会行为也都属于文本。无限丰富的文本一经"书写"而成，便随着时间推移而"远化"，形成文本与理解者的"间距"，文本由此而客观化，成为理解所面对的客观的文本世界。文本世界的客观性使理解过程的中介性、反思性成为可能，即认识论的主客关系在理解过程中生成。文本世界作为反思对象，在不同的理解中被追问出各种各样的矛盾关系，多样性的理解把握到多元化的本体，统一的本体永远不可及，只能作为各种理解过程的一种希望。这样，利科尔在把理解的方法论、认识论和本体论统一起来的过程中，阐发了丰富的辩证法思想。

利科尔还把理解论同精神分析和结构分析综合起来。在利科尔看来，弗洛伊德（S. Frued，1856—1939）的精神分析理论和列维–斯特劳斯（C. Levi-

① 保罗·利科尔：《解释学与人文科学》，陶远华等译，河北人民出版社 1987 年版，第 99 页。
② 保罗·利科尔：《解释学与人文科学》，陶远华等译，河北人民出版社 1987 年版，第 95 页。
③ 保罗·利科尔：《解释学与人文科学》，陶远华等译，河北人民出版社 1987 年版，第 148 页。

strauss，1908—2009）等人的结构主义理论，都是一种深层理解论，它们可以通过对梦幻、欲望、表象、神话等表层现象的透视，把握到人和历史的深层结构，由表层理解进入深层理解。尤其值得注意的是：利科尔把理解论推及社会活动，试图建立以社会活动为直接对象的理解理论。他指出："一切有意义的事件和行为，都是对这种通过当前的实践而作的实际解释开放的。人类行为也是对任何能阅读的人开放的。"①利科尔的这些思想无疑受到韦伯和哈贝马斯的启发，但又与他们不同。韦伯和哈贝马斯讲的是社会成员在社会活动中的相互理解问题，而利科尔讲的则是如何把社会活动本身作为对象、作为文本加以理解的问题。这样，利科尔就把理解论由历史文本和语言符号的层面引向了感性的动态的社会活动层面。

利科尔理解论的综合性特征是十分突出的，利科尔的工作敞开了理解论同当代各派哲学以及各种文化形式对话的门窗。各种哲学理论汇入理解论，同时理解论又涌入各种文化思潮，这种波澜壮阔的场景与利科尔的努力是分不开的。

当代理解论最激进的理论形式是以德里达（J. Derrida，1930—2004）为代表的"解构主义理解论"（deconstructivist theory of understanding）。解构主义的主要哲学主张是反对"逻各斯中心论"（logocentrism），亦即反对以概念思维为中心、单纯追求客观真理的思维模式，实质上也就是反对传统认识论或科学理解论。在德里达看来，逻各斯中心论是趋向客观性、确定性、实体性和理论专制性的一种禁锢思维、扼杀人性的思维模式，所以必须彻底摧毁它。摧毁逻各斯中心论的突破口在于推翻"语音中心论"（Phonocentricity），因为语音中心论的预设前提是：言语表达了思想，思想作为主体把握了客观存在，因此，言语之时亦即主体和客体在场之时，这样，以言语或语音为中心就不可避免地陷入主客二元论框架。并且，言语—思想—存在的逻辑链，导致了语言和思想对既定现存的隶属或服从，使语言和思想受制于现存，而语言和思想的活

① 保罗·利科尔：《解释学与人文科学》，陶远华等译，河北人民出版社1987年版，第218页。

力正在于对现存的超越。

德里达指出推翻语音中心论的决定性方法是强调书写先于言语，因为书写的意义和有效性都以言谈者的消失和客观对象不在场为前提，所以强调书写在先就突破了语音中心论对主客二元框架的肯定。德里达的进一步推论是：书写创造意义，但书写是在消解主体和客体的过程之中创造意义，如果书写是语言典型形式，那么书写的品质证明了语言创造意义的过程是一种在“无底的棋盘”上游戏，也就是说意义的本体论基础被遗弃了。

当德里达否定了意义和语言的本体论基础时，也就提出了一种新的理解观。既然意义无本体，那么追求实体、本质、逻辑中心、固定结构、自我同一等目标的实体思维、本质主义和结构主义等形而上学理解方式就失去了价值。德里达主张无中心、非逻辑的和开放的“分延论”（theory of differance）。分延是旨在取代结构主义关于“能指”与“所指”区分的概念，它有着丰富的理论蕴涵。

德里达认为，结构主义把“能指”（音符、文字）同“所指”（概念、意义）划分开，并且认为二者有确定的对称关系，其实质是主观与客观的分裂、理解与意义的静止。在实际的语言和理解过程中，语言、理解和意义都处于无限的流变之中，不仅能指和所指本身处于变化之中，而且能指和所指间的关系也是无序开放的。因此，德里达主张把能指和所指两个概念改造为分延。

分延含有区分和延迟双重含义，表示语言、理解和意义的无限扩散和无序延伸性。德里达的分延概念的深层意义在于，通过对语言和理解过程这种异质差异性和无序动态性的透视，揭示了人的自由本性和创造本性。

德里达还提出了“解构阅读方式”，这是德里达理解论的一个重要内容。解构即拆构，亦即阅读时要拆散原作品的结构，在理解过程中重新组合、补充，以此而获得包含了读者创造性和选择性、突破作者原有界限的新意义。解构阅读方式的实质是要求读者发挥主动性，在异质多样性、变动生成性、无限制的创造性和持续的否定性中去理解文本的意义。它明示的是一种读者和作者共同创造文本意义的过程。

西方某些学者认为，虽然解构阅读方式表现了精致的技术性，但因其出发点的强烈否定性以及阅读行为的普遍性，它将导致人文科学和自然科学的深刻革命。因为人文科学和自然科学不过是对人和自然的阅读，阅读方式的改变既能改变它们的运作形式，也能改变它们的理论内容。并且，新的阅读方式将导致人类对历史、文化以及自我存在的重新理解，它将从根本上触发一场文化革命。

德里达像哈贝马斯一样，反对伽达默尔强调传统和成见不可超越，主张在否定旧世界中重建一个新世界。但是，德里达又与哈贝马斯有明显的区别。哈贝马斯崇尚理性，试图通过理性重建来寻求社会生活的有序性，主张导引人际关系中的理解活动合逻辑地发展；而德里达恰好相反，他主张摧毁逻辑、抛弃理性，让人的情感、意志和信念等多种因素在无限制中自由发展，进而实现人性的多样性发展。实质上哈贝马斯和德里达的最终目标是共同的，都是追求人的自由和解放。

总之，人文理解论在欧陆人文哲学中的综合发展，使其获得了十分丰富的理论内容，人文理解论的基本精神和基本原则同其他哲学理论综合，形成了很多深刻而具体的新理论，尤其是方法论、认识论和本体论的综合，历史意识同批判意识的综合，不仅提高了人文理解论的普遍意义，并且也扩大了人文理解论的理论胸怀，使其获得了更加旺盛的生命力。

三、人文理解论的理论扩展

当人文理解论在欧陆人文哲学中基本建立并逐渐趋向综合、系统化之时，人文理解论的基本原则和基本精神不断地渗入英美分析哲学之中。时至今日，人文理解论已经在分析哲学中占了上风，人文理解论由此而成为世界性的哲学思潮。

我们首先在库恩（T. S. Ktthn，1922—1996）那里看到了人文理解论原则在科学哲学中的体现。库恩通过对科学史的大量研究，发现科学理论的发展过程实质上是“科学共同体”按照共有“范式”进行的活动，科学发展的标志是范式的不断转换和科学共同体的不断重构。范式是由特定的概念框架、价值标准、世界观等因素构成的，它处于历史变化之中，科学家们正是按照不断变化的范式进行科学活动的。这样，库恩就揭示了科学活动中主体性的历史因素。库恩指出：“发现了历史，也发现了我的第一次科学革命，以后寻求最好的阅读方式也往往成了寻求另一次这一类的革命。”①

库恩的自我评价是符合实际的，他确实在科学哲学领域中实现了两次革命，一次是把历史主义原则贯彻到科学哲学之中，另一次是提出“对过时的著作恢复过时的读法”，即对科学文献采取历史的阅读方法。事实上，库恩不仅提出了研究科学现象的历史主义原则和历史主义阅读方法，而且还指出了科学研究活动的历史主义原则和方法，亦即库恩的原则和方法不仅是哲学对科学反思批判的原则和方法，而且也是科学家面对科研对象时应直接采用的原则和方法。

库恩在回忆自己理论形成过程时指出：“释义学的发现不仅使历史更为重要，最直接的还是对我科学观的决定作用。”②这就说明，库恩在科学哲学中张扬历史主义原则和方法，受到了欧陆人文理解论的决定性影响。

库恩的历史主义原则被费耶阿本德（P. Feyerabend，1924—1994）推进到坚决否定科学理解论的地步。费耶阿本德突破了西方传统科学观，认为科学理性和科学活动不过是现实生活中各种传统和各种活动的一种，没有什么规范的、可以作为楷模的特殊地位，它本身也处于不断变化之中。并且，科学理性和科学理论本身就是“意识形态”，“这些意识形态将是由一些具体的、常常是

① 托马斯·库恩：《必要的张力：科学的传统和变革论文选》，纪树立、范岱年、罗慧生等译，福建人民出版社 1981 年版，第 V 页。

② 托马斯·库恩：《必要的张力：科学的传统和变革论文选》，纪树立、范岱年、罗慧生等译，福建人民出版社 1981 年版，第 V 页。

不可预见的情形中所做出的决定而产生的，它们反映做出这些决定的那些人的感情、欲望和梦想”①。科学理论和科学活动不是纯客观性的追求，其中体现了主观意志、文化习俗、利益偏见、价值追求、情感体验等主体因素。

因此，费耶阿本德主张，必须在各种主观因素的相互作用中去理解科学，而且科学也必须放弃那种仅由抽象概念来研究问题的方法，“通过概念和来自其他一切事物的抽象观念来探讨问题的理解程序在方向上错了”②。“‘客观的’科学说明是描述事实的一种方式，戏剧是另一种方式，小说又是一种方式。”③于是，费耶阿本德提出了科学研究相对论、理解方法多元论或理解方法的无政府主义，其实质是把人文理解论的人文主义精神、历史主义原则以及向现实生活的返归都纳入科学哲学或分析哲学之中，在分析哲学内部颠覆了科学理解论的理论框架和理论原则。

继库恩和费耶阿本德的“强历史主义”之后，科学哲学之中又出现了以夏皮尔（D. Shapere，1928—2016）为代表的“弱历史主义”。夏皮尔反对强历史主义的“相对主义”，他认为在特定的科学研究中，科学理论是有一定客观性的，科学研究采用的原则和方法是可以根据特定条件的背景信息加以选定的。人们据此认为，历史主义原则在这里得到了弱化，科学理解论寻求客观性、确定性的原则在这里得到一定程度的复兴。但是，夏皮尔所追求的客观性和确定性又在一定程度上保留了历史主义原则。夏皮尔指出：“必须修正我们对于‘客观的’概念的理解，人们将认识到，观点可以依照独立的标准加以检验，而这些标准本身是建立在先前观点的基础上的。”④所谓“先前的观点”乃是“曾经被认为是成功的、摆脱了具体怀疑的（或令人信服的），与眼下课题相关的背景信念”⑤。这种“背景信念”被夏皮尔称为科学理论发展变化的理由

① 保罗·法伊尔阿本德：《自由社会中的科学》，兰征译，上海译文出版社1990年版，第5页。
② 保罗·法伊尔阿本德：《自由社会中的科学》，兰征译，上海译文出版社1990年版，第132页。
③ 保罗·法伊尔阿本德：《自由社会中的科学》，兰征译，上海译文出版社1990年版，第133页。
④ 达德利·夏佩尔：《理由与求知》，褚平、周文彰译，上海译文出版社1990年版，第175页。
⑤ 达德利·夏佩尔：《理由与求知》，褚平、周文彰译，上海译文出版社1990年版，第28页。

(reason) 或根据，由于它们本身也是发展变化的，所以，“科学在我提到的一切方面——课题、问题、方法、标准、目标等等，都可以发生变化”①。这些观点都是对逻辑经验主义的“预设主义”的批判，于是，夏皮尔又回到了历史主义的立场上。

正如人们所指出的那样，夏皮尔试图走出一条介于逻辑实证主义和历史主义之间的中间道路，其实质是提出一种把实证主义的“科学理解论”同历史主义的“历史理解论”加以综合的新科学理解论。虽然夏皮尔肯定科学的客观性和确定性因素，但他把它们建立在包含主体的价值评价和知识结构等因素在内的背景信念之上。在这个意义上，夏皮尔所说的科学认识或科学理解过程不是建立在纯粹客观性的经验事实之上，而是把经验事实建立在主观性(背景信念)之上。因此，夏皮尔所说的科学认识或科学理解过程同逻辑实证主义所主张的是不同的，相反，倒是同人文理解论站在同一个出发点上，即主观性而不是客观性。

如果我们在科学哲学历史主义学派中已经得出人文理解论的精神和原则扩展到了分析哲学之中的结论，那么当我们把视野转向 20 世纪 80 年代兴起的新实用主义思潮时，就会对这个结论确信不疑。新实用主义思潮的主要代表是罗蒂，但它的兴起可追溯到奎因（W. V. O. Quine，1908—2000）。1951 年，奎因发表《经验主义的两个教条》，该文被看作分析哲学史上划时代的文献。奎因批判了经验主义的两个教条：(1) 分析真理和综合真理的区分；(2) 证实原则。然后，奎因用詹姆斯和杜威的实用主义原则来改造分析哲学，用“有用”“有效”和“方便”等实用主义标准来取代逻辑实证主义的“意义标准和证实原则”，逻辑实证主义被改造为逻辑实用主义。

奎因的主要追随者戴维森（D. H. Davidson，1917—2003）否定了经验主义的第三个教条，即模式与内容、心与物对立的二元论。在戴维森看来，模式与内容是不可分的，例如信念和意义、先天范畴和后天经验等都是统一在一

① 达德利·夏佩尔：《理由与求知》，褚平、周文彰译，上海译文出版社 1990 年版，第 28 页。

起的。戴维森认为，否定了经验主义这个二元论教条，经验主义就彻底崩溃了。与此相关，戴维森反对传统认识论的客观真理论或真理符合论，主张在语言中理解了一个语句同其他语句的联系，且理解了语句各部分怎样决定句子的意义，也就可以确定语句的真假情况。这就是说，命题的真假值不在于它同对象是否符合，而在于语句间和语词间的联系。更明确地说，真理形成于语言之中，理解了语言的意义也就把握了真理。在语言中理解意义，在语言中把握真理，戴维森在这一点上同人文理解论站到了一起。

普特南（H. Putnam，1926—2016）是一位由“内在实在论”走向“实用主义实在论”的哲学家。在 1981 年发表的著作《理性、真理与历史》中，普特南提出要以内在实在论取代形而上学的外在实在论。所谓外在实在论实质上就是以笛卡尔等人为代表的二元论，这种实在论认为，世界由独立于心灵之外的东西组成，心灵能够对外在于它的实在作出一个而且只能有一个真实而完满的描述。普特南认为这是一种“神目真理观”或“上帝真理观”，它使人类的理解活动完全脱离了现实生活，脱离人自身。但是，我们是人不是神，我们是在现实生活中展开我们的认识和理解活动的，“实际上由特定共同体以特定方式使用的符号，确实与在这些使用者的概念模式内的对象符合。‘对象’并不独立于概念模式而存在。当我们引进某种描述模式时，我们就把世界划分成对象”①。这就是符号与对象都在概念模式内互相符合的“内在实在论”。

后来，在《多面实在论》中，普特南又把他的“内在实在论”改称为“实用主义实在论”。因为内在实在论反对“神目论”，主张人们在由不同利益和目的构成的追求实效的视野中看世界，人们所选用的命题和理论都是为达到自己目的服务的。为了实现人们的利益，“在从事广义的实践活动时，我们必须采取某种视野，使用某个‘概念系统’，那么我们必须同时进一步主张，这实际上不是事物本身的样子”②。事物的样子乃是我们根据自己的需求和目的看出来

① 托马斯·库恩：《必要的张力：科学的传统和变革论文选》，纪树立、范岱年、罗慧生等译，福建人民出版社 1981 年版，第 14—18 页。

② 普特南：《理性、真理与历史》，剑桥英文版，第 52 页。

的。内在实在论也好、实用主义实在论也好，其实质都是从人的价值追求和利益要求等主体性因素来把握认知和理解的。

奎因、戴维森、普特南等人持续地弘扬实用主义精神和原则，为罗蒂的新实用主义作了充分理论准备。罗蒂曾多次指出：他的思想得益于这些人的理论著述。罗蒂努力揭示经典实用主义（詹姆士、杜威等人的实用主义）同奎因、戴维森和普特南等人哲学思想之间的联系，进而展示用实用主义改造美国分析哲学的可能性。①

通过这样一种研究，罗蒂概括出新实用主义的三个基本原则②：第一，实用主义只是运用于像真理、知识、语言和道德这样一些观念的反本质主义，即放弃内在与外在、本质与现象、心与物的二元论区分；第二，实用主义否定主客二元对立，但不否认真理的存在，不过实用主义所说的真理与人们的价值评价和道德信仰是统一的，因此，实用主义反对价值真理和事实真理的区分，真理"都是对各种具体可选择物的相对引人之处的思考"③；第三，在理论研究中，理解与解释是一种趋向自由的对话，它不受来自客体本质与心灵镜像的制约，对话是对无限生成着的意义的追求，是一种无止境的可能性，在现实对话过程中，人们抛弃了终极价值和终极目的。

不难看出，罗蒂在用经典实用主义的原则改造分析哲学过程中，贯彻了欧陆人文理解论的基本精神和基本原则。我们的这种判断不是一种主观性的解释，而是对罗蒂的一贯主张和一贯追求的客观性描述。在《哲学与自然之镜》这部震撼英美分析哲学乃至全部传统哲学的存在基础、在大西洋两岸学术界引起普遍反响的著作中，罗蒂一再肯定海德格尔、伽达默尔、哈贝马斯、德里达等人的人文主义精神和对传统认识论的彻底否定原则，并把他们的思想原则同

① 参见普特南：《多面实在论》，拉萨勒英文版，第 17 页。

② 罗蒂：《实用主义的后果》，转引自张东荪：《思想与社会》，辽宁教育出版社 1998 年版，第 24 页。

③ 罗蒂：《实用主义的后果》，转引自张东荪：《思想与社会》，辽宁教育出版社 1998 年版，第 24 页。

他概括出来的实用主义原则加以综合。

在此基础上，罗蒂提出一种新的哲学观："'哲学'不再是一门关于永恒主题的学问。相反，它是一种文化类型，一种'人类交流的声音'，这种交流在某一时间内围绕着某一个话题展开。"①哲学在各种文化形式以及各种社会团体的交流和对话中表现自身、发挥作用。哲学的功能不在于为科学和其他文化形式提供基础，不在于玄思现象之下的实体，也不在于臆测那些自明的观念，哲学的功能在于启迪与教化，在于导引人们在整体性的现实生活中相互理解、和谐共处。因此，哲学不是文化之外或文化之基础的科学理解论和二元本体论，哲学是文化之中的人文理解论或追求意义的释义学。

罗蒂几乎把欧陆人文理解论的各种基本原则都纳入了自己的新实用主义理论之中，人文主义精神和实用主义精神在罗蒂那里融为一体，成为沟通、连接欧美两种长期对峙哲学传统的桥梁，成为一条在世界范围内彻底抛弃旧哲学传统、通向新哲学境界的途径。旧哲学的主要内容是传统认识论，这也是罗蒂的主攻壁垒，罗蒂像伽达默尔、哈贝马斯、德里达那样消解主客二元对立、崇尚历史主义原则，弘扬充满人文主义精神的对话、交往与理解。罗蒂的新实用主义代表了分析哲学演化的趋势，象征着人文理解论对科学理解论的征服。

以上我们考察了人文理解论在哲学领域里的扩展，它说明人文理解论不仅在欧陆人文哲学中占了上风，而且在英美分析哲学中也成为不可阻挡的潮流，人文理解论立足于后工业社会现实基础和人文学科知识基础，顺应当代人类精神总趋向，向科学理解论或传统认识论发起了全面的冲击，它以广阔的理论视野、直面人生现实的理论框架，以及彻底的人文主义精神和真切关心人类存在与发展的理论原则，正雄姿勃勃地登上被科学理解论盘踞了300多年的人类意识论王位，它将伴随着从一片迷雾中走来，又向另一片迷雾中走去的人类，进入一个希望与迷失并存的新世纪。

---

① 罗蒂：《哲学与自然之镜》（英文版），普林斯顿大学出版社1979年版，第264页。

第四章 两种理解论的对立、偏失与困境

科学理解论和人文理解论分别在科学主义精神与人文主义精神主导下，在各自生成与发展过程中展开了两种相互对立的理论框架、理论原则和理论追求，造成了人类理解论的两极分化。这种两极分化不仅暴露了两种理解论走向片面的理论偏失，而且也把两种理解论都导入了难以自拔的理论困境。概括两种理解论的两极对立，揭示两种理解论的理论偏失和理论困境，是超越两种理解论两极分化，摆脱人类理解论迷途困境的必要前提。

一、两种理解论的两极对立

统观科学理解论和人文理解论的生成过程和发展过程，我们可以清楚地发现，人文理解论处处都在同科学理解论的对立中阐发自己的观点，几乎凡是科学理解论肯定的，人文理解论都加以否定，而凡是科学理解论否定的，人文理解论都加以肯定，实乃针锋相对、水火不容。

直接看去，似乎人文理解论处于主动地位，有意同科学理解论作对；而科学理解论则处于被动地位，无意同人文理解论争雄。其实不然，倒是科学理解论首先出击，先发制人地否定了它的对立面。当然，科学理解论在其建立时期直接否定的不是当代人文理解论，因为人文理解论在那时还没有建立起来。科学理解论首先直接否定了作为价值理解特殊形式的宗教理解。

说宗教理解是价值理解特殊形式，这从科学理解论视角看来难以接受。在

科学理解论看来，只有把握事物本质的意识活动才可称为理解。宗教从来不追求事物本质，因此宗教根本不能称为理解，宗教仅仅是理解范畴以外的信仰。其实，信仰也是理解，不过是省略了逻辑推论，以直观、顿悟等意识形式发生着的理解活动，并且宗教理解可以领悟到由其他理解活动得不到的意义。

宗教理解在形式上追求着神化了的理想客体，而在实质上追求的是人的主体性。因为宗教理解追求的理想客体，不过是主体情感体验、价值选择与人生信念的外化，实质上是主体自身。所以，归根结底宗教理解是在主体间关系中追求主体性，是一种披着神秘外衣的价值理解，亦是一种扭曲的主体性理解。

宗教理解与宗教神学不同。宗教理解是实际发生于广大教徒心理之中的宗教情感、宗教体验或宗教信念，是现实存在的理解活动。宗教神学是宗教上层教士把宗教意识或宗教理解的某个方面（如对理想客体的崇拜、对某种价值准则的信守）绝对化，并同封建制度融为一体的意识形态。宗教神学是封建帝王控制社会、奴役人民的工具，它贬抑个体情感、意志与选择。在欧洲中世纪，宗教神学充当了扼杀人性、摧残文化的刽子手。

宗教理解具有虚幻性、神秘性，它把主体的希望寄托于来世、寄托于天堂，弱化了主体批判现实、创造现实的意志，所以宗教理解的虚幻性和神秘性是人性的迷误、是人生的迷障。但是宗教理解的虚幻与神秘，不等于宗教神学的反动与罪恶。因为宗教理解的虚幻与神秘中蕴含着人类的深刻体验与真实情感，只要透过它的虚假形式就可以把握到其中的真情实意，而宗教神学却是彻头彻尾的文化羁绊和精神枷锁。科学理解论彻底否定宗教神学，无疑是历史的进步，是人类生存与发展的需要。但是科学理解论没有把宗教神学同宗教理解区分开来，它在反对宗教压迫的斗争中，借助自然科学与工业实践的胜利，把宗教理解同宗教神学一起全盘否定。科学理解论的这种做法，一方面冲击了人类理解活动中的虚幻成分，另一方面压抑了人类理解活动中追求情感体验和价值评价等主体性因素。

科学理解论对人类理解活动主体性因素的否定不限定于宗教理解范围内，科学理解论对发生于日常生活和其他文化领域中的意志、评价与选择等理解活动也持否定态度。这些体现或追求主体性的理解活动正是建立人文理解论的现实意识活动基础。科学理解论对体现或追求主体性的理解活动一概否定，这就从理论发生基础上抑制了它的形成，难怪人文理解论直到当代才建立起来。

科学理解论同人文理解论的对立不仅在文艺复兴时期以科学理解同宗教理解对立的形式表现出来，而且在古希腊哲学中也能找到二者对立的表现形式。我们曾经把科学理解论的理论渊源追溯到柏拉图和亚里士多德，同样，人文理解论的理论渊源也可以追溯到那里。苏格拉底对雅典公民的演讲，他主张哲学就是“认识你自己”，以及他提出的讥讽术，实质上都是在主体间关系中为沟通和把握主体情感、意志与选择等主体性因素而开展的哲学活动或提出的哲学主张。柏拉图和亚里士多德不仅在主客关系中探讨了观念和实体等客体性问题，而且也在主体间关系中探讨了德性、勇敢和正义等主体性问题。这些情况不仅表明人文理解论的思想源流像科学理解论的思想源流一样久远，而且还说明两种理解论所肯定的两种理解活动之间的对立与冲突，在古希腊哲学中就已经发生。

两种理解论对立与冲突的思想渊源或意识活动基础，可以一直追溯到人类原始思维。许多人类学家和哲学家都已证明，原始思维是神话思维，而神话思维首先体现着强烈的主体性，它是把意愿、价值与意义放在首位的理解活动。在这个意义上，我们可以把神话思维看作主体性理解活动的原始形式。当然，神话思维不是仅仅追求主体性的理解活动，其中也萌生了对客体性的追求。尽管神话思维中没有主体与客体概念，但主客关系在神话思维中实质上已经形成了。因此，神话思维作为主体性理解活动的原始形式，已经包含了科学理解活动的原始形式，两种理解活动的对立在原始人那里就已经发生。

作出如此遥远的追溯，目的不仅在于说明两种理解论的对立源远流长，而且还在于揭示两种理解论的对立根源于人类本性。人类是自然界中的最高存在，人类凌驾于自然万物之上，试图把一切自然之物都变成为我之物，否则人类的需要就不能满足。人类既离不开自然又必须超越自然限制的本质，决定了人类既要认识自然现象、把握自然规律——追求客体性，又要理解自我需求、价值与意义，发挥主观创造性——追求主体性。于是主体性与客体性成为人类从自然中挺立之日起，就在理解活动中发生的一个根本矛盾。

主体性与客体性矛盾既贯穿于人类理解活动所有层面，也贯穿于人类理解活动全部过程。当然，哲学也不例外。以反思人类理解活动为主要任务的哲学，尽管早就觉察到主体性与客体性这个矛盾在理解中经常存在，但是却一直未能准确地作出理论概括，这关系到哲学在何种理论框架中把握这个矛盾。

在主体概念与客体概念未能明确形成的古希腊哲学中，自然无法清楚把握主体性与客体性在人类理解活动中的矛盾关系。在近代哲学中，科学理解论虽然形成了明确的主体概念与客体概念，但是对主体自身的反思仍然笼统抽象。科学理解论没有注意主体的多样性与个别性，主体实质上仅被看作能以逻辑形式把握客体本质的一般观念，它的使命和它的意义都只能在客体性方面得以实现。于是，科学理解论就只能在它张开的理论框架中，把人类理解活动引向对客体性的片面追求。

人文理解论认识到科学理解论抽象把握主体的缺陷，开始在多样个别性中看待具有各种情感、意志与选择的主体，主体不再被看作具有逻辑一致性的观念主体，而是被看作真实生活于现实之中的个体。个体之间或人际之间，亦即主体之间，展开着复杂的情感体验、语言沟通和对话共识，这些理解活动面对的问题同在主客关系中展开的理解活动所面对的问题截然不同，意义问题取代了本质问题，共识问题取代了客观真理问题，语言学问题取代了观念论问题。理论问题的转换不仅导致了理论内容的转换，而且还导致了理论性质和理论功能的改变。于是，人文理解论几乎在所有方面都同科学理解论发生对立，其中比较尖锐的对立有以下几点：

（1）主体间一元理论框架同主客二元理论框架的对立。

（2）语言学同观念论的对立。人文理解论主张在语言中理解作为个体的人，而科学理解论则主张在观念中把握作为客体的物。

（3）意义论同本质论的对立。人文理解论认为个体在对话与交往中追求的是由主体创生出来的意义，而不是独立于主体的客体本质。所以，人文理解论反对科学理解论把客体本质作为理解活动的根本目的，主张用意义取代本质在理解活动中的地位。

(4) 共识论同客观真理论的对立。人文理解论既否定了具有自在本质的客体，又否定了以把握客体本质为己任的观念论，这就从根本上否定了观念与客体相符的客观真理，真理变成了不同个别主体对意义的共识。

(5) 理性多元论与逻辑一元论的对立。人文理解论认为，在对话中领悟意义、达成共识，这靠科学理解论推崇的逻辑理性无法完成，而应当发挥生活理性、价值理性和审美理性的作用。

(6) 选择论与决定论的对立。科学理解论根据客体本质自在性，断定观念的真实性取决于观念是否符合客体本质，观念的发展变化不是随意的；人文理解论认为，理解过程是创造过程，是不同个体根据自己意愿不断选择、无限生成新意义的过程，根本不存在独立于主体选择的客体本质制约。

(7) 相对论与绝对论的对立。人文理解论根据语言和意义的动态性、多元理性和创造选择的不确定性，认为理解活动是有无限可能、不断变化的发展过程，理解活动没有确定的本体根据，它不能形成任何超越特定条件限制的科学知识。

我们后面还要提到两种理解论的一些重要对立，如价值论与事实论的对立，基础论与教化论的对立等。总之，人文理解论同科学理解论的理论对立植根于人类本性（当然是植根于人类本性的一个方面：分化自我与分化世界的方面，而违背人性的另一方面：统一自我与统一世界的方面），具有久远历史渊源，是一种把人类理解活动全面分裂的全方位对立，其中最根本的对立是在主体间关系中追求主体性同在主客关系中追求客体性的对立，其他对立都是这一对立的衍生或表现。

二、两种理解论的理论偏失

无论科学理解论和人文理解论有多么广泛的意识活动基础与悠久的历史源

流，也无论它们植根于人类本性哪一方面，它们之间的全面对立已经暴露出各自走向片面的理论偏失。

科学理解论的理论偏失主要在于，为了在主客关系中片面追求客体性，把主体与客体抽象化、实体化，把主客关系绝对化，最终导致否定主体的“客体主义”。

如前所述，科学理解论所指的主体仅是具有逻辑思维能力的观念主体，它可以凭借逻辑推理从客体中抽象出必然规律。因此，科学理解论所指谓的科学理解，其中的主体与客体、过程与结果，都是抽象的。科学理解论抽去了人的情感、意志和信念等丰富的人性，抽去了主体对客体的选择性、重构性，抽去了不同主体在理解客体时所表现出来的差异、互动与交流。所以，在科学理解论所限定的理解过程中，不仅人作为客体时要被净化掉意志、评价和选择等人性，因为保留这些人性的人就不能成为受动的、可以从中概括出客观规律的客体；而且人作为主体时也要被净化掉意志、评价和选择等人性，因为保留了这些人性，人就不能进行纯正的抽象思维，思维结果就不能具有确实客观性。

科学理解论在主客二元关系中把主体与客体抽象化的最突出表现是把主体与客体实体化。实体化的结果一方面是主体与客体的抽象分立。荷兰哲学家皮尔森指出：实体化“使人和力量（自然、社会和规范）之间的关系即富有意义的结合发生了破裂。观察者——思维着的人——的有利地位变成了主要因素；而对实在的全部深刻再现则变成了反映他自己地位的一面镜子”①。使主体和客体发生这种分裂的前提是：作为观察者、思维者的主体和被观察、被思维的客体都能独立自存，否则主体与客体的抽象分立就无法成立。

实体化的另一方面结果是使主体与客体获得了本体地位。笛卡尔的“心灵”、莱布尼茨的“单子”，以及斯宾诺莎的“神”、康德的“物自体”、法国唯物主义者的“物质”等等，这些作为主体或客体的实体，是各种现象存在的根据，它们衍生、激发出世界万物，它们本身是世界存在的基础，对它们的理解

① 冯·皮尔森：《文化战略》，刘利圭等译，中国社会科学出版社 1992 年版，第 72 页。

则是其他意识活动的基础。然而，人们在现实生活中却找不到这些实体，也无人去思考那些实体。因此可以说，科学理解论把主体和客体实体化，不仅分裂了世界，而且也使自身走向了神秘化。

主体与客体的实体化，保证了科学理解论把主客二元关系绝对化。只有抽去主体与客体的各种特殊性，把它们变成万物普遍根据，才能把主客二元关系作为一般模式去观察无限复杂的特殊现象，才能把内容丰富的理解活动按照这种模式加以“提纯”和“净化”，才能把在主客关系中展开的科学认知奉为至尊无上，进而单纯追求具有普遍效力的客观知识或科学知识。

主客关系绝对化的突出表现是对主体间关系的排斥。主体间关系体现了主体的个别性、相对性与局限性，并使主体的情感、意志和理想变得具体可见。因此，把主体间关系考虑在内，主客关系就不具有一般模式的作用，它将因各种主体因素的介入而充满偶然性、具体性，以之为框架产生的知识也由此而显露出相对性。

把主体与客体抽象化和实体化，把主客关系绝对化，这些都是为追求客体性服务的。片面追求客体性是科学理解论的根本目的，也是科学理解论的根本偏失。西方哲学把科学理解论片面追求客体性称为人类理解论的“科学化”。卡西尔指出：“在变动不居的宇宙中，科学思想确立了支撑点，确立了不可动摇的支柱。科学的进程导向一种稳定的平衡，导向我们的知觉和思想世界的稳定化和巩固化。”①科学的支撑点立于外在自然界，科学排斥人的情感、意志与选择，科学为建立实证知识而寻求理解的确定性和客观性。这些做法在实证科学范围内是必要的。但是，把实证科学精神和实证科学理性普遍化为哲学理解论的一般原则，势必把哲学理解活动和其他领域中的人类理解活动都引入狭隘的片面性。

人类理解论“科学化”的实质是“客体化”，即把理解的目的、理解的基础、理解的真实性与理解的意义等都归结为客体、依附于客体，主体在理解活动中

---

① 恩斯特·卡西尔：《人论》，甘阳译，上海译文出版社 1986 年版，第 263—264 页。

除了反映客体外没有别的地位与功能，理解被看成一切以客体为转移的“非人化”活动。当然，科学理解论片面追求客体性的主旨在于认识自然、获取财富，使人类获得幸福。科学理解论的这个主张确实通过自然科学和工业实践取得了巨大成效，然而无论这个成效多么巨大，它也是片面的，它仅仅为现实世界获得了空前物质财富，改变了一部分人类生活的物质匮乏状态。但是，科学理解论忽视了人类除物质利益以外的其他方面需求。人类不能仅靠物质利益生存，人类还需要情感体验、价值评价和理想寄托。如果人仅为物质利益而奋斗终生，那么他同动物就难以从本质上区别开了。

科学理解论把人类理解活动单纯引向客体、引向对象，结果把近现代科学文化引入了“客体主义”，不仅自然科学追求客体性，而且人文学科也单纯追求客体性。认识自然，征服自然，既是近现代最强音，也是近现代最神圣事业。可是，在科学文化都趋向客体主义的历史潮流中，人类却越来越觉悟到自我的丧失，自我的情感、意志与选择都淹没在客体性之中，自我的家园丧失了。

科学理解论在主客二元理论框架中走向了客体性极端，人文理解论则在主体间一元理论框架中走向了主体性极端。人文理解论已经令人信服地论证了主体间关系存在的普遍性，这对于克服科学理解论把主客二元关系绝对化无疑具有积极意义。但是，人文理解论不仅仅肯定主体间关系存在的普遍性，而且还以主体间关系消解主客关系，把世间一切事物都置入主体间关系中去理解，导致主体间关系绝对化，最终落入以追求主体性为唯一目的的“主体主义”。这就是人文理解论的主要理论偏失。

事实上，主体间关系离不开主客关系。因为主体只有面对客体时才成为主体，主体的各种本性与功能都只有在客体身上才能得到规定和实现。离开了客体，主体的本性与功能都会丧失，主体也就不能存在。所以，人文理解论以否认主客二元关系为前提的主体间性、互为主体性等概念是难以成立的。如果人文理解论坚持使用表达主体间关系的一系列概念的话，那么只能存在两种情况：

其一，改变主体的内涵，主体不再指谓具有主动性、目的性和选择性的人，而是指没有要求、没有意向和没有能动性的某物。这样的某物可以避开客体而逃脱主客关系。但是，人文理解论所说的主体恰恰是有着强烈的主动性、目的性和选择性的人，主体的一般涵义在人文理解论中没有改变。

其二，不改变主体概念的内涵，但必须把客体概念悬置或隐含起来，而不是彻底取消。因为如果取消了客体概念，那么主体概念不能成立；如果明确肯定客体概念，主客关系又消解不了。所以，只好把客体概念悬置或隐含起来。

根据伽达默尔等人的论述，人文理解论所强调的主体间关系属于后一种情况。然而，这样做的结果并没有真正消解主客二元关系，主体间关系仍旧没有脱离主客关系而自在。

倒是海德格尔和德里达来得彻底，干脆连主体概念也抛弃之，索性把存在或理解都用一个“我”字或一个“人”字代替之。于是，理解主体与理解客体同归于尽了。剩下的仅仅是自我理解或内在理解，是此在或人的自我体验。但是，这仍然是不可能的。在海德格尔和德里达那里，此在或人都是在历史过程中无限延伸、不断进取的能动的可能性，此在或人不仅创造着自我而且也不断重构着世界，他们趋向自由、解放和幸福，这不是活生生地有着明确目的性（客体性）的主体性吗？但是它并没有在理论上自觉地回答这种关系。这是人文理解论理论偏失的重要表现之一，造成这种理论偏失既有它的实践论根源也有它的知识论根源。

就实践论根源而言，人文理解论系统建立于后工业社会，在后工业社会中，生产实践已经退居后台，而居于前台的则是交往实践。交往实践中虽然也有主客关系，但其主要特征和主要内容是人际关系，亦即主体间关系。在交往实践中发生的理解活动也确如哈贝马斯所言，是以达到人与人之间相互理解为核心的主体间信息交流和意见沟通关系。当人文理解论仅仅面对交往实践，并专注于交往实践中的人际理解活动时，它直接把握到的必然是大量的人际关系或主体间关系，而主客关系则被淹没于主体间关系之中。

就知识论根源而言，人文理解论所立足的知识基础是文学、艺术、历史学、语言学等人文学科，这些学科建立的都是关于人自身且主要是关于人的精神活动的知识，而不像自然科学那样建立的是关于自然对象的知识。人文理解论单纯以人文学科为基础建立起来的理论观点，也必然单纯地表达着人及其精神，而自然对象则在这种只见人而不见物的理论中不断地被远化直至淡忘。

在单纯面对交往实践的同时单纯以人文学科为知识基础，这一方面说明了人文理解论不是空中楼阁，它有着存在和发展的根据；另一方面又说明人文理解论面对的实践关系和立足的知识基础都是片面的。因为交往实践和人文学科分别仅是社会实践和人类知识的一个方面，对于以揭示人类一般存在方式和理解方式自居的人文理解论，单纯面对交往实践并单纯立足人文知识基础，怎么能说不是片面的呢？如果承认了这一点，那么还可以说，人文理解论面对的实践关系和立足的知识基础，都决定了它无法完成全面概括现实世界基本问题和完整揭示人类理解活动内在联系的理论承诺。

面对实践关系和立足知识基础的片面性，决定了人文理解论理论框架的片面性，而理论框架的片面性又规定了理论追求的片面性。人文理解论依据交往实践和人文学科知识概括出以主体间关系为内容的理论框架，而仅在主体间关系中考察人类理解活动，把握到的只能是主体性，因为客体在主体间关系中被悬置、被隐匿了，所以也就不必为所谓客体性问题烦神了。剩下的只有主体性，不同主体之间的主体性和主体自身的主体性。

如果说科学理解论描绘了一个见物不见人的世界，那么人文理解论则描绘了一个见人不见物的世界。人文理解论者都以肯定人性、提升人在世界中的地位自居。然而人一旦离开了物，人怎么能够在世间存在下去呢？人文理解论自以为把哲学从背弃人性的科学世界转向了充分肯定人性的生活世界，其实，哲学并没有在人文理解论的论域中返回现实的生活世界，而是进入了一个经浪漫主义幻想而展现的、充满了诗情画意但却缺少几分真实的“现代神话世界”。人文理解论憧憬的世界仿佛是宗教理解向往的世界再现，所不同的不过在于：宗教理解把人的主体性外化为高悬于天空的神话世界，而人文理解论则把人的主体性展开为“分延”于地面的神话世界。

人文理解论以反对科学主义专断为己任，以高扬人文主义而自居。然而，人文理解论所尊奉的人文主义，与文艺复兴运动中生长起来的人文主义大不相同。文艺复兴运动中的人文主义反抗的目标是宗教神学，它以包含物质利益要求和精神享乐要求在内的总体人性取代神性，以包含科学知识和人文知识在内的各种人类知识取代神学，号召人们从对天国的追求转向对现实生活和真实自然的追求。总之，文艺复兴运动中的人文主义是总体性的，情感意志、价值理想、生活世界同物质利益、科学知识和自然世界一样都是它追求和肯定的基本内容。

人文理解论所尊奉的人文主义是物质利益、科学知识和自然世界都已从中排斥出去了的极端人文主义，极端人文主义的敌人不是宗教神学而是科学主义，它以情感、意志和价值取代概念、逻辑和科学事实，它要求人们从科学知识返回人文知识，要求人们从生产世界返回生活世界。极端人文主义同科学主义的冲突，实质上是文艺复兴时期的人文主义精神裂变后而形成的两个对立面之间的冲突，是当年反对神性的人性自身之内的冲突。从这样一种历史关系和逻辑关系上看，无论极端人文主义有多少积极意义，它所追求和弘扬的都不过是人性的一个方面或现实生活的一部分内容，因此它不是全面的而是片面的，它本身就是一种偏失，并且是人文理解论的主导性偏失。

三、两种理解论的理论困境

科学理解论和人文理解论的两极化理论偏失，不仅把各自都导入了难以解脱的理论困境，而且也造成了人类精神与文化、生存与发展等各方面危机。

科学理解论片面地推崇科学理性，在抽象化、实体化和绝对化的主客二元框架上建立了一套追求纯粹客体性的理论体系，它“是冷漠的和枯燥的，没有爱，也不懂得任何‘不满’和‘渴望’的深情”①。科学理解论越是精确和发展，它离开人性和人的世界越远。到了逻辑实证主义时代，科学理解论以其精致的“人工语言”已经同世人格格不入。它反对形而上学的玄思，却使自己进入了更加玄虚的抽象境界。人工语言和科学逻辑不仅割断了科学理解论同现实世界的对话言路，而且也促进了现实世界的分裂与冲突。

胡塞尔向人类疾呼：欧洲文明陷入了危机。在胡塞尔看来，自古希腊以来的欧洲文明，乃是人类在理性指引下追求整体、发展人性的过程。然而，在笛卡尔二元论确立之后，特别是19世纪实证主义哲学泛滥以来，人类理性被弱化为模仿实证科学的“自然主义”和“客观主义”，这种实证性思维亦即科学理解论吹捧的科学思维，它仅仅面向科学事实而不问价值追求，只问客体的内在本质而不问在主客关系中生成的意义，它导致了道德沦丧与精神疲倦、理性丧失与文明颓废，它从活生生的生活世界中分裂出一个冷冰冰的科学世界。这个毫无生机的科学世界不仅同生活世界对立，而且还侵吞着生活世界。于是，胡塞尔呼唤哲学和人类返回生活世界，以便重建被科学理解论遗弃的人类家园。

对科学理解论最无情的嘲讽是两次世界大战。马尔库塞曾多次把两次世界大战给人类带来的种种灾难归咎到科学理解论身上。马尔库塞认为从亚里士多德起，中经笛卡尔，由孔德等人推至极端的科学理解论，要求人们排除价值评价、放弃批判性思维，只知索取物质利益，无视人间各种异化现象，结果纵容了各种功利主义、强权主义乃至法西斯主义，发生了两次灭绝人性的世界大战。尽管马尔库塞关于理论对战争的影响估计有些过高，但他对实证主义或科学理解论在思想意识领域中消极影响的揭露还是符合实际的。

第二次世界大战之后，科学理解论的理论偏失暴露得越来越明显，反击科学理解论的哲学流派不断兴起。在人文主义哲学思潮的冲击下，科学理解论首

① 尼采：《作为教育家的叔本华》，转引自徐崇温主编：《存在主义哲学》，中国社会科学出版社1986年版，第89页。

先在欧洲大陆失去了主导地位。而且到了20世纪60年代以后，科学理解论在英美哲学中也开始趋于衰落。逻辑实证主义的萎缩与离析，便是科学理解论生命垂危的一个标志。

科学理解论陷入如此严峻的困境，这与人文理解论的冲击是分不开的。然而，人文理解论也未能因为科学理解论的败北而最终告捷，相反，它却面临着与科学理解论同归于尽的威胁。人文理解论面临的威胁不是来自自身难保、无暇他顾的科学理解论，而是来自人文理解论自身。正是因为人文理解论的某些代表人物，通过主体间一元框架走向了主体性极端，把一切都归结为主体或自我，完全抛弃了客体或对象，埋下了人文理解论自我否定的祸根。

抛弃客体仅仅囿于主观之中的理解，无论对自我的体验有多么深刻，终究是片面的，并且是游移不定的。只有客体明确地呈现于理解之中，主体才能领悟到明确的意义。因此，不仅对象的意义离不开客体，就连自我的意义也离不开客体，因为自我也是在对象中、在他人中得到规定的。孤立的自我既不成立也无意义。人文理解论的大部分思想家都没有形成这些观点，甚至压根儿就反对这些观点。利科尔虽然提出了理解的客观性问题，但他没能对海德格尔和伽达默尔造成多大影响，关于理解客观性的理论在人文理解论中至今没有获得应有地位。相反，极端的人文理解论却由否定客体走向了同时否定主体，否定一切"在场"的可能性。一切都在摧毁与解构之中，这就是德里达的"理论革命"。

德里达的"理论革命"包括了对人文理解论的否定。德里达主张彻底的无中心论，认为一切都处于分延与流变之中，既没有相对静止的结构，也没有相对明确的意义。所以，德里达不仅消解了世界的结构，而且也埋葬了世界的意义。当世界没有可供理解的意义时，理解本身也就失去了意义。对德里达这种观点的更明确表达是令人文理解论者瞠目的"后现代主义"（postmodernism）。"后现代主义是反解释，甚至反智性的和生机论的；它强调表演和形式甚于意义和内容；它试图用充满意义和严肃性来贬低现代主义的抱负；它试图释放艺术的爱欲潜能并排除高雅艺术和低劣艺术之间的界限；它趋向于对世界的全然接受，包括机器时代的产品，有时也趋向神秘主义这一自我与世界的合一。"①后现代主义是存在于文学、美学和哲学等人文学科领域中的具有国际性的文化思潮。它的基本原则是"非中心论"和"非确定论"；它的展开方式是否定一切传统，摧毁一切稳定性；它包含的人物和形成的理论观点，就像它的两个基本原则一样"无中心"和"不确定"。

后现代主义是极端的相对主义和虚无主义，它是人文理解论只承认主体而否认客体的唯我论的变态发展。唯我论必然导致相对主义和虚无主义，这已为哲学史所证实，故无须多论。但是需要指出的是：人文理解论强调自我的目的既不是虚无主义，也不是极端的相对主义，它的目的在于在自我中追寻到一个意义世界或价值世界，它绝不情愿把自我的意义和价值一起化为虚无。然而，它又无力阻止埋藏于自我之中的祸根殃及自我，乃至摧毁自我所渴望的意义世界和价值世界。

总之，人文理解论同科学理解论一样，也陷入了理论困境。两种理解论的理论偏失和理论困境，虽然表现形式和发展程度不同，但发生的根源和造成的后果在实质上是相同的。两种理解论理论偏失和理论困境的根源都在于脱离实践，在于没有从实践出发去把握人类理解现象；理解源于实践、理解就在实践之中，脱离实践就不可能从根本上把握理解，也就无法把握理解的本质——对主体性与客体性统一的追求，亦即对意义的领悟。两种理解论对理解的理解，是对人类生命存在和意识活动的自我意识。两种理解论的分裂、偏失与困境，既表现了人类生存、意识活动和自我意识的分裂、偏失与困境，又从理论上导引、加剧了这些分裂、偏失与困境。因此，从实践出发，超越两种理解论的对立与困境，是理论与实践共同向哲学提出的重大课题。

① 佛克马、伯顿斯：《走向后现代主义》，王宁等译，北京大学出版社 1991 年版，第 22 页。

第五章 实践理解论的基础、框架与追求

欲超越科学理解论和人文理解论的对立与困境，必须以马克思实践论世界观为理论基础，直面在实践中实际发生着的人类理解活动，真实而完整地把握人类理解活动的基本关系和基本属性，确立植根于实践之中的理论框架、理论原则和理论追求，进而系统建立同科学理解论与人文理解论有本质区别的新理解论——实践理解论。只有这样才能实现哲学理解论的理论变革，摆脱哲学理解论的迷失与困境。

一、实践理解论的理论基础

科学理解论同人文理解论的种种对立，说到底是主体性与客体性的对立。主体性与客体性不仅是人类理解活动的两种基本属性，而且也是人类实践活动的两种基本属性，甚至可以说是整个现实世界的两种基本属性。这两种基本属性起源于人类实践活动，它们首先在实践中辩证统一，同时也在人类理解活动中辩证统一。科学理解论和人文理解论没有从实践出发，割裂了这两种基本属性的辩证关系，在片面追求主体性或片面追求客体性中陷入了难以自拔的理论困境。因此，欲从根本上超越科学理解论和人文理解论的理论困境，建立一种新理解论，必须立足于把主体性与客体性置于理解与实践中，乃至置于整个现实世界中统一起来的新世界观基础之上，而这个新世界观就是马克思为我们确

立的实践论世界观。

马克思从现实生活出发，怀着对现实经济生活、政治生活与文化生活的深刻体验，在批判黑格尔精神本体论世界观和费尔巴哈自然本体论世界观的基础上创建了实践论世界观。经过《莱茵报》时期和《德法年鉴》时期的现实斗争，马克思发现，现实生活既不能单纯归结为精神主体的自我创造和自我发展过程，也不能单纯归结为物质客体的自在生成和自在演化过程，而是主体与客体、精神与物质、人与自然相互作用、交织一体的总体性实践过程。现实生活中的一切矛盾关系和矛盾方面，都在实践中不断展开又不断解决，实践蕴藏着人类社会生活的一切秘密，人类所面对的一切现实矛盾都能在其中找到根源。

因此，马克思在作为实践论世界观的纲领性文献《关于费尔巴哈的提纲》中明确指出："全部社会生活在本质上是实践的。"①是实践展开了社会生活，是实践创造了社会生活条件和社会生活方式，所以社会生活中的种种问题以及对社会问题产生的种种理论误解，"都能在人的实践中以及对这种实践的理解中得到合理的解决"②。并且，实践的历史和实践是"已经生成的对象性的存在，是一本打开了的关于人的本质力量的书，是感性地摆在我们面前的人的心理学"③。"如果心理学还没有打开这本书即历史的这个恰恰最容易感知的、最容易理解的部分，那么这种心理学就不能成为内容确实丰富的和真正的科学"④。在这些观点基础之上，马克思提出了实践论世界观的根本主张：要把"事物、现实、感性当作实践去理解"。这一根本主张包含以下几层涵义：

现实世界各种方面和全部过程，不过是实践的创造结果和展开形式，所以，只有从实践出发，把事物、现实当作实践去理解才能抓住问题的根本，才能达到对现实世界真实而具体的把握。实践是人类有目的、有意志创造世界的感性活动，实践作为精神活动和物质活动的辩证统一过程，不仅以精神与物

---

① 《马克思恩格斯选集》第1卷，人民出版社2012年版，第135页。

② 《马克思恩格斯选集》第1卷，人民出版社2012年版，第136页。

③ 《马克思恩格斯文集》第1卷，人民出版社2009年版，第192页。

④ 《马克思恩格斯文集》第1卷，人民出版社2009年版，第193页。

质、主观与客观等多种矛盾关系展开着自己，而且也把这些矛盾关系对象化到现实世界之中。因此，把事物和现实当作实践去理解，就既不能“只是从客体的或者直观的形式去理解……不是从主体方面去理解”①，也不能仅从“主观方面去理解”，仅仅抽象地发展“能动的方面”，而应当在精神与物质、主体与客体的辩证统一中去把握实践及其创造的世界。

要对事物、现实和实践给予批判的理解，而不应“对于实践则只是从它的卑污的犹太人的表现形式去理解和确定”②，因为实践本身具有“革命的”和“批判的”意义。实践既具有使世界二重化的能力，它把自然分化为属人世界与自然世界，实践又具有使世界双向转化的能力，属人世界中的主体性不断对象化到自然世界之中，自然界的客体性不断内化到属人世界之中，世界在实践中实现动态统一。所以，“世俗基础使自己从自身中分离出去，并在云霄中固定为一个独立王国，这一事实，只能用这个世俗基础的自我分裂和自我矛盾来说明。因此，对于这个世俗基础本身首先应当从它的矛盾中去理解，然后用消除矛盾的方法在实践中使之发生革命”③。

把事物和现实当作实践去理解，作为一种批判的理解，或作为一种辩证的理解，是一种崭新的理解方式。这种批判的、辩证的理解方式既根源于实践及其展开的现实世界本性，又根源于提出新世界观的根本目的。新世界对现实世界作出了崭新理解，它对现实世界一定要作出同以往哲学家们完全不同的解释，但这不是新世界观的根本目的。“哲学家们只是用不同的方式解释世界，而问题在于改变世界。”④改变世界是新世界观的根本目的，它是对世界作出批判理解和辩证理解的主观根源。

把事物和现实当作实践去理解，这一新世界观的根本观点包含了把人类理解活动当作实践去理解的主张。因为，从新世界观根本观点的外延上看，它要

① 《马克思恩格斯文集》第1卷，人民出版社2009年版，第503页。
② 《马克思恩格斯文集》第1卷，人民出版社2009年版，第499页。
③ 《马克思恩格斯文集》第1卷，人民出版社2009年版，第504页。
④ 《马克思恩格斯文集》第1卷，人民出版社2009年版，第506页。

把现实世界当作实践去理解，而现实世界和实践都是精神活动和物质活动的统一体，它们已经把人类理解活动（精神活动）包括在内。所以，当马克思提出把事物和现实当作实践去理解这一根本主张时，就已经确立了把人类理解活动也当作实践去理解的观点。更明确些说，实践论世界观内在地包含了把人类理解活动当作实践去理解的“实践理解观”。

马克思的实践论世界观包含了他的实践理解观，不仅可以从逻辑上推出这个结论，而且从马克思的直接论述上也可以得出这个结论。马克思提出把事物和现实当作实践去理解的主张之后，接着就指出：“人的思维是否具有具体的[gegenstandliche] 真理性，这不是一个理论的问题，而是一个实践的问题。”① 这里，马克思已经清楚表明：应当把人类思维放到实践中、当作实践去理解，只有这样才能具体而真实地把握人类思维或人类理解活动。

然而，人们对这句常被引用的话至今也未能给予完整的理解。人们往往按照科学理解论的真理观来解释马克思的“真理性”概念：真理性即思维实现了主观对客观的符合。于是，马克思关于人类思维应当放到实践中、当作实践去理解的论断，就被归结为用实践来检验主观思维与客观存在是否相符的主张。

事实上，马克思的思维真理性概念，并非仅指思维与客观是否相符，其实主要是指思维同实践活动不可分离的“现实性”或“此岸性”。马克思说：“人应该在实践中证明自己思维的真理性，即自己思维的现实性和力量，自己思维的此岸性。”② 所谓“思维的现实性”或“思维的此岸性”，皆指人类思维活动同人类实践活动直接统一，人类思维活动是人类实践活动不可分离的基本内

---

① 《马克思恩格斯文集》第 1 卷，人民出版社 2009 年版，第 500 页。这里有必要指出：《马克思恩格斯选集》，中译本，人民版，把 gegenstandliche 译为“客观的”，这样译不仅造成这句话还有另一句话（费尔巴哈“没有把人的活动本身理解为客观的〔原译〕活动”），与上下文不通，而且也与这个词的德文原译不符。这个词的德文原义为“具体的、形象的”。故这里改译为“具体的”。这样译既符合德文原文，又使这两句话同全文意思通融。

② 《马克思恩格斯文集》第 1 卷，人民出版社 2009 年版，第 500 页。

容，只有把人类思维活动放到实践之中，当作实践活动基本内容，才能把握到现实发生着、直面现存生活真实而具体的人类思维活动。思维真实性和思维具体性的统一就是思维真理性。由真实性和具体性统一而成的真理性，其外延远远大于观念同客观是否符合的真理概念，它不仅意味着真理性思维同实践现实统一，而且还意味着真理性思维体现着由实践展开或创造出来的各种矛盾方面和矛盾关系。

马克思说的思维是实践中的思维，实践中的思维不是单纯的逻辑思维，还包括情感体验、价值评价和审美意识等意识活动，因此，马克思说的思维活动也就是我们所说的具有总体性的理解活动。如果马克思说的思维概念同总体性的理解概念具有同等程度的含义，那么马克思主张把思维活动当作实践去理解，也就是主张把理解活动当作实践去理解。

把理解活动当作实践去理解是实践理解论的基本观点，它内在地包含于实践理解论的理论基础——实践论世界观之内，也可以直接地说，把理解活动当作实践去理解，这个观点本身就是实践论世界观的两个基本内容。因此，实践论世界观把握实践和把握现实世界的方式同样可以作为把握人类理解活动的方式。这就是说，要在人性与物性、主体性与客体性、属人关系与自然关系、属人世界与自然世界的辩证统一中把握人类理解活动。

按照实践论世界观把握人类理解活动，对人类理解活动可以作出准确的本质概括，它同科学理解论在本体论世界观之上和人文理解论在经验论世界观之上得出的结论截然不同。科学理解论从物质本体论或精神本体论出发，把世界看成物质与精神、客体与主体两相分离的世界，人类理解活动仅仅被归结为以认知形式把握客体本质的科学认知活动；人文理解论从个体经验论或个体存在论出发，把自然世界抛在理论视野之外，人类理解活动仅仅被归结为以情感体验、价值评价和审美意识等个体或个体间的心理存在；实践理解论从总体实践论出发，在物质与精神、客体与主体、自然世界与属人世界的辩证统一中，把人类理解活动看作主体对客体、主体对主体领悟意义的实践性、总体性意识过程。

实践理解论依据实践论世界观对人类理解活动本质所作的这一概括，揭示了人类理解活动的两个基本特点：实践性和总体性。

在实践理解论看来，作为人类生命普遍本质的理解活动，绝大部分发生于实践活动之中，即使那些少见的、似乎离开了实践活动的“自我体验”和“反省内察”等理解现象，也可以在实践活动中找到它们的根源。理解离不开实践，实践一定要有理解，理解和实践是同一个过程。只有那些在实践中发生和发展的理解才是人类真正的生命形式，因此，实践理解论把实践性看作人类理解活动的首要特征。

人类理解活动的实践性除了表现为理解过程与实践过程不可分以外，还表现为实践过程中的物质活动方面对作为精神活动方面的理解活动的制约，以及理解活动对物质活动的导引。与这些表现相关，理解活动的各种矛盾方面和矛盾关系都可以在实践过程中找到它们的原型。反之，实践过程中的各种矛盾方面和矛盾关系也都一定要体现到理解活动之中。我们可以利用理解活动和实践过程之间这样一种对应关系，使理解活动与实践过程互为中介，达到对二者的统一把握。

人类理解活动的实践性决定了它的另一个基本特点——总体性。所谓理解活动的总体性，主要表现为两个方面：一方面从理解活动内容上看，理解活动关系到实践过程的各种要素与各种关系、各种矛盾与各种冲突。简言之，实践过程中发生的一切事情都要进入理解活动之中；另一方面从理解活动形式上看，理解活动既非仅指科学理解论所专注的科学认知活动，也非仅指人文理解论所张扬的情感体验、价值评价和审美意识，而是认知、体验、评价与审美等各种意识形式的总体统一性。

总之，马克思为人类创立的实践论世界观是实践理解论的理论基础，按照实践论世界观的要求去把握人类理解活动，可以准确而真实地把握人类理解活动的本质和基本特征，而这正是我们确立新理论原则、建构新理论框架，进而系统建立实践理解论的决定性环节。

二、实践理解论的理论框架

人类理解活动的本质与特征，以及实践理解论把人类理解活动当作实践去理解的基本主张，都决定了实践理解论必须坚持实践性原则和总体性原则来建构自己的理论框架。

坚持实践性原则，就是要深入生活实践，直面在实践中发生着的人类理解活动，把理解活动看作实践过程的一个基本方面，看作在实践中直接以其“现实性”和“此岸性”发挥“力量”的精神活动过程，把这一精神过程同实践过程的另一基本方面——物质活动过程统一起来把握。坚持实践性原则，既可以保证对人类理解活动把握的真实性和具体性，也可以保证对人类理解活动把握的完整性。因为在实践中实际发生着的理解过程总是综合性的，理解活动必然以各种意识形式统一地领悟和表达主体在实践中的各种接触与感受。

实践性原则贯彻到底必然触及人类理解活动的总体性，必然提出建构理论框架的总体性原则。坚持总体性原则，就是要坚持对人类理解活动把握的综合性和全面性。从建构理论框架的角度来谈总体性原则，主要是充分肯定人类理解活动的综合性，全面概括人类理解活动的基本结构或基本关系，形成完整把握人类理解活动的总体图式。总体性原则实质是实践性原则的继续，实践性原则必须坚持总体性原则，只有坚持总体性原则才能真正贯彻实践性原则。

实践性原则和总体性原则共同要求建构实践理解论理论框架的另一个原则——辩证性原则。辩证性原则首先是一种批判性原则，只有坚持对现存事物进行批判的理解，才不能对于实践只从它的表现形式去理解和确定，才能把“环境的改变和人的活动的一致”①看做是并合理地理解为革命的实践。批判原则可以促使我们深化对实践的理解，达到对实践的深层透视，而这同时也就深

① 《马克思恩格斯文集》第1卷，人民出版社2009年版，第503—504页。

化了对理解的理解。因此，批判性原则既是理解透视现实的武器，也是理解反思自我的工具。

辩证性原则还是种普遍联系的原则，只有努力把握事物、现实以及理解活动中的内在联系或普遍联系，才能切实坚持总体性原则，才能真实而具体地达到对事物、现实，以及理解活动外在结构和内在结构的总体性把握，才能不仅揭示理解活动中的语言、符号、视界、交往与共识等表层理解现象之间的普遍联系，而且还揭示这些表层理解现象同本能体验、信念、理想、利益与意义等深层理解现象的内在联系。

辩证性原则必然引出另一个原则：历史性原则。因为辩证性原则主张在发展变化中看待事物、现实和理解活动，因此按照辩证性原则看待现实事物或理解活动，必然把它们看作无限变化发展的历史过程。并且，辩证性原则是同实践性原则和总体性原则同时起作用的，因此，按照辩证性原则把握到的历史过程同按照实践性原则与总体性原则把握到的存在过程是一致的。这就是说，辩证的历史性原则在实践中把握到的历史过程，是由人们展开的经济、政治与文化等各种现实活动交织而成的具体发展过程，而不是黑格尔所指的绝对理念自我创造过程，也不是费尔巴哈所指的自然自在过程。

总之，实践性、总体性、辩证性与历史性，是实践理解论在实践活动中把握人类理解活动、建构理论框架和理论观点的四个基本原则，它们共同保证着把理解当作实践去理解这一根本主张的实现。在这四个基本原则中，实践性原则是实践理解论首要而根本的原则，其他原则都建立在实践性原则之上，并从不同角度体现和贯彻着实践性原则。实践性原则是实践理解论区别科学理解论和人文理解论的根本原则，它在理论对象和理论方式方面赋予了实践理解论本质规定。因此，必须把坚持实践性原则放在把握人类理解活动、建构实践理解论理论框架和理论观点的首位。

科学理解论和人文理解论都试图使自己的理论框架在总体上把握人类理解活动，其中也有许多哲学家使自己的理论框架带有辩证性和历史性，但是因为它们未能把实践性原则放在首位，未能完整地直面在生活实践中实际发生着的人类理解活动，以致各自建立了片面把握人类理解活动的理论框架。

科学理解论从人类科学认知活动出发，建立了主客二元理论框架，它只能容纳、体现和解释主体如何在观念中达成对自然客体现象与本质的抽象把握。至于主体之间、主体对自我、主体对自己的创造结果等方面的复杂意识活动皆被排除在主客二元理论框架之外。

人文理解论从理论现象上看到了科学理解论理论框架的片面性，但是人文理解论未能抓住问题的实质和根本。虽然人文理解论者也谈及生活实践，但他们所说的生活实践仅指个体间的情感交流、道德行为和审美活动等方面，而把最基本的实践——生产劳动排除在自己理论视野之外，结果建立了排斥客体、局促于主体间的主体一元理论框架，忽视甚至否认了主体对客体的科学认知活动。

无论是人类理解活动的本质与特征，还是科学理解论和人文理解论两种理论框架的偏失，都向我们昭示：必须把实践性原则放在首位，从实践出发，在实践活动中按照总体性原则、辩证性原则和历史性原则考察人类理解活动。如果我们接受这一昭示并确实按照它去研究人类理解活动，那么我们将真实地概括出人类理解活动的基本关系，进而建立完整地把握人类理解活动的理论框架。

按照实践性原则，进入理解论理论视野的是在实践中发生着的人类理解活动，它展开的基本关系首先是主体与客体之间的关系。因为实践是对象性活动，它的最基本关系是人与自然之间的关系。人在实践中把自己提升为实践主体，而把自然变成实践对象，人与自然的关系在实践中变为主体与客体的关系。马克思指出："在实践上，人的普遍性正是表现为这样的普遍性，它把整个自然界——首先作为人的直接的生活资料，其次作为人的生命活动的对象（材料）和工具——变成人的无机的身体。"①"正是在改造对象世界的过程中，人才真正地证明自己是类存在物。这种生产是人的能动的类生活。"②可见，人与自然之间的主客关系是人类普遍本质的表现和人类生命活动形式，在实践活

① 《马克思恩格斯文集》第1卷，人民出版社2009年版，第161页。

② 《马克思恩格斯文集》第1卷，人民出版社2009年版，第163页。

动中占有基础地位。

由于人类理解活动是实践过程的一个基本方面，它作为实践过程中的自觉因素，既体验和领悟着实践过程，又导引和支配着实践过程，所以，人怎样理解规定着人怎样去实践，反过来人怎样实践又规定着人怎样去理解，理解和实践不仅在对象和过程上保持一致，而且在展开关系上也必然相同。正因如此，人和自然之间的主客关系就不仅是实践活动的最基本关系，在实践活动中占有基础地位，而且在人类理解活动中也是如此。

当我们肯定主客关系是人类理解活动的最基本关系时，并不意味着肯定科学理解论真实抓住了人类理解活动的最基本关系。虽然科学理解论把主客关系作为人类理解活动的基本关系，但是科学理解论抓住的仅是人对物的主客认知关系，而不是具有总体性的主客实践关系。从理解活动与实践过程的统一看理解活动中的主客关系，不仅包含着主客认知关系，而且还包含着主体对客体的情感体验、价值评价和审美判断等主客关系。就此而论，科学理解论因脱离实践，仅仅抓住了人类理解活动主客关系中的一个方面。

虽然人与自然之间的关系是实践的最基本关系，但是它不是实践的唯一关系。实践的另一种基本关系是人与人的主体间关系。在实践中现实活动着的主体，既不是科学理解论所指的抽象观念主体，也不是人文理解论所指的仅以个人心理体验和心理交流存在的个体，而是存在于各种经济关系、政治关系和思想文化关系中，结成各种社会群体的个人。作为“任何人类历史的第一个前提”①的个人，相互之间一定要发生各种物质交往和精神交往，结成种种社会联系，然后才能同自然客体发生物质变换、能量变换与信息变换。否则，孤立的个体无力同客体发生现实的实践关系，实践过程无法展开，实践目的也无法实现。由于这个原因，马克思说：“在实践的、现实的世界中，自我异化只有通过对他人的实践的、现实的关系才能表现出来。”②又说：“而生产本身又是以

① 《马克思恩格斯文集》第 1 卷，人民出版社 2009 年版，第 519 页。

② 《马克思恩格斯文集》第 1 卷，人民出版社 2009 年版，第 165 页。

个人彼此之间的交往［Verkehr］为前提的。”①

如同实践中人与自然之间的主客关系一定要体现到人类理解活动中一样，实践中人与人之间的主体间关系也一定要体现到人类理解活动中。人们在实践中发生各种物质交往、政治交往与文化交往时，一定要伴随着人与人之间的思想意识交往（相互理解），并且物质交往、政治交往和文化交往既是思想意识交往的实在内容又是思想意识交往的媒介与通道，反过来思想意识交往则是其他交往的心理再现和内在灵魂。人类理解活动的这种主体间关系，其表现形式十分复杂，不仅有主体间的情感交流、价值认同、审美共识，而且还有主体间的认知沟通与知识传播等形式。

至此，我们根据实践的基本关系把握了人类理解活动的两种基本关系：主客关系与主体间关系，把握人类理解活动的实践性原则和总体性原则得到了初步实现。但这还远远不够，我们还应按照辩证性原则和历史性原则进一步把握人类理解活动的基本关系。按照辩证性原则对人类理解活动的两个基本关系作进一步分析，我们发现：由于实践的主客关系和主体间关系有辩证统一性，人类理解活动的主客关系和主体间关系也是辩证统一的。

一方面，实践的主客关系中包含了主体间关系。这不仅表现为主客关系中的主体一定要通过个体间交往活动而展开主体间关系，而且还表现为：因客体在实践中获得了主体性或人性，客体不再是纯粹的自然之物，而是“人化物”或“人化自然”，所以主体同客体的关系直接表现为人与人之间即主体间关系。马克思对这一点作了比较充分的论述，他说：客体在实践中获得了人性，这不仅使个体“在对产品的直观中由于认识到我的个性是物质的、可以直观地感知的因而是毫无疑问的权力而感受到个人的乐趣”②。简言之，即主体通过人化自然（劳动产品）不仅达到了实践水平上的自我意识，而且还在个体之间建立了各种内在联系，个体在对劳动对象、劳动产品的改造与享用中肯定并深化了同

① 《马克思恩格斯文集》第1卷，人民出版社2009年版，第520页。

② 《马克思恩格斯全集》第42卷，人民出版社1979年版，第37页。

其他个体之间的联系，“你自己意识到和感觉到我是你自己本质的补充，是你自己不可分割的一部分，从而我认识到我自己被你的思想和你的爱所证实。”①这里，马克思已经明确论述了在实践主客关系中包含着主体间关系，并同时揭示了人类理解活动的主客关系也包含着主体间关系。

另一方面，与实践的主体间关系中含有主客关系一致，人类理解活动的主体间关系中也含有主客关系。在生活实践中，人与人之间的社会交往，无论是物质交往还是精神交往，都必须以人同物或人与自然之间的主客关系为基础，或者说主体间关系一定贯彻着主客关系。马克思对这一点作了最为明确地肯定，他关于生产或生产方式决定人们经济关系、政治关系和思想文化关系的观点，关于物质利益关系在人际关系中占有基础地位的观点，都具体地体现了这一思想。

毋庸赘述，主客关系在主体间关系中的地位与作用，一定要在人类理解活动中表现出来。因此，凡展开于主体之间的理解活动，如情感交流、价值认同、审美共识等理解现象，都不可回避人对物或人对自然的认知与体验。这种情况在科学技术高度发达的当代社会生活中表现得尤为突出。人们通常认为，当代通讯技术和信息传媒极大缩短了人与人之间的距离，人类理解活动越来越表现为主体之间的直接对话与沟通。其实这种看法仅仅停留于事物的表面现象，没有看到通讯技术和信息传媒越发达，人类理解活动对语言与符号的依赖越强，而语言符号却正是主体意识与客观存在统一的表达与象征，它们在人类理解活动中地位与作用的提高，正说明主客关系在直接表现为主体间关系的人类理解活动中的增强。

在对人类理解活动基本关系作出上述概括的同时，我们还应坚持历史性原则，即把人类理解活动展开的各种基本关系看作一个动态结构，它们以人类具体的历史活动和历史条件为现实基础，永无止息地发生着转化与发展，主客关系和主体间关系由此而成为变动不居、不断创生新意义的可能性。人类理解活

① 《马克思恩格斯全集》第 42 卷，人民出版社 1979 年版，第 37 页。

动的各种因素和各种形式，都在动态发展的结构中流转变易、交汇融合。这里虽然因为逃避不了客体性而留有种种相对确定性，但因主体的创造和选择，相对确定性也要不断地被重构或超越。

综上所述，我们依据实践性、总体性、辩证性和历史性四原则，在揭示实践基本关系的同时全面概括了人类理解活动的基本关系：主客关系与主体间关系辩证的历史的统一。当我们完成对人类理解活动的这一理论概括，我们就建立了全面把握人类理解活动的理论图式，即实践理解论的理论框架。明显可见，实践理解论的理论框架植根于实践之中，它是把实践基本关系和人类理解活动基本关系统一起来把握的理论概括，它因四个基本原则而获得了实践性、总体性、辩证性和历史性，这四个特性标志着实践理解论的理论框架从本质上超越了科学理解论和人文理解论的理论框架。

三、实践理解论的理论追求

像科学理解论和人文理解论都在自己的理论框架中展开了各自理论追求一样，实践理解论在自己的理论框架中也一定要展开自己的理论追求，否则，实践理解论理论框架就成为空浮的构造，进而失去理论意义和现实意义。事实上，建构任何一种理论框架，都首先表明要实现某种理论追求。因此，理论追求不仅展开于理论框架建立之后，而且存在于理论框架建立之先，并且蕴含于理论框架之中。理论追求导引和实现着理论框架，理论框架体现和展开着理论追求。不同的理论追求引发出不同的理论框架，反之，不同的理论框架标志着不同理论追求。

科学理论为了追求客体性而建立了主客二元理论框架，然后又在这种理论框架中继续对客体性的追求；人文理解论为了追求主体性而建立了主体间一元理论框架，然后又在这种理论框架中继续对主体性的追求；实践理解论则为了追求主体性与客体性的统一而建立了主客关系与主体间关系统一的理论框架，然后要在这种理论框架中继续对主体性与客体性统一的追求。

主体性和客体性都是实践活动包括理解活动的两个基本属性，无论单纯追求其中哪一个，只能形成关于实践活动包括理解活动某一方面“是什么”和“怎么样”的知识性把握，其现实意义只能是对现实世界作出某种解释。并且因为把本来统一在一起的两种属性分离开来追求，所得出的知识性把握或知识性解释只能是片面的。实践理解论把人类理解活动放到实践中，在实践过程的总体联系中追求主体性与客体性的辩证统一，这不仅包括了对主体性与客体性“是什么”和“怎么样”的知识性把握，而且还要进一步追问主体性与客体性如何在实践活动中实现现实统一。

主体性与客体性在实践活动中的统一有多种表现形式，一件实物产品或一种理解现实的理论观点，都可以看作主体性与客体性的统一。对实践理解论来说，无论主体性与客体性统一的形式有多少种，它们都有一个共同的标志——意义的生成。换句话说，只有创生了意义，主体性与客体性才实现了统一。因此，意义作为主体性与客体性统一的标志成为实践理解论追求的根本目的。

实践理解论把意义作为理论追求的根本目的，这同人类理解活动的本质和实际追求是一致的。在实践过程中发生着的人类理解活动，既不仅仅满足于对客体现象、本质和规律等客体性的把握，也不仅仅满足于对主体情感、意志、评价和选择等主体性的领悟，而总是不断深入地追求着主体性与客体性的统一。人类理解活动首先在自身过程即心理过程中追求主体性与客体性的统一，本着主体性的要求而实现对客体性的观念把握，主体性与客体性首先在理解过程中实现统一，此刻，意义在理解过程中创生。

意义就其内容而言包括两个方面：意指和意谓。意指是意义所指的对象；意谓是意义所指的对象对主体意味着什么。主体对意谓的领悟不是事实性的认知，也不是被动地接受，而是根据自己的情感、意志、信念与理想等主体性因素所进行的创造性选择。因此，如果说意义的一端是意指指向的客体性，那么意义的另一端则是意谓面对的主体性，意指与意谓的统一构成了意义的内容，主体性与客体性的统一则是意义的实质。

意指与意谓或主体性与客体性在人类理解活动中的统一，仅仅是心理层面的统一，即心理层面上的意义，人类理解活动不会满足仅在心理层面上创生意义，人类理解活动因其实践性一定要将心理层面上创生的意义作为导引感性活动的模式或理想目标，创造出凝聚了意义的劳动产品，意义由此而获得了物化形态。这样，意义经历了由三个层面构成的发展过程：心理层面的意义——活动层面的意义——实物层面的意义。

三个层面的意义附着于三类不同载体。心理层面的意义附着于语言，意义以语义形式出现；活动层面的意义附着于人的感性活动，意义以活动的目的、影响和作用等形式出现；实物层面的意义附着于各种劳动产品（精神劳动产品和物质劳动产品），意义以各种实物的价值、作用和象征等形式出现。当然这种划分有很大的不确定性，例如附着于语言的意义就不仅存在于心理过程中，而且在感性活动中也普遍发生，并且当语言以文字形式出现时，语义又出现在各种文本典籍之中。不同意义存在层面区分的不确定性，直接根源于现实生活的动态总体性。正是现实生活精神因素与物质因素，或心理活动与物质活动交融互动，才导致了不同形式的意义在不同生活层面生发流转。

为了创生、捕捉不同生活层面的意义，人类理解活动进入或指向不同生活领域。实践理解论作为反思人类理解活动的哲学理论，不得不追随人类理解活动的踪迹而进入各种生活领域。日常理解和以认知、评价与审美形式展开的文化理解，分别把实践理解论引入各种日常生活层面和文化生活层面之中。实践理解论要在各种生活层面把握各种理解活动对各种意义的追求，各种理解活动对各种意义的追求都包含在实践理解论的理论追求之中。

但是，实践理解论的理论追求不是对各种理解活动意义追求的简单概括，而是把各种理解活动的意义追求放到实践总体过程中寻求它们的整体联系。实践理解论肯定各种理解活动追求的各种意义，但是实践理解论不去直接追求分居于不同生活领域的理解活动所追逐的特殊意义，如日常理解追求的日常生活意义、科学认知追逐的科学意义、道德评价追逐的伦理意义、审美意识追逐的美感意义。实践理解论从实践总体性出发，把各种形式的特殊意义都看作人生意义的具体表现，在各种特殊意义的统一中追寻人生的整体意义，然后用人生的整体意义导引各种理解活动追逐具体的特殊意义，不断地把各种理解活动从意义困境和意义失落中提升出来。

人生整体意义植根于人类实践的总体性之中，植根于实践的主客关系与主体间性的统一之中。只有以生活实践为基础，按照从实践基本关系中概括出来的实践理解论理论框架，才能自觉地把握到人生整体意义。人生整体意义来源于对人类生活实践的整体观照，它高于人们在日常生活中寻觅的各种人生个别意义，高于人们在不同文化形式中捕捉到的种种人生特殊意义。但是，人生整体意义并不脱离人生个别意义或特殊意义，人生整体意义内蕴于人生个别或特殊意义之中。因此，实践理解论要想真实地捕捉到人生整体意义，必须全面审视或批判日常理解活动与文化理解活动，从它们追逐的人生个别意义和人生特殊意义析理或提升人生整体意义。

如果意义的本质是主体性与客体性的统一，那么人生整体意义则是在实践总体性之上形成的主体性与客体性的总体性统一。单纯的主体性或单纯的客体性，都不能形成意义，更谈不上人生整体意义。因此，单纯追求客体性的科学理解论和单纯追求主体性的人文理解论都没有把握到人生整体意义。虽然我们不能说科学理解论与人文理解论没有把握到人生意义，但是我们只能承认它们仅仅在追求人生的局部意义。

科学理解论和人文理解论的长期对立，不仅消解了人生整体意义，而且也分裂了人类生存与发展的总体精神。伴随着科学理解论和人文理解论的两极分化，人类精神裂变为难以沟通的科学精神与人文精神。两种精神作为两种理解论的灵魂，分别沉溺于自然科学与人文学科之中。这又导致了自然科学与人文学科两大知识领域的对立，这种对立是人类精神或人类理解活动分裂对立的明证，它反过来又从知识基础上不仅加剧了人类精神或人类理解活动的分裂对立，而且也加剧了人类实践活动的分裂对立。时至今日，自然科学同人文学科之间的隔阂越来越深，两大知识领域之间的文化言路已经断裂，人生整体意义在两个知识领域中已无处可寻。

因此，以寻求人生整体意义为根本目的的实践理解论，不仅要超越科学理解论同人文理解论的对立，而且还要超越科学精神与人文精神的对立，超越自然科学与人文学科的对立。为了实现这些理论追求，实践理解论必须坚持把科学精神统一于自身的马克思人文主义精神。

统一于马克思人文主义精神之中的科学精神，虽然也主张人们应当追求客体本质与规律、建立科学知识，因为实践活动离不开科学知识，但是这种科学精神与把科学理性和科学原则绝对化了的科学主义不同，它从人出发去考察客观事实、追求客观事物的本质，而不像科学主义那样把人从自己的视野中驱逐出去。因此，把这种科学精神纳入马克思人文主义精神之中，不但没有改变马克思人文主义对人生的关心和爱护，反而使这种关心和爱护变得更为真实、具体。

包含科学精神的马克思人文主义精神与文艺复兴运动中兴起的人文主义精神不同。文艺复兴时期的人文主义精神虽然也包含了科学精神，但因当时科学及其指导的工业生产都处于发展初期，科学与工业的消极后果尚未显露出来，人们对给他们带来大量实证知识和实际利益的科学与工业充满了信心，寄予了无限的希望，此时人文主义者对科学精神的崇拜是抽象与盲目的。可以说，文艺复兴时期于人文主义怀抱中发展起来的科学精神，后来成为走向绝对、反对人文主义的科学主义，这与当初人文主义者对科学精神的盲目崇拜直接相关。马克思人文主义精神是在近代科学和工业都有了充分发展，并且充分暴露了各种社会异化尤其是劳动异化的历史条件下形成的，它是在批判科学理性和劳动异化基础上重建的新人文主义精神，它不仅肯定了科学精神在生产劳动和社会管理等领域中的作用，而且也清醒地看到了科学精神绝对化所导致的消极后果。

马克思人文精神同当代人文理解论所奉扬的人文主义精神也不同。作为人文理解论灵魂的人文主义精神，是在科学主义长期压抑下爆发出来的坚决反科学理性、彻底否定科学精神、走向绝对化的极端人文主义精神。马克思虽然在异化劳动中看到了科学理性同技术理性和工业理性融为一体对人性的压抑，主张克服科学、技术与工业导致的非人化。但是，马克思并未因此而否定科学的作用，他认为对自然科学进行人文主义改造后，"自然科学将抛弃它的抽象物质的方向，或者更确切地说，是抛弃唯心主义方向，从而成为人的科学的基础，正像它现在已经——尽管以异化的形式——成了真正人的生活的基础一样"①。

总之，马克思树立了一种崭新的人文主义精神，我们应当按照这样一种把人文精神与科学精神统一起来的人文主义精神，去实现实践理解论的理论追求。这种新人文主义精神将导引人们把主体性与客体性统一起来把握，把人生整体意义作为不断追求的根本目标，进而在理解活动中消解自然科学与人文学科的对立，在实践活动基础上实现两大知识领域的统一。

马克思早在一个半世纪之前就提出了把自然科学同人文学科统一起来的理想。他认为，由于实践需要，人类建立了自然科学与人文学科；反过来，也是由于实践需要，自然科学和人文学科又必须回到实践之中，在实践中统一起来。但是，自然科学与人文学科的结合是有条件的，那就是要克服实践的异化。马克思指出：在异化劳动条件中，人们不可能把实践看作自然科学与人文学科的共同基础，二者始终处于分裂对立状态，"过去把它们暂时结合起来，不过是离奇的幻想。存在着结合的意志，但缺少结合的能力"②。如果克服了异化劳动，实践不再与人对立，自然科学与人文学科在实践中结合起来将成为现实。马克思乐观地指出："自然科学往后将包括关于人的科学，正像关于人的科学包括自然科学一样：这将是一门科学。"③

把自然科学与人文学科统一为一门科学，这是马克思把现实当作实践去理解，把理解放到实践中去把握，对人生意义作整体关怀后提出的伟大理想。也是实践理解论从实践出发，在主客关系与主体间关系中追求主体性与客体性统

---

① 《马克思恩格斯文集》第 1 卷，人民出版社 2009 年版，第 193 页。

② 《马克思恩格斯文集》第 1 卷，人民出版社 2009 年版，第 193 页。

③ 《马克思恩格斯文集》第 1 卷，人民出版社 2009 年版，第 194 页。

一、科学精神与人文精神统一，以及由追求人生整体意义而必然得出的结论。如果实现了自然科学与人文学科的统一，实践理解论就不仅完成了它的一个伟大理论追求，而且还获得了继续发展的统一的知识基础。实践理解论将在新知识基础之上，以其广阔的理论视野，导引人类从实践的“能动关系上”和“内在关系上来理解”① 人生，从实践的“矛盾中去理解”②。一句话：“按人的方式来理解”③ 现实世界，并努力追求“人和自然界之间，人和人之间的矛盾的真正解决”④。

① 《马克思恩格斯文集》第1卷，人民出版社2009年版，第182页。
② 《马克思恩格斯文集》第1卷，人民出版社2009年版，第500页。
③ 《马克思恩格斯文集》第1卷，人民出版社2009年版，第189页。
④ 《马克思恩格斯文集》第1卷，人民出版社2009年版，第185页。

第六章　日常生活中的理解

按照实践理解论的基本原则，我们应当从实践出发去研究人类理解现象。当我们遵循实践理解论基本原则展开研究之时，首先进入理解论视野的是最普遍、最丰富的日常理解现象。日常理解面对日常生活现象，利用日常生活语言领悟日常生活意义。日常理解是最基本的但却最少引起人们注意的理解现象，它直接而真实地表达着人们的生命本质和生命活动。充分把握日常理解现象，是研究人类其他理解现象的基础。

一、日常理解的基础地位

科学理解论把展开于主客二元关系中、以追求客体本质为根本目的的科学认知活动作为人类全部理解活动的基础；人文理解论把展开于主体间一元关系中，以追求主体价值为根本目的的价值理解活动和审美理解活动作为人类全部理解活动的基础。实际上，科学理解论和人文理解论都没有把握到作为人类全部理解活动基础的理解活动，科学理解、价值理解和审美理解都是在一种更为基本的理解——日常理解（everyday understanding）的基础上建立起来的。日常理解在人类全部理解活动中占有真正的基础地位。

日常理解发生和存在于日常生活之中，日常理解在人类理解活动中的基础地位根源于日常生活在人类生活中的基础地位。日常生活是马克思说的“任何人类历史的第一个前提”，是“有生命的个人的存在”①，是人类生活实践的原初形式。同以组织化形态出现的社会经济生活、政治生活和以类本质为出发点的思想文化生活相比，日常生活有如下本质特点：

（1）日常生活具有初级群体性。从活动的主体形态看，日常生活是未进入正式社会组织中的个体所从事的活动；虽然个体日常生活也具有某种形式的群体性，但这些群体是非正式的初级群体。从活动的价值取向看，日常生活是为了个体的生存与发展而展开的活动。从活动的基本内容看，日常生活包括个体为了延续生命而展开的获取和消费生活资料的活动，包括为维持人际关系而展开的个体间交往活动，还包括在这些活动中发生的个体日常理解活动。

（2）日常生活具有自在性。日常生活的自在性是相对的。同自然过程相比，日常生活同其他形式的人类生活一样，都是自为的。但是，同社会组织化生活和精神文化生活相比，日常生活就表现出相对自在性。社会组织化生活，如政党、宗教团体，以及各种经济组织和政治机构等社会组织的活动，都是按照某种观念模式自觉建立并展开的，而日常生活是个体基于本能需求，在直接环境（家庭、邻里和社区）中展开的活动，它表现了一种自然性。精神文化生活是以人的类本质为自觉出发点，并对之作自觉理论反思的活动，而日常生活是缺乏反思的直接活动。日常生活的自然性和直接性都表现了它的自在性。

（3）日常生活具有习惯性。日常生活由个体世代相袭延续下来，前人形成的常识、风俗、习惯和传统一般稳定地制约着日常生活，后人很少在日常生活中对前人留下的生活方式和文化观念提出质疑，而是通过示范或模仿等方式习以为常地承袭下来。日常生活的习惯性首先表明它的保守性，但其中也包含了它的创新性。在每个民族的常识、风俗、习惯和传统中，都蕴藏着求异创新精神，否则，日常生活就失去了自我提升的内在根据。

（4）日常生活的未分化性。日常生活虽然不像以组织形式出现的社会政治生活或社会经济生活那样有某种确定的相互区分的目标，也不像各种精神文化

① 《马克思恩格斯文集》第1卷，人民出版社2009年版，第519页。

生活那样把社会生活某一方面主题化进而使各种文化生活之间界限分明。但是，社会政治生活或社会经济生活，以及精神文化生活中的各种追求目标和它们各自的原初形式，都已包含在日常生活之中。差别不过在于：日常生活把由社会政治生活、经济生活以及精神文化生活专门化、主题化的人生追求笼统地蕴含于自身，通过个体不确定的日常活动把政治利益、经济利益和文化利益作为一个模糊整体加以实现。

日常生活的这些本质特点使它在人类生活实践中获得了基础地位。日常生活的个体性和自在性表明它是最具体、最直接、最真实地实现人的生命本质的生命活动；日常生活的习惯性和未分化性表明它是人类生活各种分化形式的家园或诞生地，它稳定地延续或积淀了各种生活习惯与文化传统，滋生着人类生活得以分化的各种矛盾与冲突。人类生活的全部展开形式都可以在日常生活中找到它们的源头、根据，以及原初动力和原初形式。

日常生活在人类生活实践中的基础地位使日常理解在人类理解活动中也获得了基础地位，这不仅是按实践理解论把理解当作实践去理解必然得出的结论，而且也是实际发生着的客观事实。因为日常理解发生于日常生活之中，它本身就是日常生活的一个基本内容。日常理解作为日常生活中的自觉因素，不仅把日常生活的本质特点体现于自身，而且日常生活的某些特点本身就离不开日常理解的作用，甚至直接就是日常理解本质特点的表现。所以，当日常生活因上述本质特点在人类生活实践中获得了基础地位，这不仅从日常理解作为日常生活的一个基本内容上，使日常理解在人类实践中进而也在人类理解活动中获得了基础地位，而且在日常理解与日常生活本质特点具有共同性这点上，也同样使日常理解获得了基础地位。

但是，这样得出的结论是比较抽象的，因为我们仅仅从日常理解的实践基础方面论证了它在人类理解活动中的基础地位，还没有对日常理解的本质特点作出直接把握。只有以日常生活的本质特点为实践根据，把日常理解放到人类理解活动中加以考查，然后才能具体地把握它的本质特点。按照这个原则去考察日常理解，我们发现它具有以下本质特点：

第一，日常理解具有直接现实性。日常理解以个体理解和初级群体理解活动直接发生于日常生活实践之中，个体在日常怎样生活，初级群体怎样活动，他们就怎样理解；反之，个体和初级群体在日常怎样理解，他们就怎样生活，日常理解与日常生活直接统一。因此，个体或初级群体的日常理解方式也就是他们的日常生活方式或日常存在方式。

日常理解与日常生活的直接统一性是日常理解直接现实性的主要表现，形成这种直接统一性并因此使日常理解获得直接现实性的主要原因在于：一方面，日常理解在日常生活中直接面对个体和初级群体的周围世界，使他们得以通过各种感性经验直接感受、体验和领悟周围世界的意义；另一方面，日常理解在日常生活中直接表达个体和初级群体的主观意愿、信念与选择，并使自己的各种本性直接对象化到周围世界中。于是，个体和初级群体的主体性与周围世界的客体性实现了直接统一，同时个体与初级群体的主体性也同周围世界中的主体性实现了直接统一，因为他们的周围世界不仅包括他们从中获取生活资料的自然客体，而且也包括作为交往对象的其他主体。

日常理解在日常生活中直接体验和领悟周围世界意义、直接表达个体和初级群体的主体性，并使他们的主体性与客体性，以及主体间性达成了直接统一，这就是日常理解的直接现实性。受主客二元理解框架束缚，人们往往只把单纯的物质生活过程看作直接现实性，而把与物质生活直接统一的那些现实发生的日常理解看作非现实性，这是预先把日常理解同日常生活分离开来而后作出的结论。从实践理解论的观点看来，无论思想意识过程还是物质生活过程，只要发生于实践、内蕴于实践，它就是直接现实性，反之，离开了实践就是非现实性。直接现实性是实践性的表现之一，离开了实践一切事物都谈不到直接现实性。

肯定日常理解具有直接现实性，这与马克思的观点是一致的。在马克思看来，“思想、观念、意识的生产最初是直接与人们的物质活动，与人们的物质交往，与现实生活的语言交织在一起的”①。这种与物质活动和日常语言交织在

① 《马克思恩格斯文集》第1卷，人民出版社2009年版，第524页。

一起的“最初”意识活动就是日常理解活动，它与躲在书斋里进行抽象演绎的理论家和在特定模式中进行科学实验的科学家的理解活动不同，它是人们在日常生活中带着他们的全部情感和直接的生活欲望而展开的非规范性理解活动。

马克思常常把发生于日常生活中的理解称为“群众理解”，认为群众理解没有上升到理论形式，它本身就是日常生活中的“信念”与“意志”，它与漂浮在日常生活上空的意识形态不同。意识形态是对日常生活的理论概括，意识形态可以作为日常生活的异化而同日常生活对立，而群众理解或日常理解就在日常生活之中。日常理解离不开日常生活，日常生活也不可能没有日常理解，日常理解与日常生活直接统一，日常生活的直接现实性就是日常理解的直接现实性。

第二，日常理解具有人本性。所谓日常理解的人本性，指日常理解以人为中心，并且主要是以自我为中心。日常理解的出发点、展开结构、追求目标都是以实践为基础的现实中的常人及其日常生活。由于日常理解是非理论思维，所以日常理解追求的目标是感性的、具体的。日常理解不追求超越个体实际存在的一般人格模式，而追求人们作为个体和初级群体的直接需要、直接利益或直接生活意义。日常理解并不排斥科学、伦理、宗教、哲学以及艺术等文化形式对人生或人性的追求，但是各种文化形式对人的追求一定要在日常理解中转译为感性的、具体的追求，然后才能被日常理解所理解。

日常理解感性的、具体的人本性植根于日常生活之中，日常生活的个体性是日常理解感性的、具体的人本性的决定因素。卢卡奇与赫勒（A. Heller，1929—2019）等人比较详细地考察了日常生活的个体性对日常理解人本性的决定作用。赫勒把日常理解的人本性概括为三个方面：（1）个体日常直感性；（2）个体本位性；（3）个体“拟人性”，即凡进入日常理解视野的事物都要用个体存在与个体体验加以类比和解释。卢卡奇与赫勒对日常理解这种感性的、具体的人本性持否定态度，认为它有碍于个体人类本质、人类生活的提升，是人类生活消极保守性根源之一。其实，卢卡奇与赫勒仅仅把握到了问题的一个方面，日常理解的人本性同时也是人类生活积极进取性根源之一。

第三，日常理解具有原初总体性。日常理解虽然没有科学理解、价值理解和审美理解那样界限分明的文化形式和内涵确定的概念范畴，但是它内蕴了人类全部理解活动面对的所有问题和追求的各种意义，各种理解活动形成的观点和原理都可以在日常理解中找到它们的原初形式。不仅如此，就连科学理解、价值理解和审美理解的展开形式和理解方式也都可以在日常理解中找到它们的原型。因此，无论就理解活动的内容还是就理解活动的形式而言，日常理解都是人类全部理解活动的诞生地。

日常理解成为人类全部理解活动的诞生地，根源主要在于日常生活的未分化性。正是日常生活的未分化性使人生现实的各种问题、各种矛盾都笼统模糊地统一在日常生活之中，它们给日常理解造成了无限烦恼与困惑，日常理解只有对之加以分析，才能使各种问题和矛盾得以明确和理解，而日常理解一旦迈出了这一步，它就开始了向主题化的理解活动层面跃升。科学理解、价值理解和审美理解，都是把本来作为笼统整体的真善美某一方面从日常理解中析理出来，然后作为自己的专门追求目标所建构的具有特定内容与特定形式的不同的理解方式。

日常理解的原初总体性与日常生活的习惯性有很大关系。日常理解的习惯性把人类历史中形成的各种风俗习惯和文化传统稳定地引入现实生活之中，并注入现实发生着的日常理解活动之中。日常理解同日常生活一起成为人类历史与现实生活、人类过去的理解活动与现实理解活动的交汇。日常理解的总体性由此不仅表现为现实的总体性，而且是历史的总体性，是历史与现实统一的更复杂的总体性。

日常理解的直接现实性、人本性和原初总体性，是日常理解的本质特点，它们是日常理解在人类理解活动中占有基础地位的根据。日常理解的直接现实性使它同人类最基本、最普遍的日常生活实践直接统一，使它获得了真实而具体地直接领悟日常生活意义的条件与品质。日常生活是人类其他一切活动的发源地，是人类在种种专业化领域工作后不断返回的家园；而日常生活意义则是人类理解创生出的各种意义的基点或源泉，离开了日常生活意义，一切意义都如空中流云、水上浮萍。日常理解在日常生活中直接领悟日常生活意义，这表明日常理解不仅发生和存在于人类生活基底之中，而且也开掘和疏浚了人类生活全部意义的基础。

日常理解的人本性使它时时把真实生活着的人作为自己的核心，它感性地、具体地表达和彰显了人的需求与本性，并因此避免了科学理解、宗教理解或道德理解等文化理解活动因概念化、表象化与规范化而偏离人、背离人的危险。日常理解不仅自己永远不会忘记人，而且时时要求人们按照它的感受或体验去评价、滤选其他理解活动。无论其他理解活动建构了多么严密的逻辑体系或提出了多么深奥的说教，只要它违背了日常理解对人性和人生的感性体验，它就面临被拒斥、否认或抛弃的厄运。因此，日常理解的人本性使其成为衡量人类其他理解活动是否符合人性、能否顺利发展的基准。

至于日常理解的原初总体性则更清楚地说明了它在人类理解活动中的基础地位，这里已无须多论。总之，日常理解在人类理解活动中占有基础地位，这种地位既由日常理解的实践基础——日常生活所决定，又由日常理解自身的本质特点所规定。只有承认日常理解的基础地位，把研究日常理解作为把握人类全部理解活动的第一步，或者说把日常理解作为人类其他理解活动同人类生活实践的中介，才能确实而具体地把握人类全部理解活动。然而，尽管许多哲学家对日常理解的基础地位已经给予重视，但是人们至今也未能比较具体地把握日常理解的基础地位。

在马克思主义理论范围内，普列汉诺夫最先对日常理解的基础地位作出了论述。普列汉诺夫从历史观的角度把未上升到社会意识形式层面的日常理解活动称为“社会心理”，认为社会物质生活和物质关系“将一般地反映于人们的全部心理之上，反映于他们的一切习惯、道德、观点、感觉、意图和理想之上”①。这些未成为理论形式的社会意识是各种意识形式发展变化的思想来源或心理基础，“毫无疑问，‘社会人’具有一定的心理，而这心理的特征决定他们

① 《普列汉诺夫哲学著作选集》第1卷，生活·读书·新知三联书店1959年版，第715页。

建立的一切意识形态”[①]。普列汉诺夫明确地肯定了社会心理在社会意识活动中的基础地位，这无疑具有积极意义。然而，普列汉诺夫仅在传统认识论框架中谈论社会心理的基础地位，他机械地把社会心理看作对社会物质生活的反映形式，看作初级形态的意识活动结果，而不是像马克思那样从实践活动角度把“最初”的意识活动同社会物质生活直接统一起来。因而，社会心理或日常理解在普列汉诺夫那里至多不过是作为社会存在镜式反映的心理基础，还不具有直接现实性。与此相关，普列汉诺夫也就无法理解社会心理或日常理解的人本性，所以，普列汉诺夫脱离生活实践，仅在意识论或认识论的范围里考察社会心理或日常理解的基础地位，只能把握到它的消极被动方面。

“结果竟是这样，和唯物主义相反，唯心主义却把能动的方面发展了。”[②]在马克思提出回到“世俗基础”去理解现存不久，西方涌起了一场从日常生活出发，弘扬日常理解活动，反对科学理解论的哲学思潮。克尔凯郭尔（S. A, Kierkegaard，1813—1855）和尼采（F. W. Nietzsche，1844—1900）是这场久盛不衰的哲学思潮的两位先驱。克尔凯郭尔基于自己对日常生活的深切体验，把日常生活中的孤独个体看作真实存在，认为只有孤独个体才能通过恐怖、厌烦、抑郁和绝望等日常理解活动真实地领悟人生的悲凉意义。这些苦闷的日常理解活动虽然只能达到一些似是而非、游移不定的理解，但它们却是人生最基本的内容，是存在的最真实表现。相反，倒是那些规则严整的科学理解才导致了人生种种虚妄。

尼采像克尔凯郭尔一样痛斥科学理解论对人性的扼杀，肯定日常理解活动的真实性。但尼采在日常理解活动中看到了积极向上的酒神精神。酒神精神正视人生悲剧、能够达到对世间痛苦与毁灭的理解，但是酒神精神作为否定性的、复归世界本体的至深冲动，作为“整个情绪系统的激动亢奋”，却能使个体产生敢于同一切困苦与灾难斗争的“强力意志”。尼采把酒神精神的展开解

---

① 《普列汉诺夫哲学著作选集》第 3 卷，生活 · 读书 · 新知三联书店 1962 年版，第 734 页。

② 《马克思恩格斯文集》第 1 卷，人民出版社 2009 年版，第 503 页。

释为悲剧式的审美意识活动，其实不过是具有普遍性和基础性的，用以取代科学理解的日常理解。

现当代西方哲学中对日常理解活动作了系统而深刻论述的首先是海德格尔。那部文字艰涩、令人望而生畏的《存在与时间》，实际上通篇阐述的正是人们身居于其中的日常生活和人们从未止息的日常理解。海德格尔在阐述解释在的意义的方法时指出："从此在的日常生活的基本状况着眼，我们就可以循序渐进着手准备性地端出这种存在者的存在来。"①此在就在"烦忙"（与物打交道）和"烦神"（与人打交道）的日常生活中，通过现身、领会和说话等心理活动和表达活动展开了此在的基本状态。这些心理活动和语言表达，不过是体验和领悟在的意义的日常理解。在表现为不同形式的日常理解展开过程中，既可以把握到人生基本存在的异化状态，也可以揭示出人生基本存在的本真状态。简言之，海德格尔提出的关于在的意义的人生具体本体论，不过是关于日常生活和日常理解的本体论。

在《存在与时间》中，虽然海德格尔通过日常理解揭露了社会异化现象，日常理解因社会异化的侵袭而呈现种种压抑、沉沦和被抛状态，但日常理解作为对在的意义的追问，是一种无限展开的可能性。日常理解是一种尚未主客分化的原初理解活动，它没有被提升为抽象逻辑过程，但却因此而具有不可消除的生命力，它最终通过筹划、选择而超越困境，达到对自由的把握。

海德格尔之所以既看到日常理解的异化状况，又能充分肯定日常理解的积极本性，这与他把日常理解同日常生活和人的生命本质直接统一起来是密切相关的。正因如此，我们透过海德格尔的晦涩言词，可以领悟到一种对现存生活热切关注的实践精神，并得出海德格尔在动态、发展中把日常理解看作人类其他文化活动能动基础的结论。不过，我们应当看到，海德格尔对日常理解能动性的肯定是片面的、有限的。海德格尔所说的日常生活往往同生产实践相脱

---

① 海德格尔：《存在与时间》，陈嘉映、王庆节译，生活·读书·新知三联书店1987年版，第21—22页。

离，因此他常常仅在意识活动或精神存在范围内肯定日常理解的能动性，并且由于他否定客体、否定主客关系，他忽视了日常理解对客体尤其是对自然对象的能动性。

二、日常理解的运作结构

日常理解作为人类全部理解活动中的基础性理解，有着与人类其他理解活动不同的运作结构。在日常理解的运作结构中，包含了主客关系和主体间关系，但却是两种未能明确分化和清楚自觉的关系；在日常理解的运作结构中，流动着最丰富的语言、符号与意义，但它们作为日常理解运作的基本要素，却在不断的湮没中而隐蔽自身，以致人们几乎忘记了它们的存在。然而，无论日常理解的运作结构多么模糊不清，它也是生发出人类其他理解活动结构的基础结构。

理解一定要有理解者和理解对象，因此理解中一定要发生主体与客体关系，日常理解也是如此。但是，日常理解中却没有严格意义上的主体与客体关系。只有主体同客体明确分化，理解中才能确立严格意义的主体与客体关系。存在于日常生活中的日常理解永远达不到这一点，主体与客体都处于晦暗不清，甚至交错融合的状态之中。卢卡奇从三个方面揭示了日常理解中主客关系模糊含混的原因：(1) 日常理解的表层性。日常理解直接感受着自我与周围世界的各种经验现象，它无须把自我与外界明确对立起来，亦无须把握客体的本质，即可支配日常活动。(2) 日常理解的变易性。日常理解因人们生活需要的复杂多样性，不断地更替着理解对象，对象在无休止的流变中处于不断地退隐状态，“它不像科学和艺术那样，日常生活无法辨认出那种分割开的对象化”①。(3) 日常理解的实用性。在日常理解中，“人们对自己周围的环境——只要它

① 乔治·卢卡契：《审美特性》上卷，徐恒醇译，中国社会科学出版社 1986 年版，第 6 页。

对人起作用——是根据其实际功用（而不是根据它的客观本质）来把握和判断的，这是必要的日常生活事务”①。卢卡奇揭示了日常理解中主客关系模糊不清的直接原因，这些直接原因可以归结为一点，即日常理解的直接现实性。

正是日常理解的直接现实性使其同日常生活融为一体，在充满偶然性、不确定性和不规则性的日常生活中，日常理解匆匆忙忙地捕捉着千变万化的场景，来不及也没必要去玄思那外在于己的客观本质和规定万千现象的内在实体。事实上，卢卡奇已经体会到了日常理解中主客关系模糊的基本原因是它的直接现实性，他在阐述导致日常理解主客关系模糊性的上述直接原因时，是把日常理解和日常生活作为同一个过程加以考察的，卢卡奇不过是为了避免混淆唯物与唯心对立之嫌而没有把这一点明确表述出来罢了。

日常理解的直接现实性弱化了其中的主客关系，但却强化了其中的主体间性。如前所指，日常理解还具有人本性，它规定着人在日常理解中不仅从人出发去理解一切事物，而且还要把在日常生活中接触到的人都理解为同自己一样的人。正如胡塞尔所指：在生活世界中，②“作为我了解的、适用于我自己的东西，全部也适用于在我的周围世界中我发现在场的那些其他人。我把其他人作为人类加以体验，我把其他人中的每一个人都作为一个我自己所是的自我主体（Ego-Subject）加以理解和接受。”③这就是人文理解论者所说的主体间性或互为主体性，日常理解只有保持和实现这种品性，它才是日常生活中的理解。并且，只有日常理解才能在直接现实性的意义上坚持主体间性，把人当作同理解者一样的人加以理解。科学理解指向人的本质，价值理解指向人的理想，审美理解指向人的典型，只有日常理解才指向人的现存。

① 乔治·卢卡契：《审美特性》上卷，徐恒醇译，中国社会科学出版社 1986 年版，第 11 页。

② 这里需要指出：胡塞尔的生活世界概念虽然指谓着日常生活领域，但主要是指日常生活中的精神活动，亦即日常理解活动。胡塞尔说：“我们的周围世界是我们的历史生活中的一种精神结构。”见 E. 胡塞尔：《现象学与哲学的危机》，吕祥译，国际文化出版公司 1988 年版，第 138 页。

③ E. Husserl：*Ideas Pertaining to a Pure Phenomenology and to a Phenomenological Philosophy*，London：Martinus Nijhoff Publishers，1982，p.55.

不过，我们应当指出，日常理解所自觉的主体不是科学理解论所谓的主体。科学理解论的主体是同客体明确对立的主体，而日常理解意识到的主体是胡塞尔所强调的“自我主体”，这是一种把客体悬置起来的，以个体形式存在的，进行着自我和交往共识的主体，这种主体面对的是人，而不是作为外界对象的自然。按照传统的观点，主体与客体互为前提，只有主体把自身与客体区别开来，客体明晰地呈现于主体理解之中，主体才真正确立了自身。据此而论，当客体在日常理解中不断地被湮没之时，主体也要遭到同样的命运，所以，弱化了主客关系的日常理解是不可能彰显主体间性或主体间关系的。

与这种传统观点截然相反，胡塞尔是在否定主客二元论的基础上强调主体间性的，他指出：“只要以对周围世界的自然主义的关注焦点为基础的客观主义的朴素性还没有被认清，只要人们还没有彻底认识到对世界的二元论的解释的谬误”①，人们就不会把握生活世界，亦即不会把握日常理解。抛弃或悬置了主客二元关系而后把握到的主体间性，实质上是一种返归自我的主观性，难怪人们指责胡塞尔是主观唯心主义的唯我论。但是，胡塞尔基于日常理解提出的主体间性观点，不应归结为一般意义的唯我论。这种观点是在肯定日常理解的异质多样性、社会交往性基础上提出的，它不仅反抗了给欧洲精神文化造成种种危机的实证主义，而且还比较真实地揭示了日常理解的人本性。

日常理解被弱化的主客关系和被强化的主体间性，是通过日常理解的各种要素来展开的。日常理解的要素，除了我们已经对之作了许多讨论的日常理解主体和日常理解客体之外，还有活跃于其中的日常语言。日常语言既是日常言说过程，又是日常理解过程和日常存在过程。日常言说表达着人们在日常生活中的各种体验和要求，它沟通了人们的意愿和感受。日常言说在不同行为主体

---

① E. Husserl：*Ideas Pertaining to a Pure Phenomenology and to a Phenomenological Philosophy*，London：Martinus Nijhoff Publishers，1982，pp.170-171.

间表现为日常对话。日常对话是人的最基本的日常生活形式，它在以人际关系为中心的、信息化的当代社会中显示出越来越重要的地位，引起了当代人文学科的普遍关注。对话不仅是表达，而且也是理解；对话过程不仅是作为主体而存在的个体间的相互理解过程，而且还是个体在社会交往中的自我理解过程。个体在对话中理解他人、理解社会，理解自身存在的价值和意义。对话联结个体存在、彰显个体存在，对话本身就是个体存在。不进行对话就没有进入日常生活，不进行对话就不是日常生活中的个体，而只能是一种抽象的工具。

日常语言没有科学语言那么多规范，也没有伦理和宗教语言那么多限制，更没有艺术语言那么多修饰。日常语言是个体在日常生活中创造出来的朴素语言。现象学、存在主义或日常语言学派，根据日常语言同科学语言和宗教伦理语言的区别，强调了它的前逻辑性和前理性。人们常常据此把日常语言看作非逻辑和非理性过程，其实，这是一种误解。卡西尔、海德格尔和维特根斯坦等人所说日常语言的前逻辑性和前理性，是一种特指，即前于传统形而上学所推崇的思维逻辑和科学理性。但这不等于断定日常语言不遵循任何逻辑和任何理性。哲学、科学、艺术、伦理和宗教等等，和日常生活或日常语言一样，都是人类的不同生活形式，也是人类的不同语言表达形式，人类生活形式和语言表达形式是多元的，人类的逻辑和理性也是多元的。逻辑的原初含义不过是对话的规则，理性的原初含义不过是思考和行为的根据，哲学、科学、艺术、宗教、伦理与日常生活或日常语言，作为不同形式的对话、不同形式的思考和行为，有着不同的规则和不同的根据，亦即不同的逻辑和不同的理性。传统哲学在科学理解论的框架中仅仅承认演绎逻辑和归纳逻辑，仅仅承认与这种逻辑直接统一的科学理性，从传统哲学和科学理解论的角度看，艺术、宗教与日常生活都是非逻辑非理性的。然而，如果突破传统形而上学和科学理解论的束缚，我们就会得出新的结论。

海德格尔认为，传统形而上学和科学理解论所指的思维逻辑，乃是在言谈或对话的逻辑中被提升出来，然后抽象化或形式化的结果。在海德格尔看来，

"'逻各斯'的基本含义是'言谈'"①，"'逻各斯'作为言谈，毋宁说恰恰等于'使公开'：把言谈时'话题'所及的东西公开出来"②。也就是揭示对话者所领悟到的意义，亦即揭示此在在对话中理解到的关于在的意义。简言之，海德格尔认为在言谈对话中，以意义为对象的逻辑是原初的基本的逻辑，而表现为概念、判断和推理，以追求事物本质为目的的思维逻辑则是在作为原初逻辑的对话逻辑基础上发展起来的。对话逻辑追求的意义是事实与价值的统一，是对话双方约定和共识的结果，是特定语境和环境的产物。因此，对话逻辑是标志人的整体追求、体现着个体差异性和日常生活具体性的生活逻辑。

对话逻辑是交往的根据，根据即理性（reason），因此，对话逻辑也就是交往理性（communication reason）。哈贝马斯最明确地论述了交往理性，他把交往理性概括为四个方面："可领会性对语言来说乃是所有普遍性要求中第一个要求"，同时，"一个成功的话语必须满足三项附加的有效性要求：（1）对于参与者来说，它必须被认为是真实的，就它所呈示的某种东西而言；（2）它必须被认为是真诚的，就它表达出言说的某些内容而言；（3）它必须被认为是正确的，就它与社会认可的期望相一致而言"③。哈贝马斯的交往理性是作为理想目标提出来的，在他看来现实中并未真正存有这种交往理性。哈贝马斯看到社会异化对日常言谈和对话的扭曲，固然是积极的，但不应因此而全盘否定现存语言交往中的合理性。在日常生活或日常语言中存在着哈贝马斯所揭示出来的交往理性，但它们是同各种交往的非理性交织在一起的。真实存在于日常生活或日常语言中的交往理性，是各种文化形式和各种科学理论揭示出的，并加以理论化的理性的基础和根据，是理性的理性。

日常语言遵循对话逻辑和交往理性，但日常语言没有像科学语言那样被传

---

① 海德格尔：《存在与时间》，陈嘉映、王庆节译，生活·读书·新知三联书店1987年版，第40页。

② 海德格尔：《存在与时间》，陈嘉映、王庆节译，生活·读书·新知三联书店1987年版，第41页。

③ 哈贝马斯：《交往与社会进化》，张博树译，重庆出版社1989年版，第28—29页。

统逻辑和科学理性公式化和形式化，日常语言以其丰富易变的形式，在运动中体现着它的逻辑和理性。日常语言是语言的运动，是实践着的语言，运动与实践才是日常语言的生命和意义。维特根斯坦把日常语言看作言说与活动统一的“语言游戏”，认为语言的意义在于它的使用；奥斯汀直接把日常语言称为言语行为，认为言语行为是意义的基本单位，“意义或语言用法包含在言语行为之中”①。他还把言语行为划分为：以言表意的行为，以言行事的行为和以言取效的行为。塞尔（J. Searle，1932—）在继承维特根斯坦和奥斯汀上述观点的基础之上，进一步提出了日常语言行为的意向性问题。总之，把日常语言看作活动或行为，强调它的实际功用性，在西方语言哲学中早已普遍流行，这在理论上不仅向我们明示了日常语言的实践性，而且也向我们明示了日常理解的实践性，因为日常语言和日常理解本是不可分割的统一过程。

三、日常理解的文化功能

提到理解的文化功能，人们经常想到的是科学、艺术、伦理和宗教等方面理解活动在人类文化活动中的作用，而很少有人论及日常理解在人类文化活动中的作用。似乎日常理解仅仅是个被文化的对象，它只能等待那些高于它的意识形式对之进行提升和塑造，然后才能进入文化领域。这样看待人类理解活动的文化功能，不仅缩小了研究人类理解文化功能的理论视野，而且还把它束之高阁，使之成为脱离日常生活的外界力量，为文化创世主义提供了根据。因此，忽略日常理解文化功能的观点，不仅是一种视野狭隘的文化功能观，而且是一种脱离日常生活、压抑日常生活的神化功能观。

① 奥斯汀：《感觉与可感觉的》，转引自涂纪亮：《英美语言哲学概论》，人民出版社 1988 年版，第 350 页。

是否承认日常理解的文化功能，前提在于是否承认日常理解也是一种文化活动。众所周知，文化活动有广义和狭义之分：广义的文化活动包括人类有意识地改造自然、创造历史的所有物质活动和精神活动，狭义的文化活动仅指人类在思想意识领域中的自我教化和自我提升的活动。无论从广义的角度看，还是从狭义的角度看，日常理解都属于文化活动的一个基本内容。因为，无论何种领域中的文化活动都是一种有意识的人类活动，有意识的活动也就是在理解的活动，而最基本的、在人类全部理解活动中处于基础地位的是日常理解活动。人类必须从日常理解出发，才能展开为了人、提升人的文化活动；人类只有从日常理解出发，并且把在其他文化活动中领悟到的各种意义同日常理解联系起来，才能真正领悟到文化活动的意义，才能使各种文化活动持久地进行下去。文化活动离不开日常理解，离开了日常理解的文化不是文化，而是异化。文化是人化，异化是非人化。文化只有不违背、不吞噬日常理解，它才维护了日常生活中的人性，文化才是人化。

日常理解作为文化活动的基本内容，可以从两个方面加以理解：一方面，如上所述，日常理解作为一种意识活动是文化活动的基本构成因素，在文化活动中发挥着基础性作用；另一方面，从日常理解的直接现实性及其通过日常语言活动表现出来的实践性角度看，日常理解本身就是一种有特殊意义的文化活动。海德格尔认为日常理解就是日常存在过程，卡西尔认为以日常语言展开的日常生活是一种基本的文化形式，维特根斯坦把日常语言过程看作实际表达、交流和实现人生意义的过程，凡此种种，都充分肯定了日常理解是具有突出实践性的文化活动。

日常理解既是文化活动的基本要素，又是文化活动的基本形式，那么它一定具有不可否认的文化功能。日常理解的文化功能像它的内容一样丰富而生动，这里仅从人类文化发展的角度，探讨它的两种基本文化功能：重复性功能和创新性功能。

日常理解的重复性功能主要表现为：日常理解不断地把日常生活导向传统，进而使日常生活趋于稳定。日常理解对日常生活的这种文化导向功能，根源于它的直接现实性。前面提到，日常理解的直接现实性也就是它同日常生活的直接统一性，正是同日常生活的直接统一性把日常理解同现存与传统牢牢地联系在一起，使之难以发生超越性思维。毫无疑问，日常生活是从未中断过的延续过程，任何人都无法选择从过去传继下来的文化传统和生活方式。人们在传统中生活，在传统中理解。人们不仅按照传统理解过去和现存，而且也按照传统理解未来，把从传统中展开的日常生活又重新导入传统之中。培根（F. Bacon，1561—1626）在科学理性的鼓舞下，满怀豪情地向传统提出挑战，号召人们从传统造成的种种偏见或假象中解放出来。伽达默尔把这看成是关于偏见的偏见，他认为偏见是无法克服的文化传统，我们只能正确地理解偏见，而不能拒斥偏见。

于是我们看到，日常理解的重复性功能不过是一种无法逃避的文化传统循环。日常理解一定要进入弥漫于日常生活中的文化传统，同时也一定要把从日常生活中录载到的文化传统重新输入日常生活之中，这是一种维持日常生活稳定性的循环，日常理解就是在这样一种循环中领悟那些围绕一个轴线而无限延伸着的人生意义，这个轴线就是体现着人性的文化传统。释义学把这种循环称为“释义的循环”，哈贝马斯指责释义学对这种循环的肯定，认为这是一种顺应现存、屈服传统的文化保守主义。

事实上，哈贝马斯对日常理解的观点也未必完全是积极的。尽管哈贝马斯主张以批判的态度对日常理解进行理性重建，但是这种主张的前提是：日常理解是一种屈服传统、被传统扭曲了的消极意识。因此，在关于日常理解受制于文化传统、不具备批判能力的观点上，哈贝马斯同释义学是一致的。这种观点仅仅看到了日常理解文化功能的消极方面，没有看到它的积极方面——创新性功能。因此，当哈贝马斯主张以积极态度重建日常理解时，他的积极态度不是植根于日常理解之中，而是依靠外在于日常理解的批判理性来支持的，它缺乏日常生活的根基。

应当看到，日常理解中蕴含着深刻而持久的创新性功能，它表现为对生活利益的追求和对美好前景的展望。一位屡遭劫难不断被抛入逆境之中的德国哲学家布洛赫（E. Bloch，1885—1977），在悲惨与沉寂的境遇中发现了喷涌于日常理解中的人类生命之泉——希望。布洛赫在洋洋百万言的巨著《希望的原理》中，把超越现存、指向未来理想目标的希望心理，看作人生最有意义的基本存在，认为它是导引人生走向光明与进步的生命力。布洛赫说："我们的直接存在是贫乏的，因而也是有所渴望的，有了渴望也就有不安，也就没有一个生存者会停止冲动的追求。"①希望成了人们突破困境、推动历史向前发展的深层动力。

马尔库塞把布洛赫所说的希望称为幻想，认为幻想是一种追求个性自由，寻求人类解放的力量，它以指向乌托邦理想的丰富想象力，突破现实原则对日常理解的压抑和禁锢，进而唤醒被抑制的爱欲本能，重建爱人、爱己、爱自然的人类新文明。马尔库塞认为，幻想作为日常理解中的积极因素，植根于人的深层心理结构之中，它是蕴藏于无意识底层的快乐原则的重现，是爱欲本能的升华，它伴随着人类的日常生活，不断地向人类展示自由与和谐的理想境界，使人类文化活动能够克服传统理性文明的压抑，建设一个具有新科学、新艺术和新道德的无压抑文明世界。"幻想在整个心理结构中具有举足轻重的作用。它把无意识的最深层次与意识的最高产物（艺术）相联系，把梦想与现实相联系。"②

总之，传统和希望（或幻想）在日常理解中并存。传统把日常理解引向过去，使之限制在现存之中；而希望则把日常理解引向未来，使之升腾于现存之上。传统与希望在日常理解中形成了不息的张力，它使日常理解永远处于无尽的彷徨与奋进、沉郁与超越等种种难以解脱的矛盾之中。然而，正是在这些矛盾之中，日常理解既发挥了它的重复性文化功能，维持了日常生活的稳定，又发挥了它的创新性文化功能，促使日常生活中生发出各种超越日常存在的文化形式。

---

① E. Bloch：*The Principle of Hope*，Cambridge，MA：The MIT Press，1986，p.49.

② 赫伯特·马尔库塞：《爱欲与文明》，黄勇、薛民译，上海译文出版社 1987 年版，第 101 页。

第七章　文化形式中的理解

人类理解活动不能停滞于日常生活领域，它要不断地从日常理解提升为各种文化形式中的理解，简称文化理解 cultural understanding。科学理解论和人文理解论分别研究了不同形式的文化理解，但它们因为脱离实践，按照偏失的理论框架和片面的理论追求去研究文化理解，不但未能正确地把握住各种形式的文化理解，反而把各种文化理解引入了歧途。只有按照实践理解论的理论原则、理论框架和理论追求去研究各种文化理解，才能正确把握各种文化理解的生成、结构、功能以及不同文化理解之间冲突的实质，以此达到对各种文化理解比较真实而全面的把握。

一、日常理解的主题化

人类展开着越来越多样的文化理解。关于自然对象，有物理学、化学、生物学、地理学等名目繁多的自然科学理解；关于社会对象，有社会学、政治学、经济学、历史学等难以计数的社会科学理解；还有宗教神学理解、道德伦理理解、文学艺术理解以及哲学理解等等。这些五光十色、繁若星辰的文化理解，足以使人眼花缭乱、难理其宗。然而，无论文化理解有多么复杂繁多，只要把它们同日常理解相比较，就能清楚地把握住它的本质特征：特有的对象、明确的目的、稳定的规范。

如果说日常理解是没有特定对象、明确目的和稳定规范的非主题化理解，那么文化理解则是日常理解的主题化。日常理解因日常生活的自在性和无序性而具有非目的性和非规范性。当日常理解从日常生活领域升入文化形式层面之后，日常理解经历了一系列“舍项”“提纯”与“限定”的净化过程，日常理解克服了它的非目的性和非规范性，变成了具有特定对象、特定目的和特定规范的文化理解，这个过程就是所谓的日常理解主题化过程。

强调文化理解由日常理解主题化而来，主要有两方面的用意：其一，明晰文化理解对象性、目的性和规范性的特点；其二，肯定日常理解对文化理解的先在基础性。在这两方面用意中，我们更注重的是第二个方面。因为，当人们沉浸于各种文化理解之中，人们往往因为它们的对象性、目的性和规范性而滞留于其中，难以透过它们的有序氛围而回溯到它们的先在基础——日常理解。

如果不能充分肯定日常理解对文化理解的先在基础性，那么不仅会把文化理解看作超验的理念运动（如黑格尔），而且还会把专注于不同个别对象的文化理解绝对化与抽象化。因为，关于个别对象，为达到个别目的而展开的不同种类的文化理解，实质上是人性不同方面的特殊发挥或特殊表达，所以，当人们局限于某种文化理解之中时，不仅会把只在某种文化理解中有效的原则和规范绝对化，而且还会把由这种文化理解所展开的人性个别方面绝对化，进而既导致这种文化理解同其他形式文化理解的抽象对立，又导致人性在理解中的抽象分裂。

如果充分肯定日常理解对文化理解的先在基础性，那么不仅能够把握到各种文化理解的相对性，而且还能够把握到各种文化理解对人性总体的蕴涵。因为，日常理解是总体性的，日常理解以其非目的性和非规范性而表现为偶然多变的不确定性，正是这种不确定性使日常理解能够在动态中，通过不断的转换而把人性的不同方面及其所指向的不同对象都无序地表现出来。因此，如果承认了日常理解对文化理解的先在基础性，那么必然要从文化理解的基础上肯定它对人性包含和对对象关照的总体性，并且，还要肯定文化理解本身也蕴含着日常理解所具有的那些总体性。因为，基础的本性总是要规定建立于其上的事物性质，也就是说，日常理解的总体性总是要渗透或体现到文化理解之中。

当然，文化理解的总体性同日常理解的总体性是不同的。二者的不同主要表现为：日常理解以其不确定性把总体性直接表现了出来，而文化理解则以其确定性把总体性间接掩盖了起来。这种区别来自日常理解的主题化。如前所述，日常理解的主题化是一种“舍项”与“提纯”过程，结果导致了对个别对象的特殊关注和对人性个别方面的特殊张扬。因此，就其直接关注和张扬的对象而言，文化理解是特殊的而不是普遍的。但是，透过文化理解的这种特殊性，可以把握到它来自其先在基础、渗透其全过程之中的总体性。例如，各门自然科学理解，就其直接性而言，它们是特殊的，特殊的对象、特殊的目的和特殊的规范，但是，这些特殊性都受到植根于日常生活和日常理解中的总体性间接而深刻的影响。

揭示文化理解是日常理解主题化，这有我们的主观用意，但是日常理解主题化却不是依据我们用意所作出的杜撰，而是人类理解现象中真实地发生着的实际过程。文化理解由日常理解主题化而成，这个观点已由当代许多哲学家反复论证。胡塞尔认为。在日常理解中，“一个目的或手段，它可以是相关的也可以是无关的，可以是有趣的或无关紧要的，是私人的或公共的，是人的日常需求中的某种东西或者某种令人眼花缭乱的新鲜东西”①。但是，人们不满足于这种纷杂偶然的状态，将按照“持久不变的兴趣”，使自己的理解主题化，“人们将占有新型的值得实现的兴趣，并将以相应的文化形式来体现这些兴趣”②。卢卡奇论述得最为明确：“人们的日常态度既是每个人活动的起点，也是每个人活动的终点。这就是说，如果把日常生活〔其中包括日常理解〕看作是一条长河，那么由这条长河中分流出了科学和艺术这样两种对现实更高的感受形式和再现形式。它们互相区别并相应地构成了它们特定的目标，取得了具有纯粹形式的——源于社会生活需要的——特性。”③

① E. 胡塞尔：《现象学与哲学的危机》，吕祥译，国际文化出版公司 1988 年版，第 150 页。
② E. 胡塞尔：《现象学与哲学的危机》，吕祥译，国际文化出版公司 1988 年版，第 150 页。
③ 乔治·卢卡契：《审美特性》上卷，中国社会科学出版社 1986 年版，第 1—2 页。

文化理解是日常理解的主题化，然而，日常理解为什么要主题化呢？按照实践理解论把理解当作实践去理解的原则，这个问题的答案首先应当到日常理解的实践基础——日常生活中去寻找。日常生活作为人类由之出发去从事其他活动的家园，人的各种本性或各种欲望都能在这里找到立足之地，它们在日常生活宽容而温和的胸怀中努力地表现着自己。然而，日常生活展开的时空条件毕竟是有限的，人性的各个方面或人的各种欲望，不可能在有限的时空条件中同时实现。于是，人性或欲望只能在有限的、不同的时空条件中凸显自身的不同方面。面对匮乏的物质生活条件，物欲跃居首位，认知活动成为主要的理解活动；面对个体之间和群体之间的残酷竞争，良心伦理成为首要希望，评价活动变成主要的理解活动；而当人们从工作与竞争中逃脱出来，在闲暇中寻求快乐与和谐时，美感成为主要追求，审美活动成为主要的理解活动。

日常理解的主题化既是日常理解活动层面的提升，也是日常理解在形式上的不断分化。当日常理解升入文化形式层面，日常理解就失去日常性而获得了专门性。而理解的专门性是以日常理解的分化为前提的。面向现实的文化理解，我们难以清楚地把握到文化理解的多样复杂性。但是，无论文化理解蕴涵内容和表现形式有多么繁杂，我们都可以按照传统方法把它们分归为认知、评价和审美三种基本方式之中，并且以真、善、美三个基本范畴来分别地概括它们的主题。

人们对文化理解三种基本方式和三个基本主题的高度概括，说明人们试图对文化理解现象给予总体性把握。然而，这总体性把握却一直缺乏现实基础性。康德、黑格尔等人都对认知、评价、审美以及真、善、美做了广泛研究，但他们未把文化理解看作日常理解的主题化，也未把文化理解方式和文化理解主题看作日常理解方式和日常理解对象的提升，而是把它们看作先验理念的舒展和创造。于是，先哲们苦心孤诣建构起来的、意在使人们把握文化理解的逻辑大厦，却因其超尘拔俗的品格而令人敬而远之。胡塞尔、海德格尔等人对传统哲学以抽象逻辑把文化理解空悬起来的做法深恶痛绝，他们一再告诫人们不要忘记文化理解是由日常理解中升发而出。但是，当胡塞尔、海德格尔等人阐述他们的这种观点时，他们的目的限于对科学理解（scientific understanding）专断性的冲击，而对价值理解（value understanding）、审美理解（aesthetic understanding）同日常理解的关系都没有作出明确的概括，他们常常把除科学理解以外的其他文化理解方式同日常理解视为同一。所以，胡塞尔、海德格尔等人仅仅强调了科学理解的现实基础问题，而忽略了其他文化理解的现实基础问题。

把价值理解、审美理解同日常理解混为一谈，会引起许多理论失误：

首先，忽视了价值理解和审美理解对日常理解的超越。事实上，价值理解与审美理解同科学理解一样，都是通过主题化的方式从日常理解中提升出来的，它们虽然不像科学理解那样有严格的逻辑规则和整齐的概念系统，但是它们都有特定的追求目标和特有的表达形式。它们虽然都来自日常理解或日常生活，并从日常生活实践提出问题，但是它们从未原封不动地思日常理解之所思，总是把日常理解直面的实际生活问题加以理想重构，然后设定一个理想模式来引导人生，由此而超越了日常生活和日常理解。如果把价值理解、审美理解混同于日常理解，那么前者对后者的超越性就无法把握了。

其次，掩盖了人类理解活动理想性与现实性的冲突。价值理解和审美理解对日常理解的超越，使它们表现出强烈的理想性，这一点在宗教理解、道德理解和艺术理解中都有明显表现。具有强烈理想性的价值理解和审美理解不仅要同坚持实证性的科学理解发生冲突，而且也要同具有直接现实性的日常理解发生冲突。

这种冲突既可以在人类理解活动中引发出许多矛盾，又可以使人类理解活动获得向前发展的内在动力。如果把价值理解、审美理解同日常理解混为一谈，不仅区分不出前者的理想性和后者的直接现实性，而且也把握不到人类理解活动理想性与现实性的各种冲突以及由此而产生的内在动力。

最后，曲解了人文理解论同科学理解论两极对立的实质。人文理解论据之反对科学理解论的理解活动，实际上是价值理解和审美理解，而不是在日常生活中实际发生的感性的、具体的日常理解。因此，人文理解论同科学理解论的对立冲突，在其现实形态上实际是价值理解、审美理解同科学理解的冲突，是文化理解内部的冲突，而不是科学理解同日常理解的冲突。当海德格尔等人把价值理解和审美理解同日常理解等同起来时，他们就把人文理解论同科学理解论之间的对立归结为日常理解同科学理解的对立，进而歪曲了两种理解论对立的实质。

旧唯物主义者在文化理解与日常理解的关系上，犯了比胡塞尔和海德格尔等人还要严重的错误。旧唯物主义者干脆越过日常生活实践、越过日常理解，把科学理解、价值理解和审美理解看作物质存在的直接反映。这样做似乎为各种文化理解找到了稳固的基础，其实这种基础并不稳固，因为它不是从实践总体性把握到的现实基础，而是在二元论世界观或主客二元理解框架中形成的抽象把握。

事实上，各种文化理解都不仅是对进入实践过程中的物质存在过程的理论反映，而且也是对发生于实践过程中的主体意愿的理论表达。各种文化理解具备这种双向理论功能的原因在于日常理解的中介作用。日常理解因其直接现实性、人本性和原初未分化性，既能够直接面对、理解周围世界中的物与人，又能够真实表达个体的愿望、意志、信念、理想和选择等主体性，并将这两个方面统一为一个过程。各种文化理解正是通过日常理解这一中间环节，不仅同实践的客体物质活动过程发生联系，而且也同实践的主体精神活动过程发生联系，并且这两方面的联系是不可分的。

旧唯物主义者不懂得把理解当作实践去理解，不知道生活实践以及与生活实践直接统一的日常理解在人类理解活动中的基础地位，抛弃了从文化理解到客观存在的中介环节——日常理解，以致无法了解主观与客观、理想与现实、人性与物性等矛盾关系在人类理解活动中的作用，进而把各种文化理解看作对客观存在的镜式反映，提出了一系列简单化、庸俗化的理解论或认知论观点与命题，对人类理解活动或认知活动作了错误的理论导引。

只有实践理解论从实践出发，才能真实而具体地在日常生活中把握到具有直接现实性的日常理解，并明确地把价值理解、审美理解与科学理解一道看作日常理解的主题化，进而不仅把三种文化理解同日常理解清楚地区分开来，而且还把日常理解看作各种文化理解同实践过程或现实世界发生联系的中介，在生活实践→日常理解→文化理解的内在联系中，正确地把握文化理解的生成，并准确地把握它们的结构与功能。

二、文化理解的显隐结构

人类理解活动的基本关系或基本结构是主客关系与主体间关系的统一，对于表现为不同形式的文化理解也是如此。因此无论哪一种形式的文化理解，都是从人群中的日常理解升发出来，并且在人群中运作下去的群体意识，所以文化理解一定要包含主体间关系；同时，作为群体意识的文化理解还一定要有目的和对象，亦即一定要面对客体，因此文化理解也就一定要包含主客关系。然而，当我们深入考察各种文化理解的结构时，就不能停留于上述一般概括，而应作出比较具体的把握。

文化理解是主题化了的理解，不同主题不仅使各种文化理解获得了不同具体内容和不同表现形式，而且也使各种文化理解的内在结构获得了不同特点。各种文化理解结构的特点是人类理解一般结构的特殊表现，或者说是主体间关系与主客关系的统一在各种文化理解中的特殊形式。我们无法对所有文化理解结构的特殊性都作出说明，但是我们可以通过揭示科学理解（认知）、价值理解（评价）与审美理解（审美）三种基本文化理解方式的结构特点来把握各种文化理解结构的特殊性。因为，我们已经指出，全部文化理解可以分别归入这三种基本方式之中，明确了三种文化理解基本方式的结构特殊性，也就把握了各种文化理解结构的基本特点。

科学理解、价值理解和审美理解，三者结构的特点不在于某种要素与某种关系的生灭增减，而在于同样的要素和同样的关系在不同结构中的显隐存在。

主体与客体、主体间关系与主客关系，在三种基本理解方式中是同时存在的。如果把主体与客体、主体间关系与主客关系都分别区分为认知的、评价的和审美的三种，那么应当说，在科学理解、价值理解和审美理解的结构中，都分别包含了这三种主体与客体、三种主体间关系与主客关系。以科学理解为例，其中不仅包含了认知主体与认知客体，而且也包含了评价主体与评价客体、审美主体与审美客体；不仅包含了认知的主体间关系和主客关系，而且也包含了评价的和审美的主体间关系和主客关系。价值理解和审美理解也是如此，这就是说，仅从要素和关系的类别上无法说明三种文化理解方式的结构特点。

三种文化理解方式的结构要素和结构关系，虽然同时具有认知、评价和审美三种身份，但是它们在三种文化理解方式中却不同时呈现为显状或同时呈现为隐状。呈现为显状的结构要素和结构关系，是理解者自觉到的、处于理解过程中心地位的结构方面，我们称之为显状结构；呈现为隐状的结构要素和结构关系，是理解者未自觉的、处于理解过程非中心地位的结构方面，我们称之为隐状结构。何种要素或关系成为显状结构，何种要素或关系成为隐状结构，取决于理解方式的主题转换。主题转换决定了理解方式的更替，结构的显隐状态也随之变化。

在科学理解中，主题是真，即客体的本质和规律。适应这种需要，科学理解的主体与客体都以认知与被认知身份出现，科学理解的主客关系也表现为认知关系，认知结构成为显状结构。与此同时，主体与客体的评价身份和评价关系、审美身份与审美关系都成为隐状结构，而且主体间的认知、评价和审美关系也都成为隐状结构。

在价值理解中，主题是善，即主体的利益与愿望如何实现。适应这个要求，价值理解（宗教理解与道德理解）中的主体与客体以评价与被评价的身份出现，二者的关系也表现为评价关系，评价结构成为显状结构。与此同时，主体与客体的认知身份和认知关系、审美身份和审美关系都成为隐状结构。与科学理解不同，价值理解中的主客关系实质是主体间关系。因为宗教理解或道德理解中评价客体和理想目标，实质是人们的情感与意志的外化，宗教信仰或道德意识指向的客体不过是以外化或对象化形式存在的主体或主体性。

在审美理解中，主题是美。即感性的整体和谐，或者说是包含了主客观统一的、能引起愉快感受的整体形象。关于审美理解的结构，美学家们和哲学家们都给出了很不一致的看法。传统哲学和传统美学在主体与客体关系中讨论审美理解；当代哲学和当代美学，如海德格尔、伽达默尔等，则认为审美理解中没有主客之分，审美理解不过是人性的表达或人的自我理解。关于审美结构看法的复杂分歧，说明了审美结构本身的复杂性。实际上，对审美理解结构中的主客关系持单纯的肯定态度和单纯的否定态度都是不恰当的。

如果把审美理解同科学理解、价值理解作进一步比较，可以看到一个明显的区分：科学理解是实然性的理解，价值理解是应然性的理解，而审美理解则是超然性的理解。当然，这不是绝对的区分，而是把三种理解方式放到一起比较出来的各自具有的突出特征。审美理解的超然性是指：只有超越了实然性与应然性、主体性与客体性的对立，审美理解才能达到感性的整体和谐境界，才能实现其主题。因此，就审美理解的最高境界而言，主体与客体，以及二者的关系都融为一体了，美作为感性整体而融解了它的主客结构。在这个意义上，说审美理解无主客关系是成立的。但是，审美理解并非一下子就进入了它的圆融境界，在审美理解刚刚开始和通向最高境界的过程中，审美主体与审美客体，以及二者的关系处于由显到隐的动态变化过程中。在这个意义上，强调审美理解中有主客关系是正确的。因此，我们应当在由显到隐、由存到消的动态发展中把握审美理解中的主客要素、主客关系和主体间关系。

另外应当补充说明，在审美理解中，认知和评价的主客体及主客关系也在起着作用，它们不过以隐状而隐含到审美结构之中罢了。在文化理解方式中分析出显状结构和隐状结构，除了要把主体自觉到和非自觉到的结构，以及是否处于中心地位的结构区分清楚外，更重要的意义在于明示文化理解结构的复杂性及其功能关系。直到目前为止，人们仍然仅在主客关系中把握各种文化理解的内在结构。但是，当人们把不同形式文化理解的结构都单纯归结为主客关系时，即刻面临一个难以回答的问题：结构规定功能，相同的结构必然有相同的功能，然而，科学理解、价值理解和审美理解的功能分明是不同的，却怎么有相同的结构呢？

为了回答这个问题，人们作出了这样的解释：虽然三种文化理解方式主客二元结构相同，但是主客关系统一的趋向不同。科学理解的统一趋向是主体符合客体，价值理解的统一趋向是客体符合主体，审美理解的统一趋向是主体与客体交融性统一。其实，这种解释不但没有正确回答上面的问题，反而在把文化理解结构归结为主客二元关系这种片面性基础上，产生了把主观与客观和主体与客体单纯归结为某一方面，或简单融合的又一个片面性。

只有按照实践理解论的理论框架，从主客关系与主体间关系的统一中去把握各种文化理解的内在关系，才能完整地把握各种文化理解的内在结构；并且，只有按照实践理解论的辩证性原则，在主客关系与主体间关系的显隐关系中，才能把不同文化理解的内在结构和文化功能区分开来。否则，仅按主客二元关系来说明各种文化理解的复杂结构和复杂功能，不仅简化了各种文化理解的结构，而且也无法真实解释不同文化理解的不同功能。

在现实的文化理解活动中，尽管主客关系和主体间关系一定要分别呈现为显状结构和隐状结构，但是无论两种关系呈现为何种结构，都一定要发挥作用。在同一种文化理解方式中，呈现为显状的结构一般是表层结构，它们发挥着文化理解的直接功能，它们的存在和它的作用，都能被主体直接感受到；呈现为隐状的结构一般是深层结构，它们发挥着文化理解的间接功能，一般不能被主体感受到。这种情况并不意味着显状结构功能强，而隐状结构功能弱。隐状结构作为深层结构，成为显状结构运作发挥的底蕴，默默地在文化理解的基底起着稳定而持久的作用。如果想一想价值理想在科学认知中的作用，科学认知在道德评价中的作用，以及道德评价在审美体验中的作用，就会肯定隐状结构在文化理解中的作用。

当代许多哲学家或思想家已经充分注意到隐状结构在文化理解中的作用。利科尔、德里达和罗蒂等人阐述的“隐喻”理论就深入地肯定了隐状结构在文化理解中的作用。在他们看来，艺术文本和语言对话的含义都是多重的，那些表层的意义通过语言明白地表达出来，即明喻；而那些潜层的意义是在语言和文字的表面上发现不到的，只有通过深层理解，在语境的转换中才能把握到这种潜层意义，即释解隐喻。利科尔指出："一个词在特定语境中获得一种隐喻的意义，在特定的语境中，隐喻与其它具有全面的意义的词相对立。"[①]为什么会出现与字面意义相对立的意义呢？这就是理解的显状结构与隐状结构的关系问题，理解的显状结构通过文字语词直接表达出来，成为明喻；而隐状结构只能隐含于表层语言之下，它只有在特定的语境中，通过认知、评价与审美综合性的理解才被领悟到。

三、文化理解的功能冲突

如果承认每种文化理解都是显状结构与隐状结构的统一，那么就应当承认每种文化理解都具有认知、评价和审美的功能。各种功能在某种文化理解中的地位，不过因为它们相应结构的显隐状况而在发挥方式和发挥程度上有所不同罢了。然而，长期以来人们并没有从文化理解是显状结构与隐状结构的统一角度去把握文化理解的功能，而仅从文化理解的主题和它的显状结构来把握每种文化理解的功能，以致把科学理解的功能仅仅归结为追求真，价值理解的功能仅仅归结为追求善，审美理解的功能仅仅归结为追求美，忽视了每种文化理解都具有追求真善美统一的总体性功能，并把根据主题和显状结构确立的单一文化理解功能观，概括为相互对立的理性观。即把科学认知求真的功能概括为认知理性或科学理性，把价值理解求善的功能概括为价值理性，把审美理解求美的功能概括为审美理性。

理性（reason）在西方语言中最基本的含义是人类活动的根据，理性观则

① 利科尔：《解释学与人文科学》，陶远华等译，河北人民出版社 1987 年版，第 174 页。

是从根本意义上对何者为人类活动的根据所作的一种概括。最早按照文化理解的显状结构从理论上概括出不同类别理性观的人是柏拉图。他不满意赫拉克利特和阿那克萨哥拉用“逻各斯”和“奴斯”来说明宇宙万物的共同规律、本质和动力（宇宙理性），他把宇宙理性一分为二，一个是存在人世之上的客观本质——理念，另一个是存在于人性之中的主观本质——理性。理性又被划分为以善观念为对象的理性和以数理科学观念为对象的理智。在理性之下是支配人们日常生活的信念和支配艺术活动的想象，信念和想象在当代哲学中被提升为生活理性和艺术理性。柏拉图对人类理性这种分解的实质是：抓住了科学理解、价值理解、审美理解与日常理解的显状结构，把它们各自的直接功能：认知、评价、想象与信念概括为人类在不同文化领域和生活领域中的活动根据。

柏拉图对宇宙理性观的分解，一方面使人类对各种形式文化理解和日常理解有了比较具体的认识，另一方面导致了文化理解形式和文化理解功能的分裂。理性观作为对人类不同理解方式和理解功能的概括，首先是人类理解活动的一种自我理解，而当这种自我理解被作为人类活动的根据认定下来，它就对人类的理解活动乃至实践活动起到深刻而稳定的导引作用。柏拉图之后，各种学科不断地从哲学中独立出来，尤其是自然科学同人文学科的对立，以及各种文化形式对日常理解的分离式超越，都说明被分解了的理性观对人类理解活动的分裂性导引。

在柏拉图那里，以理想中的善观念为对象的价值理性被置于以数理科学理念（实际是客观事物的规定性）为对象的科学理性之上，这首先造成了价值理性和科学理性的冲突。经过中世纪宗教神学，价值理性获得了对科学理性的绝对控制，人类文化理解由此而被笼罩在趋向虚幻天国的宗教价值理性之中。文艺复兴运动冲破了宗教价值理性的禁锢，不仅科学理性获得了解放，而且价值理性也从天国转向了人间，即从来世天堂转向了现世幸福与自由。

文艺复兴运动使人类理性观转向了现实，但这并没有弥合理性观的分裂，反而因为转向现实使科学理性获得了膨胀自身、压抑价值理性的条件。科学理性凭借近代自然科学所取得的成就，极力把科学理解的主题、原则和方法绝对化，力图使价值理解、审美理解与日常理解都披上科学的外衣，致使近代几乎成为一个逻辑的王国、科学的世界。面对科学理性的重压，价值理性与审美理性联合一体，并且把生活理性也作为自己的同盟，向科学理性进行了不屈的斗争。这表现在理解论上就是一场旷日持久的人文理解论同科学理解论的冲突，而表现在文化形式上则是伦理学、宗教学以及文学、艺术、人文哲学同科学的难分难解的搏斗。

康德清楚地看到科学理性与价值理性的冲突，他试图通过正名划界的方法给科学理性（理论理性）和价值理性（实践理性）限定功用、圈定范围，并且还对审美判断力进行了批判，实质上界定了艺术理性的范围和功能。康德试图以此达到平息理性的内部冲突，实现各种文化理解的和谐。康德的意愿没有实现，因为他所处的那个时代毕竟是一个科学的时代，价值理性和艺术理性想超越科学理性的控制而独占自己的领地，这是不可能的，况且连康德自己也是站在科学理性的立场上为其他理性划定界限的。

黑格尔试图解决康德没有解决的矛盾，他认为康德给科学理性和价值理性划界的方法既笨拙又无效，于是，他以一种辩证统一的方法，把他所能见到的所有理性观都融入一个具有必然逻辑性的过程之中，进而建立了囊括一切文化理解形式的绝对理性观。这样一来，似乎传统理性观的种种矛盾已经得到解决，人类理解活动会由此而进入一个统一有序的和谐发展阶段。可是，事与愿违，正是这个绝对理性观引起了理性观在现代哲学和现代文化中更极端的对立与冲突。

人们常说，现代哲学与现代文化以彻底反对传统理性观为起点，其实，这是一个缺乏分析的判断，它没有对传统理性观在现代哲学与现代文化中的实际遭遇作出真实概括。实际情况是，现代各派哲学和各种文化形式在反对传统理性的口号下，并没有全面反对传统理性观，而是各自抓住传统理性观的某一种加以固守，并据之相互反对。以孔德、马赫和石里克等人分别为代表的三代实证主义哲学，借助现代自然科学的迅速发展，据守传统科学理性观，反对传统价值理性观；利用知性逻辑追求科学理解的确定性，反对辩证逻辑及形而上学不确定性。以叔本华、尼采和柏格森等人为代表的人本主义哲学，同文学艺术结成联盟，抓住传统价值理性观，反对传统科学理性观；利用意志、情感和辩证逻辑追求价值理解和审美理解的不确定性，反对科学理解论以理论确定性来压抑人文精神。

现代哲学与现代文化对传统理性观这种部分保留、部分排斥的分割对立做法，基本上在传统理性观对科学理性和价值理性原有界定的基础上加以展开，并没有导致传统理性观的根本变化，只不过在各种理性观之间造成了更尖锐的对立，并使科学理解同价值理解和审美理解之间的分裂更加扩大。当然，我们应当肯定现代哲学与现代文化在对理性观作进一步分裂时，也分别深化了不同理性观，它充分暴露了各种理性观自身以及相互间的矛盾，为当代哲学明确认识传统理性观的缺失，进而重建新理性观作了理论上的准备。

总之，理性观的分裂是哲学依据文化理解和日常理解的显状结构对人类理解活动的方式与功作做出表层概括的结果，而这种结果又进一步引起人类理解的分裂。在两千多年的哲学史与文化史中，人们一直误以为分裂的理性就分别是各种文化理解方式的功能、原则和根据，并按照这种观念建立了难以相互通约的学科门类。阿多尔诺认为，传统理性观分裂了人类意识、分裂了文化世界，世界作为一个整体已经破碎，人性在这个破碎的世界里已经无家可归。面对文化形式和文化理解的分裂与冲突，丹尼尔·贝尔惊呼“文化言路已经断裂”，“完美境界已经让位于功能的分化，结果造成了直觉与思辨两种心理的脱离和感应性的分裂。”①

---

① 丹尼尔·贝尔：《资本主义文化矛盾》，赵一凡等译，生活·读书·新知三联书店 1989 年版，第 134 页。

第八章　知识的意义与真伪

知识既是理解的结晶又是理解的要素。知识凝结着理解的意义，展示着理解的冲突；知识制约着理解的结构，影响着理解的功能。人类以不同理解方式形成了不同种类的知识系统，按照实践理解论的理论原则和理论框架来考察各种知识系统，研究各种知识的表现形式、相互关系、存在意义与真伪性，不仅可以对纷繁复杂的人类知识有一个整体性和辩证性的理解，而且能够以相对确定的知识系统为对象达到对人类理解现象更深入的把握。

一、知识的本质与存在

知识问题始终是哲学理解论的核心问题之一，不同派别哲学理解论对知识问题作出了不同回答。科学理解论根据主客二元理论框架和对客体性的理论追求，把知识仅仅归结为主体对客体的科学认识；人文理解论根据主体间一元理论框架和对主体性的理论追求，贬低科学知识，片面弘扬艺术、伦理与宗教等人文知识；实践理解论根据主客关系与主体间关系统一的理论框架和对主体性与客体性统一的理论追求，不仅肯定科学知识和人文知识，而且把日常生活中的常识也看作一种重要知识。

在实践理解论看来，知识是人类在主客关系和主体间关系的统一中对某种事物形成的一种相对稳定的理解。这种理解并非一定要像科学知识那样有明确的概念形式和严格的逻辑结构，它只要领悟到某种事物的意义并具有相对稳定性，就是作为人类理解活动成果的知识。因此，实践理解论认为形成知识有两个基本条件：其一，对意义的领悟。无论何种层面、何种形式的理解都要追求意义，但是理解并非时时都能追求到意义，只有主体性与客体性（其中包括主体间性）在理解中达成了统一，理解才捕获到了意义，此时理解才具备了形成知识的第一个基本条件。其二，相对稳定性。各种形式的理解都能领悟到十分丰富的意义，其中有些意义变幻莫测、转瞬即逝，这时理解尽管捕获到了意义，但因其很快又失去了意义，因此它还构不成知识。理解只有稳定地把握了某种事物的意义，它才具备了形成知识的第二个基本条件。

相对稳定地领悟事物的意义，这是知识的本质。这个本质使知识具有以下几个特点：

（1）主客统一性。这是由形成知识的第一个基本条件——对意义的领悟所决定的。意义的实质是主体性与客体性的统一，所以，知识作为领悟了意义的理解，也必然是主体性与客体性的统一。并且，由于参与创生意义的主体性是包含着个体差异性的主体间性，所以知识的主客统一性中包含了主体间性的统一，或者说是主客关系与主体间关系的统一。具体说来，知识中既包含了主体对客体现象与本质的认知，也包含了主体的需求、意愿、信念、评价和选择，还包含了不同主体之间的交流、沟通和共识。

（2）多样性。这个特点由知识的主客统一性派生出来，因为知识的主客统一性已经表明知识不仅是关于客体的认识，而且也包含着主体的自我意识和主体间的相互理解。进一步说，知识的多样性表现为两个方面：一方面，知识内容的多样性。知识作为相对稳定地领悟意义的理解，而理解和意义都是无限展开或无限创生的过程，所以知识的内容不可能限制在哪一个方面，它必然随着理解和意义的无限发展和无限转换而获得无限复杂的多样性。另一方面，知识形式的多样性。多样的内容决定了多样的形式。知识不仅有科学知识，而且还有艺术知识、道德知识、宗教知识，还有以风俗、习惯、信念和传统等形式表现的日常知识——常识。

（3）可储存性。这个特点是由形成知识的第二个基本条件——相对稳定性所决定的。相对稳定地领悟某种意义的知识具有帮助人们进一步理解其他意义且指导人们实践活动的价值，它是人们展开新理解活动的基础，人们必然设法将之储存下来。知识可以通过两种方式储存起来，一种方式是：以文字符号录载到书籍文献之中；另一种方式是：记忆在思想意识之中，作为主体的知识储备、文化教养和信仰传统等构成主体的理解图式。这两种储存方式实际也是知识的两种表现形式：前者是实物形态的知识文本；后者是观念形态的知识结构。知识的主体性与客体性在知识的储存方式中表现为主观观念性和客观存在性，简称为知识的主观性与客观性。

无论从知识的本质还是从知识本质表现出来的特点来看，主体性与客体性或主观性与客观性都是知识中包含的基本关系或基本矛盾。实践理解论从实践出发，在主客关系与主体间关系统一的理论框架中把握知识主体性与客体性、主观性与客观性的统一，于是，实践理解论在知识本质、知识特点、形成知识的基本条件，以及知识的展开形式与存在形式等一系列问题上，都辩证地把知识的主体性与客体性、主观性与客观性统一了起来。坚持知识主体性与客体性统一、主观性与客观性统一，成为实践理解论完整、具体地把握知识问题的一个基本原则。

在信息化、知识化的当代社会中，知识以主观观念形式和客观存在形式“爆炸式”增长，当代西方哲学还未来得及对知识的本质：主体性与客体性的统一作更深入的思考，便卷入了对知识存在形式——知识的主观性与客观性争论之中。科学理解论和人文理解论都未能回避知识主观性与客观性这个矛盾，但是因为它们脱离实践，未能从主客关系与主体间关系的统一中去把握知识的主观性与客观性，所以它们不但没有把知识主观性与客观性统一起来把握，反而对知识主观性与客观性问题作出了两种完全对立的回答。

某些科学理解论者只强调储存在文字符号中的知识，只肯定把握客体本质和规律的科学知识，进而仅仅强调知识的客观性。波普尔（K. R. Popper，1902—1994）就是科学理解论中片面强调知识客观性的典型代表。波普尔把知识称为“世界 3”，认为它是与柏拉图的观念世界、黑格尔的绝对精神世界大体相同的客观世界。在他看来，知识作为客观世界，具有自存性和自主性，并且只有这种独立的客观知识才是真正的知识，而那些存在于人的头脑中的意识过程都不是真正的知识。于是，波普尔明确地只肯定知识客观性而否认知识主观性。

波普尔只肯定知识客观性而否认知识主观性的原因有三：第一，单纯肯定既存知识的客观存在过程，忽视知识的主观创造过程；第二，单纯肯定关于客体本质和规律的科学知识，忽视主要表达主体信念、意志与情感的常识、宗教伦理和文学艺术等人文知识；第三，单纯在主客二元关系中把握人类知识，忽视知识在主体之间的沟通与交流。由此可见，尽管波普尔声言同传统认识论决裂，但是实质上没有改变传统认识论或科学理解论对自然科学知识的片面推崇，而且也没有越出主客二元理论框架。

同波普尔截然相反，海德格尔和伽达默尔等人文理解论者片面强调知识的主观性，并坚决否定知识的客观性。在海德格尔和伽达默尔看来，不仅没有脱离价值评价和审美追求的、纯粹关于客体本质和规律的客观知识，而且所有知识都在人们的视野中、在人们的理解活动中存在着，知识不可能脱离主体意识而独立自存。因为知识的意义和知识的功能都要进入理解活动中才能实现和发挥，离开理解活动的知识是无意义的抽象符号。于是，海德格尔和伽达默尔等人就把人类知识归结为人文知识，把人文知识归结为人们的主体意识，最终把人类知识仅仅归结为主观性。

关于海德格尔和伽达默尔片面强调知识主观性的原因，主要有这样三点：第一，单纯肯定知识的主观创造过程，忽视既存知识的客观存在过程；第二，单纯肯定表达主体性的人文知识，蔑视关于客体性的科学知识；第三，单纯坚持理解活动的主体间关系，否认理解活动的主客关系。这就是说，海德格尔和伽达默尔等人片面强调知识主观性的原因同波普尔片面强调知识客观性的原因恰恰相反。

总之，从知识存在形式上单纯强调主观性或客观性，同在知识本质上单纯强调主体性或客体性是一致的，并且正是在知识本质问题上的片面理解规定了在知识存在形式上的片面理解。因此，必须按照实践理解论的理论原则和理论框架，把理解当作实践去理解，在实践的主客关系与主体间关系统一中去把握理解及其成果（知识）的主体性与客体性统一，并进而把握知识存在形式的主观性与客观性统一。只有在本质上达到对知识主体性与客体性统一的理解，同时在存在形式上达到对知识主观性与客观性统一的理解，才能正确把握知识的意义与知识的真伪。

二、知识意义的理解

如何理解知识的意义，这是当代各派哲学的一个核心问题。翻开科学理解论和人文理解论的著作，我们可以发现关于知识意义的丰富论述。这些论述往往是围绕语词与命题、言说与对话的意义展开的。把知识的意义归结为语言的意义，这种现象不难理解，因为以文字资料形式存在的既存知识，一定要表现为语词和命题；而以文化传统存在于理解活动中的知识，一定要表现为言说与对话。正是把知识意义的理解归结为语言意义的理解，使当代哲学对知识意义的研究获得了崭新的论域和丰硕的成果，使人们对知识意义的理解进入一种深入而具体的层面。

我们把知识意义的语言学研究称为知识意义的微观理解，而把超越语言学研究之上对知识意义的总体性把握称为知识意义的宏观理解。事实上，无论哪一派哲学对知识意义的微观理解，都以对知识意义宏观理解为前提。知识意义的宏观理解主要包含两方面问题：知识的意义是什么？哪一类知识有意义？在人类理解活动和人类实践活动都处于不断分化的当代社会中，分属于不同流派的哲学，往往不把人类各种知识都看作是有意义的，因此，各派哲学只有首先从宏观上解决这两个问题，然后才能以确定的意义标准，选定有意义的知识领域，对知识达到微观上的把握。

当我们把知识界定为对事物意义相对稳定的领悟，同时又把意义确认为主体性与客体性的统一，这时我们不仅从原则上回答了知识意义是什么，而且也从原则上概括了哪一类知识有意义。我们既反对科学理解论把知识意义归结为对客体性的认知，进而仅承认关于客体本质与规律的科学知识有意义；也反对人文理解论把知识意义归结为对主体性的表达，进而仅承认关于主体信念、情感和意志的人文知识有意义。从实践理解论的观点看来，知识是人类理解活动以实践为基础领悟意义的结晶，实践内容与形式的多样复杂性决定了人类理解活动展开层面和表现形式的多样复杂性，并决定了人类知识内容与形式的多样复杂性。

正是因为有日常生活实践、科学实践、道德实践和艺术实践等实践形式，人们才展开了日常理解、科学理解、价值理解与审美理解，才形成了常识、科学、宗教伦理与文学艺术等四类知识。这四类知识都是人类在实践不同层面对不同事物意义相对稳定的领悟。也就是说，常识、宗教伦理与文学艺术等人文知识同科学知识一样，都是有意义的知识。

在四类知识中，常识无疑具有基础地位。人类总是从常识出发进入各种文化理解，进而建立科学、宗教伦理和文学艺术等文化知识，因此，常识首先是各类知识发生的基础。其次，常识还是各种文化知识形成后相互联系和进一步发展的基础。文化知识是主题化的知识，它们越发达，相互之间的间隔性就越强，但是这并不能彻底割断各种文化知识的相互联系。因为各种文化知识在其发展过程中要不断地从常识中提出问题、吸取营养，并且不断地返回常识、作用常识、接受常识的筛选。因而常识在各种文化理解和文化知识面前有共同的地位，常识成为联系各种日益分化的文化理解的永恒纽带。

在传统知识论中，常识同宗教伦理和文学艺术一样，都被排除在知识范畴之外。传统知识论否认常识、宗教伦理和文学艺术是知识的理由之一在于，它们不具有客观确定性。常识、宗教伦理和文学艺术确实没有关于客体本质、规律的科学知识那种客观确定性，它们突出表现了主观选择性和意义相对性。但是，主观选择性和意义相对性正是知识的本质之一。没有知识的选择性，知识就谈不到是主体在实践基础上的创造；没有知识意义的相对性，知识就谈不到是主体在特定实践环境中对事物的具体理解，也就谈不到知识的发展变化。因此，不能因为常识、宗教伦理和文学艺术的主观选择性与意义相对性，就否认它们是人类知识的不同形式。

上述对知识意义的宏观理解，是我们对知识意义展开微观理解的前提和基础。既然我们承认知识意义是人类理解活动在实践中达到的主体性与客体性统一，承认在不同实践形式中，通过不同理解活动而创造出的四种知识都有意义，那么我们在对知识进行微观的语言学理解时，就既不能像科学理解论那样仅在科学语言或人工语言中把握知识的意义，也不能像人文理解论那样仅在日常语言或艺术语言中把握知识的意义。而应当根据知识意义和知识形式的多样性，在多种语言中，即在日常语言、科学语言、评价语言和艺术语言等各种语言中把握各种知识的意义。

由于科学理解论在宏观上把知识的意义归结为对客体性的把握，把有意义的知识限定为把握客体性的科学知识，因此科学理解论在微观上也只能承认关于客观事实的描述性语言，只能承认把握客体本质与规律的科学语言和人工语言。科学理解论只承认描述性语言、科学语言和人工语言，其实质是单纯追求关于客体性的语言，尽管这些语言中隐含了主体的意志与选择，但就科学理解论研究语言问题的宗旨而言，科学理解论面对这些语言和使用这些语言，主要是面向和追求实践活动和理解活动的基本属性之一——客体性。

由于人文理解论在宏观上把知识的意义归结为对主体性的表达，把有意义的知识限定为表达主体性的人文知识，因此人文理解论在微观上也只能承认关于主体信念、情感、意志与选择的日常语言、宗教伦理语言和文学艺术语言，或者说只能承认表达性语言、评价性语言和想象性语言。虽然人文理解论肯定的这些语言没有摆脱人在实践中面对的各种客体性，但是人文理解论在研究和解释这些语言时，却仅仅把它们归结为对实践活动和理解活动的另一基本属性——主体性的表达。

在实践理解论看来，语言同理解和实践是一致的，人们怎样实践就怎样理解，而人们怎样理解也就怎样进行语言活动。实践、理解与语言，无论在基本关系和基本属性上都是一致的，即都是主客关系与主体间关系的统一，主体性与客体性的统一。从主客关系看语言，语言是描述、指称与命名；从主体间关系看语言，语言是表达、对话与共识。从主客关系与主体间关系的统一看语言，语言是描述与表达、指称与对话、命名与共识的统一。概而言之，语言是在主客关系中揭示客体性与在主体间关系中表达主体性的统一，这就是语言的一般意义。

实践理解论对知识意义的微观理解，是从实践出发，在实践与理解的基本关系和基本属性中去把握语言的意义，因此，实践理解论对知识意义的微观理解是一种中介性、间接性的深层理解，而不是像科学理解论和人文理解论那样对语言的直接性的表层理解。实践理解论肯定对知识的语言学理解，但是实践理解论主张以实践为中介透过各种语言的直接意义去把握它的间接意义。语言的直接意义是语言直接表达的词义、句义或语义，语言的间接意义是语言在特定的实践关系或特定的语言环境中隐含的意义。

在描述和指称等科学语言中，直接的语言意义是关于对象的命名和指谓，是对客体现象与本质的反映和概括，而间接的语言意义则是其中蕴含的来自实践中的各种主体性要求，包括习惯信念、价值评价和审美体验等；在表达与对话等日常语言、评价语言和艺术语言中，直接的语言意义是主体和在主体之间交流的信念、意志、价值、理想、美感等，而间接的语言意义则是体现于其中的科学知识背景、对外部环境或周围世界的感受与认知，以及人类为了生存与发展而不可抑止的物质利益要求等。

无论是科学语言还是日常语言、评价语言和艺术语言，它们的直接意义与间接意义都只有在语言实践亦即生活实践中才能具体地统一起来，因此，必须按照实践理解论的基本原则、基本框架和基本追求，坚持从实践出发，把知识和语言同实践统一起来去理解，才可以既把握到各类语言的直接意义，又可以把握到各类语言的间接意义，或者说在实践和理解的总体联系中达到对各类语言表层意义与深层意义的统一把握。

另外，实践理解论对知识意义的宏观理解和微观理解，都是承认个体性与社会性统一的理解。科学理解论对知识意义的理解没有涉及个体性问题，科学理解论从抽象主体出发谈论知识意义的理解；人文理解论高度重视知识意义理解的个体性，并进而注意到了理解知识意义的多样性和相对性，但是人文理解论没有充分注意知识意义理解的个体性同知识意义理解的社会性关系。真实的个体是存在于各种社会关系中的个体，个体对知识意义的特殊理解一定要不断地在社会关系中提升为群体乃至社会对知识意义的理解，而群体和社会对知识意义的理解也一定要渗透、制约着个体对知识意义的理解。理解知识意义一定要通过个体来完成，而个体又一定在群体与社会中理解知识意义。因此，对知识意义的理解是个体理解、群体理解与社会理解的统一。

总之，在实践理解论看来，无论从宏观还是从微观去理解知识意义，知识意义都因实践、理解与知识的复杂性和多元性而呈现为多维性，知识意义及对知识意义的理解是主体性与客体性、直接性与间接性、个体性与社会性的统一，是日常理解、科学理解、价值理解和审美理解的统一。

三、知识意义的真伪

知识是人类理解的结晶，无论何种知识都蕴含着人类理解活动创生的意义。然而，人类并不满足于对知识意义的把握，还要进一步追问：知识中蕴涵的意义是否真实？这个问题既可以说是知识的真理性问题，但又同人们通常所说的真理问题有重要区别。

人们已经习惯于这样的结论：真理即观念同事物的符合。这是近代以来一直占统治地位的一种真理观——真理符合论，洛克对之作了明确的表述："真理就是各种标记（就是观念或文字）底正确分合——在我看来，所谓真理，顾名思义讲来，不是别的，只是按照实在事物底契合与否，而进行的各种标记底分合。”①在经过语言学转向的现代哲学中，罗素和前期维特根斯坦等把真理符合论同语言意义理论连为一体，并且把符合论的真理标准变成了鉴别知识意义的标准。随之而得出的结论是：凡与经验事实相符的命题便是有意义的，便是真理，否则便是无意义的谬误。

按照真理符合论来判定知识意义的真伪，必然使我们刚才提出的知识意义真伪问题发生重大变化。首先，问题的视野被极大地缩小。如果我们在承认人类全部知识都有意义的前提下来考察知识意义的真伪，那么不仅关于经验事实的描述性判断在问题的视野之内。而且关于价值期望的指示性判断和关于主观体验的表达性判断也在问题的视野之内；而按照真理符合论来看待知识意义真伪，指示性判断和表达性判断一开始就因不直接反映经验事实而被看作无意义命题排除在问题视野之外，因为无意义的知识不仅涉及不到知识意义的真伪，而且它干脆就没有被作为知识看待的资格，因此，问题视野中仅剩下了描述性命题。简言之，在真理符合论的视野中，真理问题也就是实证科学中描述性判断的真伪问题，而道德伦理和文学艺术中都不存在真理问题。

其次，问题的性质发生了变化。在真理符合论之外，讨论知识意义真伪实质上是对各类知识意义的评价，而且评价的标准也因知识类别不同呈现出多样性。真理符合论对知识真伪的鉴别，实质是把观念或命题同经验事实进行对照。虽然对照也是主体的行为，它能完全排除主体性因素，但是真理符合论却要求在对照中排除对照者的主体性，力图在客观性中检验观念或命题是否与事实相符。对照的根据在客体，评价的根据在主体；对照要求主观顺应客观，评价要求客观满足主观；对照是机械的、保守的，评价是批判的、积极的；对照是二元单维的，评价是多元多维的。

从实践理解论的观点看，真理符合论是狭隘的、片面的，它是科学理解论在主客二元理论框架中片面追求客体性的必然主张，其实质是片面肯定科学理

---

① 洛克：《人类理解论》，关文运译，商务印书馆1959年版，第566页。

解活动的成果——科学知识的真理性，否定日常理解、价值理解和审美理解的成果——常识、道德和艺术等人文知识的真理性。因此，真理符合论仅仅肯定了人类理解活动及其成果的小部分，而否认了人类理解活动及其成果的大部分。

实践理解论从实践活动出发，在主客关系与主体间关系的统一中追求主体性与客体性的统一，它不仅按照实践性、总体性、辩证性和历史性的原则看待人类理解活动，而且也按照这些原则评价人类理解活动的成果。实践理解论根据实践活动和人类理解活动的复杂性，既承认日常理解、科学理解、价值理解和审美理解的必然性，也承认这些理解活动结果的真实性。

实践理解论认为，科学理解仅仅是人类认识外界客体现象与本质的理解活动，它不仅取代不了日常理解对日常生活事物的笼统直观，也取代不了价值理解对人生价值取向和行为规范的追求，更取代不了审美理解对情感体验的追求。因此，科学理解的成果——科学知识不具有凌驾于其他知识之上、可以取代其他知识的地位，鉴别科学知识真伪的标准——“主观与客观是否相符”，也不具有充当鉴别其他知识真伪标准的资格。

尽管科学知识也隐含了人性的要求，其中也包含了人们对生活利益的直接追求、对理想目标的价值追求和对情感升华的审美体验，但就其实现的主题和直接向人们展示的基本内容而言，科学知识主要是关于物的知识，它的意义主要在于把握物的现象与本质。当它真实地包含了这种意义，这就有资格被称为“科学真理”。

“科学真理”实质是关于物的真理，是人类理解活动成果的一部分，而不是全部。按照实践理解论的观点，真理并非科学知识的代名词，真理并非仅仅是对物的正确反映。换句话说，不仅正确反映物性的科学知识可以称为真理，而且真实表达人性的日常直观、价值追求和审美体验等人文知识也可以称为真理。

实践理解论理解的真理是含有真实意义的知识。真理同知识和意义的关系是：真理是含有真实意义知识的理论表达式，含有真实意义的知识是真理的理论内容。真实意义是主体性与客体性以实践为基础或在实践中的统一，它因主体性与客体性统一的公式、实践层面不同而不同。在实践的物质活动层面，真实意义体现在实践物质活动过程之中或凝结在这一活动过程创造出来的实物产品之中。在实践的精神活动层面，真实意义分别表现为常识对生活利益的正确直观，科学对客体现象与本质的正确反映，道德和伦理对理想目标的行为规范的正确评价和正确张扬，艺术对情感的正确升华或对美感的正确判断。

这里我们还面临一个难以回答的问题，当我们把真实意义界定为“正确直观”“正确反映”“正确评价”，这里的“正确”含义是什么？根据什么来鉴别正确还是不正确？说到底，我们还必须回答什么是鉴别知识真伪的尺度问题。对于科学理解论来说，无论何种形式、何种层面知识所含意义是否正确，都在于同客观是否相符，即正确与否的尺度在于物性或客体性；对人文理解论来说，人类各种知识所含意义是否正确，都在于同主观是否相符，即正确与否的尺度在于人性或主体性。

对于实践理解论来说，知识所含意义是否正确既不能仅用客体性尺度鉴别，也不能仅用主体性尺度鉴别，而应当用在实践总体关系中主体性与客体性辩证统一的实践尺度加以具体鉴别。马克思在《1844年经济学哲学手稿》中提出了实践活动的三个尺度：“物种的尺度”“内在的尺度”和“美的规律”（“美的尺度”）。王永昌博士在此基础上提出了实践活动“四尺度说”：“利、真、善、美”。[①] 我们认为，“四尺度说”不仅正确、具体地发挥了马克思的观点，而且也比较完整地揭示了实践活动实际遵循的尺度。

实践活动是物质活动与精神活动的统一，人类理解活动就在实践活动之中，因此，实践活动遵循的尺度也必然是人类理解活动遵循的尺度。具体说来，关于实际效用、实际利益和实际需求的利的尺度，既是日常生活实践的尺度也是日常理解的尺度；而关于客观世界现象、本质与规律的真的尺度，关于主体价值目标和行为规范的善的尺度，以及关于主体情感体验和审美判断的美

① 参见王永昌：《实践活动论》，中国人民大学出版社1992年版，第188页。

的尺度，则是日常生活实践专业化后由利益尺度分化而成的主题化尺度，它们分别在科学活动、道德伦理活动和审美活动中起规定作用，实质上也分别是科学理解、价值理解和审美理解的尺度。

把握了规定人类各种理解活动的尺度，也就获得了鉴别各种理解活动正确与否的标准，亦即获得了鉴别各种知识意义真伪的标准。但是标准仅仅是鉴别知识意义真伪的依据，仅把握了标准还没有完成对知识意义真伪的鉴别，只有按照这些尺度或标准展开实际鉴别过程，才能完成对知识意义真伪的检验。我们习惯说："实践是检验真理的标准"，其实这个命题更准确的提法应当是：实践的尺度是检验真理的标准，实践活动是检验真理的过程。因此，我们应当依据实践尺度、亦即理解活动及其成果尺度，在实践过程中检验知识意义的真伪。

常识意义的真伪，应当在日常生活中看常识能否指导人们获取直接效用或直接利益；科学知识意义的真伪，应当在科学活动中或人与自然关系中看它能否指导人们把握客体现象与本质，并能在相同条件下再现某一过程；道德伦理知识意义的真伪，应当在道德活动或社会交往中看它能否导引人们求善并有助社会和谐；艺术知识意义的真伪，应当在艺术活动中看它能否使人们获得情感升华或审美享受。

在实践活动中按照实践的四个尺度分别判定四类知识意义的真伪，表明我们坚持在实践基本关系——主客关系与主体间关系的统一中具体鉴别知识的真理性问题。这样我们可以具体而真实地把握住四类基本知识的真理性，或者说我们把握到了四类真理：日常真理、科学真理、价值真理和艺术真理。

四类真理内蕴了四种真实意义。日常真理内蕴了日常生活意义，它的最概括表达是利；科学真理内蕴了科学活动意义，它的最概括表达是真；价值真理内蕴了道德践履意义，它的最概括表达是善；艺术真理内蕴了审美活动的意义，它的最概括表达是美。利作为生活意义是人生的原初意义、直接意义、感性意义，未分化的笼统意义，它包含了文化理解的主题真、善、美，而真、善、美作为从利中提升出来的主题化意义，一定要植根于原初意义——利之中，否则便失去了现实性，成为虚幻的意义。

这里似乎经历了一次循环，从实践的四种尺度推出了四种理解活动和四种知识的四种尺度，按四种尺度在四种实践活动层面检验出四种真理，而四种真理的真实意义不过是实践的四种尺度。这是一次名副其实的循环推论，造成这种循环的原因在于实践、理解、知识和真理的统一性，正是因为这种统一性，马克思才提出把“事物、现实和感性当作实践去理解”，才提出“人应该在实践中证明自己思维的真理性，即自己思维的现实性和力量，自己思维的此岸性”①。一切从实践中发生，一切在实践中存在；实践就是全体，全体就在实践之中。

这里全面突破了真理符合论关于真理本质、形式和标准等基本观点，这里提出了真理的四种内涵、四种形式、四种尺度、四种检验方式，这里已无法回避多元真理论之嫌。我们不否认我们的观点是多元真理论，我们明确肯定各种知识都能包含真实意义，都有真理性。我们认为不同类别的知识包含着不同真实意义，不能用同一个标准鉴别不同知识的真理性。我们主张的多元真理论不同于真理多元论。真理多元论片面根据知识意义变动性否认知识意义真伪相对确定性，它的结果是导致知识相对主义，甚至导致文化虚无主义；多元真理论以全面肯定知识意义多样性为基础，承认知识意义真伪标准的多样具体性，进而肯定具有多种真实意义的真理。

① 《马克思恩格斯文集》第1卷，人民出版社2009年版，第504页。

第九章　哲学对人类理解的教化

人类理解不仅是一个产生知识、创造意义的过程，而且也是一个自我教化过程。无论日常理解还是文化理解，都在不同层面中教化自我、教化人生。在人类理解的不息教化中，始终进行着一种与其他教化方式不同的哲学教化。哲学家们一直把哲学教化作为自己的神圣使命，然而哲学家们却一直没有对哲学教化的实质，哲学教化在日常理解和文化理解中发挥什么作用、怎样发挥作用等问题作出明确而一致的回答。这是一些难以回答而又不得不回答的问题，因为它们关系到哲学的本质、哲学的地位和哲学的作用，以及哲学的历史命运。

一、哲学教化的使命与迷失

教化（edification，Bildung）的语言学含义是：教育、启发、感化、教养和修养等等。在这个意义上，日常理解、科学理解、价值理解和审美理解都具有各自的教化功能。

人们在日常理解中接受着最基本、最广泛的教化。当婴儿刚能领会母亲的动作、表情和声音时，教化就在母亲的怀抱中开始。接着，家庭的习惯和规矩，社会的风俗和戒律，以及谚语、信念和规范等等，通过日常语言不断地涌入日常理解。它们作为不证自明的常识，在个体还没有接触到章法典籍之前，就对个体进行着不可回避、不可抗拒的教养和化育。

同日常理解的教化相比，科学理解的教化似乎不那么直接。在某些坚持严格实证主义立场的学者眼里，科学理解的责任在于把握客体的本质，而不在于理解人性和人生，于是，科学理解被认为同人类教化不应当发生直接联系。然而，稍微回顾一下人类近现代史，就会发现科学理解对人类的教化作用该有多么巨大。科学精神、科学理性和科学知识，不仅改变了人们的思维方式，而且也改变了人们的价值准则和审美尺度，甚至改变了人们的风俗习惯和宗教信仰。科学理解不仅成为人们的意识活动方式，而且也成为人们的生活存在方式。

价值理解和审美理解的教化功能最为明显，它们自发生那天起，就以教化人生而自任自荣，并且它们也确实始终不渝地为自己的承诺作出了执着努力。透过宗教理解的虚幻形式，人们难以否认宗教对个体心灵和社会精神的深刻教化。韦伯把资本主义精神同新教伦理统一起来，正是对宗教理解教化作用的肯定。道德理解的教化作用同追求个性解放的自由主义精神相比，虽然表现出某些保守性，但是，没有道德理解的规劝与训诫，个性解放和自由从何处获得保证呢？至于审美理解的教化功能则不必多论，重温一下席勒的《审美教育书简》就能深信审美教化功能的伟大。

日常理解、科学理解、价值理解和审美理解的教化功能，好像足以完成人性和人生的全部教化任务。但是，无论这些理解方式的教化功能有多么强大，它们也不能取代哲学的教化。因为，人类既需要对理解的理解，又需要对教化的教化，而能满足这个双重需要的正是哲学。

无论翻开苏格拉底和柏拉图的著作，还是翻开孔子和庄子的典籍，我们都能看到哲学一开始就肩负着对人类理解再理解、对人类教化再教化的使命。先哲们通过谈话理解人类由各种理解方式而形成的知识，进而理解人们的心灵；通过讥讽、解蔽对人们获得的各种教化进行明示、析理，进而达到对人类精神的进一步教化。在这些被后人尊奉为圣人的圣书中，我们却感受不到君临常人之上的“圣气”，他们的话语是那么质朴而亲切，抵透心扉、拨理思弦。造成这种效应的原因之一，是先哲们深知哲学教化在理解之中，哲学教化是人们在理解中达到的精神转变。所以，哲学教化在先哲那里是以对话的形式而进行的启发，它追求的目标是人们在理解中的自我升华。

哲学教化的本质不在于对日常理解和文化理解的训导与纠偏，而在于使哲学理解同日常理解和文化理解进行对话、沟通，向人们昭示哲学展开的整体性理解方式，以此启迪人们在人性与物性、自我与他人的总体联系中理解人生、理解世界。哲学教化追求的整体性没有绝对的意义，因为哲学教化都是通过生活于特定历史条件中的哲学家展开的。它运作于有着特定视界的日常理解、文化理解和哲学理解之中，所以，哲学教化言说的整体性是相对的，它给出的判断没有资格充当完美的信条和普遍的公式。

哲学进入近代之后，哲学教化既忘记了它的整体性又忘记了它的相对性，哲学教化在近代哲学中变成了抛弃整体性的绝对性。培根为人们研究自然科学提供了“新工具”，笛卡尔为确认科学理解方式的可靠性论证了客体自在性和观念自明性，洛克为科学运思准确有效对人类观念进行了细致的分理归类，康德则为科学知识的形成建立了具有基础性和公理性的先验图式。简言之，近代哲学把它对人类各种理解方式的整体性教化变成了对科学理解方式的个别性服务和论证。如果说哲学在中世纪是宗教神学的婢女，那么可以说哲学在近代成了自然科学的工具。

这种状况不但没有随着近代哲学的终结而结束，反而在孔德、罗素和石里克等人为代表的现代实证主义哲学中愈演愈烈。实证主义哲学按照科学理解的模式，为人类理解概括出种种被称之有绝对普遍性的思维准则与逻辑公式，哲学教化把人类的日常生活、价值追求和审美意识置于九霄云外，按照自然科学精神单纯指向远离人性的物性。于是，哲学教化由论证科学的工具变成了以科学理性扼杀日常理解、价值理解和审美理解的武器。

随着人文理解论的逐渐兴起，哲学教化获得了另一种极端的形式。维柯、席勒和海德格尔等一批人文主义哲学家，把哲学教化同文学艺术和审美意识直接统一起来，使之专注于体验、情感、意志、选择和评价等等主体性。伽达默尔在《真理与方法》中对人文理解论的哲学教化观作了比较全面的论述。

伽达默尔把教化作为人文主义传统第一个基本概念加以讨论，在他看来，教化是人在理解中的自我提升，是人类精神通过不同个体的视界融合而达成的“一种极其深刻的精神转变”①。伽达默尔把教化建立在艺术经验之上，认为教化是通过艺术兴趣、审美判断和共通感(sensus communis）等艺术经验形成的，其中共通感既是教化的积极结果，又是教化的本质因素。实际上，共通感也就是具有普遍性的共同感觉。伽达默尔说：“共通感在此显然不仅仅指谓那种存在于一切人之中的普遍能力，而且它同时指谓导致共同性的感觉。”②

伽达默尔把哲学教化建立在艺术经验之上，并强调它的感性普遍性，其本意在于把哲学教化从实证科学的偏狭中拯救出来，试图使执迷于物性的哲学教化重新转向人性，并以感性普遍性的形式使哲学教化脱离泯灭人性的抽象逻辑的禁锢。此举无疑具有积极意义，但这如同以人文理解论取代科学理解论一样，也是从一个极端走向了另一个极端。因为，以体验、兴趣和共通感等内容构成的艺术经验，实质上是个体在感性层面上的主观感受，以之作为哲学教化的基础，实质上是把哲学教化建立在主体性或主体间性之上，而这种教化的结果也只能是感性层面的主体性。这种完全抛开客体性、沉迷于逻辑层面之下的片面性，同人文理解论理论框架的片面性是一致的。

我们主张的哲学教化，是克服科学理解论的科学教化和人文理解论的人文教化两种片面性的总体性哲学教化，它的要求是人们在理解中的总体性自我提升，它的实践基础是生产与交往的统一，它的经验基础是科学经验、价值经验、艺术经验和日常经验的统一，它面对的关系是主客关系和主体间关系的统一，它的展开形式是哲学同人类各种理解活动的对话，它的最终目的是以人性为根据去把握物性，在人性与物性的统一中提升人性、实现人性，进而创生和获取人生整体意义。

---

① H.G.Gadamer：*Truth and Method*，The Crossroad Publishing Corporation，1989，p.9.

② H.G.Gadamer：*Truth and Method*，The Crossroad Publishing Corporation，1989，p.21.

二、哲学对日常理解的教化

真正在总体性中关心人、爱护人的哲学教化，应当首先面对日常理解。因为日常理解是以人为本、同日常生活直接统一的思想意识，它在人类理解活动中占有基础地位。所以，哲学教化首先面对日常理解，也就是首先从根本上关心和爱护人及其生活。苏格拉底对雅典公民的悲壮演说，柏拉图同曼诺的热忱对话，维特根斯坦对日常语言的入微析理，以及卢卡奇与赫勒对日常生活的深入批判，等等，都是哲学对日常理解的教化，其中都渗透着哲学对人类炽热而深沉的关心和爱护。

面对日常理解的哲学教化，并不至于因为日常理解的表层性而流于浮浅。因为哲学教化可以借助日常理解对人性的直接表露以及借助日常理解同日常生活的直接统一，而直接触及人性的根本和生活的底层，所以对日常理解的哲学教化乃是一种深层教化。

对日常理解进行哲学教化而触及的根本人性，不是传统哲学或科学理解论所认为的认知理性或逻辑理性，而是被它们看作非理性的无意识本能。弗洛伊德充分证明了无意识本能在人性中的根本地位。弗洛伊德通过大量精神分析向人们表明，人有两种本能：一种是要求重复过去，恢复以前状态的生物惰性本能，这是一种保守的死亡本能；另一种是面向未来，力求生命得到保存和创新的积极的生存本能。前者是破坏性的，后者是建设性的，两种本能相互斗争、同时并存，共同决定着人类生命活动的各种表现。

弗洛伊德还进一步指出：本能在人的心理底层是受快乐原则支配的，它构成心理活动的基础结构——本我。本我是个体意识不到的无意识结构，而能意识到外界存在和自身存在的意识结构——自我，却是由本我经过修改和限制而生成的。在自我之上是代表着宗教戒律和道德伦理的超我。这样，弗洛伊德就把无意识本能看作人类日常理解活动乃至人类全部意识活动的根源，把它们确认为最根本的人性。

至此，我们遇到的问题是：为什么对日常理解的哲学教化会触及弗洛伊德所揭示的根本人性？按弗洛伊德精神分析理论，人类各种理解活动，作为本我之上的意识结构，都受到现实原则不同程度的压抑。现实原则是维持社会秩序的操作原则，是抑制本能冲动的文化控制原则。现实原则是人类为了维持文明的延续和发展而在文化理解中建立的原则，反过来现实原则在文化理解中的作用也就最强大。由于这个原因，受快乐原则支配的无意识本能很难进入受现实原则有力控制的文化理解中，但是，它却能不断地突破自我意识的防线，进入现实原则控制稍差的日常理解活动之中。因此，日常理解成了一种意识与无意识、本能与文化混合交错的地带，对日常理解进行哲学教化，也就自然会触及本能和无意识这些根本人性。

然而，哲学作为高层文化理解，怎样才能在日常理解中切实地触及无意识本能呢？马尔库塞对这个问题作出了富有启发性的回答。马尔库塞认为，日常生活领域是感性活动领域，日常理解也主要是感性经验活动。感性和本能欲望在德文中具有相同的含义①，所以日常理解活动作为感性经验活动主要是本能无意识活动。高悬于现实生活之上的哲学，无论它怎样深入生活实际，它无法直接同无意识本能对话，因为哲学在任何情况下都是超越感性的理性。哲学只有借审美理解才能越过理性与感性之间的鸿沟，并以感性为桥梁切实地使哲学教化触及人性的根本——无意识本能。

审美理解之所以能够充当哲学教化通向无意识本能的中介，首要原因在于审美理解的本性。虽然审美理解也是一种主题化了的文化理解，它已经超越了非主题化的日常理解，但是它又可以直接进入日常理解之中。因为，无论审美理解在何种程度上超越了日常理解，它都同日常理解保持着共同性，即审美理解永远是以感性形式进行的。审美理解同日常理解的区别不过在于：日常理解是个别的感性意识，而审美理解则是超越了个别感性意识的普遍感性意识。个

① 赫伯特·马尔库塞：《爱欲与文明》，黄勇、薛民译，上海译文出版社 1987 年版，第 133 页。

别的也罢，普遍的也罢，二者毕竟都是感性意识，尽管层次不同，但在本质上都有共性。同时，审美理解还有同哲学理解的可沟通性。哲学理解追求整体的普遍性，它已把审美理解追求的感性普遍性包括在自身之中。因此，审美理解同哲学理解在理想目标上是相容的。审美理解同日常理解和哲学理解的双向可沟通性，决定了审美理解可以充当哲学对日常理解包括对无意识本能教化的中介。

哲学教化以审美理解为中介触及无意识本能，这将在日常理解中引发一场深层革命，亦即本能革命。马尔库塞对本能革命作了深刻论述，在他看来，本能革命的实质是自我革命，但是它不排除理论借助艺术形式对它的引发、促进和导引。从我们主张的哲学教化观点看，哲学教化借助审美理解可以唤醒长期处于压抑状态的生命本能。生命本能在现实原则控制下转化为破坏自然的工作本能和威胁他人的攻击本能，而当哲学教化以艺术的快乐原则重振生命本能的快乐原则后，审美理解对和谐的追求不仅使生命本能焕发生机，而且还会使生命本能升华为同个体和类，并同自然保持和谐共存的欲望，这就是被马尔库塞称之为“爱欲”（eros）的本能。

马尔库塞对爱欲本能寄予厚望，认为它的出现将从本能深处引发一场广泛持久的自然革命。自然革命包括人的自然解放和物的自然解放。人的自然解放首先是解放人的感受力。在现实原则的压抑下，人的感受力已经被扭曲，它变成了被动地顺应社会政治、经济和文化各方面控制的、为人类形成虚假经验的感觉能力，它满足于物欲，放弃了同自然和谐共处的要求，只能为人类进攻自然、掠夺自然提供经验基础。这种消极的感受力以生命本能同死亡本能的分裂与冲突为基础，甚至直接就是死亡本能的现实表现。而当爱欲本能超越了生命本能与死亡本能的分裂与冲突，人的感受力将焕然一新，一种具有主动性、综合性和批判性的新感受力（new sensibility）将普遍确立。新感受力突破现实原则的压抑，既能真实地表达主体的真实需求，又能真实地感知自然的真实存在，它能在主体与客体、人与自然之间产生追求整体和谐的经验，自然不再仅仅作为人类进攻和掠夺的客体，而将成为人类珍惜、爱护的生命环境。于是，人的自然解放导致了物的自然解放。

尽管马尔库塞的本能革命理论和自然革命理论都充满了乌托邦色彩，但是它们仍然能够引起我们面对现实的进一步思考。以往哲学对日常理解的教化，一个共同的倾向是仅仅承认日常理解的消极被动性，然后以哲学的批判能力去揭露日常理解的虚假，最终以把日常理解提升为文化理解和哲学理解为目的。这是一种未能全面理解日常理解并对之采取简单而表层的外在教化，它导致的后果是人类理解基础的不断摧残和意识形态理论的独断专制。马尔库塞向我们昭示，哲学对日常理解的教化应当深入日常理解的底层，发掘日常理解中的积极因素，在揭示日常理解内在矛盾、内在冲突的同时，努力促使其中积极因素发挥作用，导引日常理解的自身革命。

如果哲学果真能够实现对日常理解这种深入内在的教化，它的意义将不可估量。过去，人们过多地注意了各种文化理解的提升，而很少关注日常理解的自我提升。可是，日常理解在人类理解中占有基础地位，如果日常理解不实现自我提升，那么无论文化理解发展到何种程度，它也只能是空中楼阁。所以，哲学必须调动各种文化理解的教化功能，尤其是调动审美理解的教化功能，深入日常理解内部，从人类理解的最底层催生人类精神的深刻转变。

三、哲学对文化理解的教化

文化理解的主题化导致文化理解的不断分化，并且，文化理解越是向前发展，它的分化就愈加严重。不断分化的文化理解在不停地进行着教化，分化了的各种文化理解教化了“对‘越来越少的问题知道得越来越多’的科学专家，专家们蒙上自己的双眼，以便对整个世界不闻不问，而把眼光仅仅盯在鼻子尖下的那么一小块地方上。整体消失了，‘事实’取代了理解；而被分割得七零八落、互不关联的知识已不再产生智慧”①。这是当代文化理解分裂性教化的后果之一，杜兰特描述了这种后果的严重性，但这还不是最严重的后果。

最严重的后果是文化理解的分裂性教化引起了人性的分裂。我们在讨论文化理解的功能冲突时，曾经指出各种文化理解的功能被认定为各种不同的理性，科学理性、价值理性和审美理性三者之间的冲突，实质上也是文化理解分裂性教化的冲突。三种理性本来都是人性不同方面的表现，人性不同方面本来是联系在一起的，但它们都在分庭抗礼的文化理解教化中相互对立、相互否定。于是，不仅接受不同文化理解教化的人被肢解了人性，而且从事不同文化理解教化的人也分裂了自己的人性。

如果回顾一下文化理解教化的历史，我们还会发现，分裂性的文化理解教化往往在某一种文化理解的垄断控制下进行，总是有某些文化理解教化受到压抑乃至窒息。中世纪的文化理解教化笼罩在宗教神学的帷幕之下，近代的文化理解教化则完全受制于科学。在当代，随着文学艺术在人类文化生活中地位的提高及其功能影响的扩大，审美理解教化逐渐强大起来，同时宗教理解教化在经过科学理解几个世纪沉重打击之后，也开始逐渐复苏。然而，尽管科学理解教化的垄断地位受到了动摇，但是当代文化理解教化主流仍然是科学理解教化，其他文化理解教化并没有充分展开。由某一种文化理解独霸人类理解教化，这不仅造成了文化理解自身发展不平衡，而且还直接造成了社会发展不平衡。中世纪宗教文化、宗教社团的无限膨胀，近现代实证科学的片面发展和工业污染、工业异化给社会造成的危害，说明宗教理解教化或科学理解教化分别独霸人类理解教化，都给社会发展造成了严重后果。

克服文化理解分裂性教化产生的这些消极后果，有赖于哲学教化的整合作用。哲学教化也是一种主题化的教化，但哲学的主题化不同于其他文化理解的主题化。哲学的主题是人性、人生或人的世界的整体，而其他文化理解的主题却是人性、人生或人的世界的某一方面、某一部分。所以，其他文化理解的主

① 杜兰特：《哲学的故事》，朱安等译，文化艺术出版社 1991 年版，第 2 页。

题化教化只能分别专注于人的某一方面，而哲学教化却始终把各种文化理解教化分裂开的不同方面统摄起来。哲学教化应当在各种文化理解的总体联系中审视各种文化理解教化的利弊得失，不断地告诫各种局促一隅的文化理解超越自身的限制，并充任沟通协调各种文化理解教化的桥梁和中介，进而寻求人类文化的整体和谐。哲学教化欲实现这个任务，其基本途径是同文化理解广泛对话，并对文化理解进行深层释义。

哲学同各种文化理解展开广泛对话，其目的在于寻求哲学同各种文化理解间的相互理解，在相互理解中发挥哲学的总体性教化作用。哲学作为对人和世界的一种理解方式，没有凌驾于科学理解、价值理解和审美理解之上的优越地位，哲学没有资格充当其他文化理解方式的教师，它也没有能力为各种文化理解方式提供普遍有效的知识基础和运思准则。哲学理解方式的根本特征是在主客关系和主体间关系的统一中把握整体。哲学不能放弃其理解方式的这个根本特征，失去了这个根本特征，就不能称其为哲学。同时，哲学又不应将其理解方式强加于其他文化理解方式。其他文化理解方式中虽然也含有主客关系和主体间关系，但因其结构的显隐状况不同，形成了各自特点。如果其他文化理解方式都按照哲学理解方式那样把主客关系与主体间关系都作为显状结构统一起来，其他文化理解就失去了自身而转化为哲学。这种做法不是哲学同其他文化理解的对话，而是哲学对其他文化理解的“消化”。

对话的前提条件之一是双方平等、互相认可，哲学同其他文化理解的对话也应建立在这个前提之上，否则对话就无法进行，哲学教化也就无法发生。哲学在同各种文化理解的对话中，首先应当肯定各种文化理解在其特有的对象和范围中是有效的、合理的，它们各自展开的理解方式都有其存在的根据和发展的生命力。其次，哲学要向各种文化理解明示：各种文化理解的理解方式以及它们产生的知识与意义，都是有限的，在它们各自的界限之外还有着广阔的天地，它们都不应以其有限性而诋毁其他有限性，而应在肯定其他有限性的同时维护自身有限性的持存。最后，哲学还要向各种文化理解彰显自己的理解方式，哲学理解方式的特点是植根于实践之中的总体性、辩证性和历史性，它要通过彰显自身而不断启示、导引各种文化理解超越自身的局限性和片面性。

哲学教化就发生在以自己追求整体性的理解方式同局限于部分之中的文化理解方式的对话中，哲学在对话中领悟作为不同部分的文化理解所创生的意义，同时，各种文化理解也在对话中领悟着指向整体的哲学理解创生的意义。不同的意义在对话中交流，新的意义在对话中生成。于是，哲学的视界同各种文化理解的视界发生融合，人类文化在各种理解方式的视界融合中达成整合。哲学同各种文化理解的视界融合，不是各自特点的溶解、同化，而是保持各自特点的语言交流、观点交叉和意义交织。因此，通过对话而达成视界融合的哲学教化，是保持个别和多样性的交往过程和创造过程。

哲学在对各种文化理解的教化中，不仅向各种文化理解展示自己的整体性理解方式，使自己的理论视界同其他文化理解的视界发生融合，而且还要在自己广阔的视界中发挥自己理解方式的特殊功能。哲学理解方式的特殊功能主要表现为对意义的整体性阐释。各种文化理解受其主题、理解框架的特殊性限制，它们把握到的意义只能是关于人及世界个别方面的意义。虽然人及其世界的意义处于永无止息的动变交错之中，没有任何一种意义能够孑身自立，但是，分裂了的各种文化理解却都不能对存有整体联系的意义世界作出整体性阐释。只有未陷入个别性之中的哲学，才能在人、社会与自然，语言、文化与实践，认知、评价与审美等复杂联系中阐释人生的整体意义。

四、哲学教化的历史命运

哲学对人类理解的持续教化，是哲学生命的不断延伸。哲学在教化中释放着自身的能量，哲学在教化中展开着自身的历史命运。因此，哲学的命运也就是哲学教化的命运。

哲学教化的命运从来就同苦闷与沉寂联结在一起。哲学教化永远不可能像宗教教化在中世纪那样获得至高无上的尊贵，也不可能像科学教化在近现代取得无以复加的权威。因为哲学教化既不能充当维持神圣的工具，也不能充当获取功利的手段。哲学教化只能作为一个人类理解的默默推动者，它推动日常理解去捕捉生活意义，推动科学理解去把握事实真理，推动价值理解去评价利弊善恶，推动审美理解去体验悲欢美丑，而且还推动各种理解相互关照、和谐共进。

哲学教化对人类理解的推动，是在哲学同各种理解活动的对话中以批判的方式完成的。对话中的批判，不是哲学作为主体、人类理解作为客体的单向度批判，而是哲学与其他理解活动都作为主体精神活动的相互的双向度批判。在哲学教化中，哲学既要审查人类各种理解方式及其创生的意义，又要接受各种理解方式对哲学自身的审查。按照费耶阿本德的观点，哲学同科学、宗教、艺术甚至同日常习惯一样，都不过是人类各种文化传统中的一种，而各种文化传统都有自己的合法性。在专制社会中，各种文化传统的多元合法性让位给某种传统的一元合法性；而在自由社会中，各种文化传统的多元合法性应当重新确定。当多种文化传统都确定了自己的合法地位，学术民主、学术自由就能越出学科的分界，相互批判、相互促进，造成人类文化的整体运动和整体发展。

在哲学教化中，哲学同其他人类理解的双向度或多向度批判，既不是单纯的否定性也不是单纯的肯定性，而是否定与肯定的统一。马尔库塞曾在《单向度的人》中疾呼：因为实证主义哲学盛行，哲学理解的否定性作用已经丧失，肯定性思维占了上风，工业理性和极权专制控制了一个没有抵抗的社会或时代。于是，马尔库塞主张彻底击败哲学理解的肯定性，同时尽可能地磨砺哲学理解的否定性。面对工业异化和政治异化，马尔库塞反对哲学理解的单纯肯定性、强化哲学理解的否定性，这无疑具有积极意义。但是，我们还应当看到工业异化和政治异化等社会异化过程，同时也是工业发展和政治进步的社会发展过程。如果看到社会现实的这种两重性，那就应当同时坚持哲学理解同其他理解方式的肯定性和否定性。

再具体一些说，当日常理解、科学理解、价值理解和审美理解对现实积极因素持肯定态度时，哲学教化也应当是一种肯定性的批判；当各种理解活动对现实消极因素持肯定态度时，哲学教化则应当是一种否定性的批判。反之，当各种理解活动对现实积极因素持否定态度时，哲学教化则应是否定性的批判；当各种理解活动对现实消极因素持否定态度时，哲学教化则应是肯定性的批判。简言之，哲学教化究竟是肯定性的批判还是否定性的批判，要依各种理解活动对现实积极因素和消极因素的不同态度而选定。

这里隐伏着一个需要回答的问题：什么是现实中的积极因素？由谁依据什么标准来确定它们？在哲学教化中，当然要由哲学来鉴别现实的积极因素与消极因素。哲学进行这种鉴别的标准是：凡是符合人类本性、有利于个人与社会和谐发展的都是积极因素，反之则是消极因素。这样，哲学教化就越出了哲学理解同其他理解活动的直接联系，而把人类理解同人类实践联系起来了。

哲学教化通过同日常理解和文化理解的双向度批判进入了日常生活和文化生活，哲学由此而成为生活中的哲学和文化中的哲学，哲学教化由此而在生活与文化中发挥肯定与否定的双重作用。哲学教化对日常理解和文化理解的肯定性批判，不断地确认和巩固了人类理解在日常生活和各种文化活动中创造出来的各种知识和符合人性与物性的因素，进而也肯定了人类日常生活和文化生活的积极意义，起到维持生活稳定、保持社会平衡，以及保证各种文化传统得到继承的肯定性作用；哲学教化对日常理解和文化理解的否定性批判，不断地摧毁和推翻各种知识中与人性和物性相悖的因素，进而推动着人类不断地反省自身、超越自身，起到促进生活变化、推进社会发展，进而起到催生各种新文化观念的作用。哲学教化的肯定性批判和否定性批判辩证统一，共同在现实中发挥着辩证作用。因此，哲学教化是辩证的教化，或者说是教化的辩证法。

哲学的辩证教化还体现在，哲学对日常理解和文化理解进行教化的同时，也在接受着日常理解和文化理解肯定与否定辩证统一的教化。也就是说，日常理解和文化理解在哲学教化中也教化了哲学，哲学理解以及哲学理解所形成的各种文本，都要经过日常理解和文化理解的筛选、接受才能发挥教化作用。虽然哲学理解都标榜追求人性及人生幸福，但并非所有哲学或某种哲学的所有观点都符合人性，都有利于人生幸福。哲学理解在同其他理解的对话中，其他理解依据自己对人性的理解和对人生的体验而从肯定和否定两个方面批判哲学，这种批判往往不是逻辑的推论，而常常是非逻辑的认同或拒斥。但无论以何种形式出现，哲学教化中始终都存在着日常理解和文化理解对哲学的教化。

哲学教化人类理解，人类理解也教化哲学，这是无限持续着、无限展开着的对话和理解，哲学教化的命运就在这种无限延伸着的可能性中无限地展开。

结 语

科学理解论从科学认知活动出发，在主体与客体二元理论框架中片面追求客体性；人文理解论从人文知识出发，在主体间一元理论框架中片面追求主体性。主客关系和主体间关系、主体性和客体性，是人类理解活动的两种基本关系和两种基本属性。科学理解论和人文理解论的理论框架和理论追求，都是对人类理解活动基本关系和基本属性的片面性坚持，两种理解论因此而两极分化、两极对立，陷入了难以自拔的理论困境。

科学理解论和人文理解论两极对立的根本原因在于脱离实践，因此欲摆脱科学理解论与人文理解论因两极对立而陷入的理论困境，必须以马克思实践论世界观为理论基础，建立从实践出发的新哲学理解论——实践理解论。实践理解论的基本主张是把理解当作实践去理解；实践理解论的基本原则是实践性原则、总体性原则、辩证性原则和历史性原则；实践理解论的理论框架是主客关系与主体间关系的统一，实践理解论的理论追求是主体性与客体性的统一。

实践理解论认为，日常理解在人类理解活动中占有基础地位。日常理解与日常生活直接统一，具有直接现实性、人本性和原初总体性等本质特点。日常理解的本质特点弱化了它的主客关系，强化了它的主体间关系。重复性功能和创新性功能是日常理解的两种文化功能，重复性功能保持着日常理解与日常生活的稳定性，创新性功能不断地提升日常理解与日常生活。日常理解虽然模糊、直观，但其中包藏了人类其他种类理解活动要素、形式与矛盾的原型或胚芽，它直接表达和体现了人性与人生，是最普遍、最基本的人类理解现象。所以，实践理解论把日常理解现象作为理论研究的基本对象。

实践理解论把文化理解看作日常理解的主题化，认为文化理解通过日常理解中介同生活实践发生联系。文化理解因主题化而追求不同目标，表现为不同形式。科学理解、价值理解与审美理解是文化理解的三种基本方式，它们分别追求真、善、美。各种文化理解都具有相同的结构要素和结构关系，但因主题不同，结构要素和结构关系在不同文化理解中的显隐状况有所不同。

从一般意义上说，主客关系在指向客观对象的理解活动中呈现为显状结构，而主体间关系则在其中呈现为隐状结构；相反，主客关系在指向主体自身的理解活动中呈现为隐状结构，而主体间关系则在其中呈现为显状结构。显状结构是处于中心地位、被主体自觉到的结构，而隐状结构则是处于非中心地位、未被主体自觉到的结构。在人类理解活动中，显隐结构都在发挥作用，但以往哲学仅仅注意到理解活动的显状结构，忽视了隐状结构，并根据显状结构功能和各种文化理解的主题确立了相互对立的理性观，导演了人类理性的长期冲突。

知识的意义与真伪是实践理解论关注的重要问题之一。实践理解论认为，不仅科学理解的成果，而且日常理解、价值理解和审美理解的成果也都是人类知识，即常识、伦理道德和文学艺术等也同科学一样是人类知识。知识的本质是相对稳定地理解了事物的意义。知识的根本特点是主体性与客体性的统一。科学理解论偏执知识的客体性或客观性，人文理解论偏执知识的主体性或主观性，实践理解论把知识、理解与实践联系起来把握，在主体性与客体性的辩证统一中理解知识的本质和知识的意义。

实践理解论认为不同类别的知识含有不同意义，具有不同意义知识的真伪，不能都用真理符合论关于检验科学知识真理性的标准去鉴别。在实践理解论看来，人类理解活动同实践活动一样遵循利、真、善、美四种基本尺度，这四种尺度分别是检验常识、科学、伦理道德和文学艺术四类知识意义真伪的标准。人们可以根据这四种标准在实践过程中鉴别出四种真理：日常真理、科学真理、价值真理和艺术真理。

实践理解论立足实践总体全面反思人类理解活动。理解活动是人类生命活动，全面反思人类理解活动也就是全面理解人生现实。实践理解论把人生现存、历史活动、社会发展同人类理解活动统一起来把握，因此，实践理解论触及哲学本体论、历史观、辩证法与认识论各种理论层面。实践理解论由此而成为总体性的哲学理论。实践理解论在理解人类理解现象的同时也理解哲学自身，并且用自己的哲学理解方式同人类各种理解方式进行对话，在对话中展开哲学对人类理解的教化。

实践理解论的哲学教化将启示人们在人性与物性、主体性与客体性、主客关系与主体间关系的辩证统一中追求人生整体意义，它将从人类灵魂深处引发一种精神升华，进而启迪人类走出人际关系扭曲、人与自然关系异化的社会发展困境。本书作为实践理解论的引论，如能引起人们从实践出发探讨人类理解活动的兴趣，进而求得学界同仁共同努力，完成实践理解论的系统建构，便获得了最大欣慰。

下篇　社会理解论

导言　面对新社会形态的当代社会学

现代社会学是工业社会的产物，经过180多年的发展，现代社会学形成了关于工业社会发展变迁研究的丰富成果，这是现代社会学引以为荣的学术贡献。然而，自20世纪70年代以来，在信息技术革命的推动下，在工业社会基础之上逐渐形成了一种新社会形态——信息社会。近几年又出现了网络社会、数字社会和智能社会等称谓，其实质不过是对信息社会的不同表达。面对社会形态的创新与分化，社会学不仅形成了许多新的思想理论和方法原则，而且也发生了复杂的学术变化。如何认识当代社会学的理论创新与学术变化，特别是马克思主义社会学的复兴，是在新的历史条件下认识社会学的展开状态和发展趋势，开展更深入社会学研究的思想前提。

一、后工业社会还是信息社会

丹尼尔·贝尔于1973年发表的《后工业社会的来临》，揭示了工业社会在产业结构、就业结构、阶级关系、社会主要矛盾等方面的深刻变化，通常被认为是西方社会学中首先明确论述了工业社会转型或新社会形态诞生的著述。贝尔确实在人们面前展现了一个崭新的社会，他称之为后工业社会（post-industrial society）。然而，贝尔提出的这个后工业社会，却是一个具有很大模糊性的概念，不仅就字面意思而言它似乎是一个时间概念，指的是工业社会之后的社会，而且从贝尔对这个名词的实际使用上看，它也被赋予了多种含义。

不过，贝尔自己却认为后工业社会是一个得到了明确界定的概念。他指出："我之采用'后工业'的词，有两个理由：第一，在于强调这些变迁的同质性和过渡性；第二，在于着重知识技术这个主要的中轴原理。"①可见，贝尔试图用这个概念强调后工业社会的变化具有整体性，即不是仅指社会生活哪一个方面的变化，而是认为社会发生了总体性变化，并且还强调了后工业社会的变化根源在于知识进步和技术革命。在这个意义上，贝尔坚定地主张："我反对把出现的这些特征试图标定为'服务业社会'，或'信息社会'，或'知识社会'，即使这些要素都存在，因为这种名称是片面的，也许是为了追求时尚而加以曲解。"②

贝尔的反对并没有阻止越来越多的学者从不同角度称谓他所论述的后工业社会，吉登斯的全球化社会，乌尔里希·贝克的风险社会，鲍德里亚的消费社会，卡斯特的信息社会和网络社会，还有断裂社会、符号化社会、新媒体社会等，凡此种种，举不胜举。何以至此？事实上不能简单归结为贝尔所指责的对后工业社会观察的片面性，更重要的是，随着时间的推移，后工业社会的这些特点日益明显地呈现出来，学者们提出的不同概念，真实地反映了后工业社会的不同层面都呈现了深刻的变化，而这些概念是从不同角度对已经发生了总体变迁的当代社会不同侧面的一种概括。

实际上，贝尔关于后工业社会来临的一系列论述，受到了马克思社会形态理论的很大影响，他实质上已经像马克思论述工业社会是人类社会一种新形态那样论述了后工业社会。马克思说："手推磨产生的是封建主的社会，蒸汽磨

① 丹尼尔·贝尔：《后工业社会的来临》，高銛等译，新华出版社 1997 年版，"1976 年版前言"第 6 页。

② 丹尼尔·贝尔：《后工业社会的来临》，高銛等译，新华出版社 1997 年版，"1976 年版前言"第 5 页。

产生的是工业资本家的社会。”①这句被广为引用的名言表明，马克思正是从技术革命出发来把握社会形态的变迁。这句名言的进一步展开就是，生产工具的变革决定了生产力的发展水平，而生产力的发展必定决定生产关系的变化，占统治地位的生产关系作为经济基础又决定了政治的和思想文化的上层建筑的性质，而经济基础和上层建筑的统一就是社会的整体形态。因此，从生产工具开始的变革，一定会引起整个社会形态的变化。

贝尔论述后工业社会来临的时代，正是以计算机为核心的信息技术革命快速展开的时代。虽然贝尔把他的《后工业社会的来临》称为对未来社会的一种预测，但在他的笔下已经清楚看到，20 世纪 60 年代后期，在计算机、影视通信和遗传工程等新技术的推动下，以美国为代表的西方发达国家在经济、政治、文化和社会生活的各个方面都已发生了广泛而深刻的变化，并且这些变化之间都具有紧密的联系，贝尔称之为由知识和技术中轴决定的整体性变化。贝尔关于后工业社会变化的论述逻辑，同马克思论述农业社会向工业社会变迁的逻辑是相似的，甚至可以说是共同的。

马克思认为，正是机器作为最先进的生产工具决定了工业社会生产力的变革，并进而决定了工业社会生产方式和上层建筑的整个社会形态的变革。在 20 世纪 60 年代以后，机器作为最先进生产工具的地位已经逐步被以计算机为核心的信息技术所替代，而这正是后工业社会即将来临的最根本的决定因素。贝尔在以计算机为核心的信息技术革命基础上，论述了主要凭借机器的力量而运行的制造业的地位下降，依靠计算机等信息技术的信息产业迅速上升，产业结构发生了空前巨大规模的调整，并进而引起就业结构、阶级结构、权力结构、生活方式和思维方式的变化，于是，整个社会结构都已发生了整体变迁。也正是在这个意义上，贝尔反对仅从社会生活的某个方面来概括其面对的变化。

① 《马克思恩格斯文集》第 1 卷，中共中央马克思、恩格斯、列宁、斯大林著作编译局编译，人民出版社 2009 年版，第 602 页。

然而，虽然后工业社会概念也表示一个新社会已经来临，但这个概念毕竟没有像工业社会那样明确地揭示新社会的主要内容和本质特征。后工业社会就其直接含义而言，不过明确了这是一个工业社会之后的社会，至于是什么内容、什么性质的社会并不明确。因此，贝尔留下了一个值得进一步追问的问题：后工业社会究竟是一个以什么为主要活动内容的社会？农业社会的主要活动内容是农业生产，工业社会的主要内容是工业生产，而后工业社会的主要活动内容是什么？应当说，既不是农业生产也不是工业生产，而是信息生产。如果根据农业社会和工业社会的命名逻辑，是否可以称后工业社会为信息社会呢？

信息社会已经是当代学术中出现频率很高的一个名词，但经常使用这个名词的人们未必赞成可以用它来表示后工业社会或当代社会的主要内容和本质特征。譬如当人们从全球社会、风险社会、消费社会、符号社会、网络社会和断裂社会等角度讨论所面对的当代社会变迁时，未必认为从这些角度所观察到的当代社会的各种变迁，不过是信息社会变迁的不同侧面，是当代社会或后工业社会信息化的不同表现。事实上，无论人们给当代社会变迁冠以何种名词，那些令人眼花缭乱的社会变迁都不过源于社会生活的信息化。社会生活信息化是工业社会之后最基本的社会变迁，也是社会生活各种形式变化的主要内容和产生根据，因此，信息社会是当代社会最恰当的称谓，信息社会概念最清楚地概括了这个崭新的社会形态。

根据马克思的观点，一种新社会形态的诞生必然以生产工具的革命为前提，而计算机、互联网、数字和智能技术等，正是作为信息技术实现了生产工具的革命。作为工业生产力标志的机器，无论其发展到何种形式与何种程度，即便是当代还在创新提高的结构更加复杂、功能更加强大的机器，它的本质都是对物质产品的加工或制造。也有很多人把计算机也看作一种机器，20 世纪 60、70 年代，苏联学者批判资本主义世界机器控制人，其时所指的机器主要就是计算机。然而，计算机同制造物质产品的传统机器已经有了本质的区别。计算机不能直接加工制造物质产品，它直接加工制造的是信息产品，是通过信息的运行、重组和创造来支配物质生产乃至人类的全部社会生活。

虽然改变了当代人类社会生活的新技术还有很多，然而凡是能标之以新技术的，都不过是与处理信息有关的技术。互联网和移动通信等新媒体、遗传工程和空间技术等，都可以看作一种信息技术。以计算机为核心的信息技术是当代人类社会最先进的生产工具，这点似乎无人能够质疑，但进一步的推论却未必能够得到普遍赞成。如果承认计算机为核心的信息技术是最先进的生产工具，并且信息技术在作用对象、展开形式和运行方式上都同制造物质产品的机器有了根本的变化，那么就应当承认信息技术已经引起了生产工具的革命，它必然引起生产力、生产关系和上层建筑的变革，一个新的社会形态必然诞生。而这个新社会形态就应当被称之为信息社会。

信息社会作为一种新社会形态，是一切试图超越现代西方社会学的后现代西方社会学的共同现实基础。明确这一点具有重要意义，因为对现代西方社会学做了尖锐挑战的后现代社会学家们，他们急于从不同角度超越奠基于工业社会基础之上的现代西方社会学理论，尽管在各有洞天的论述中对现代西方社会学和后工业社会做了创造性论述，但那些令人眼晕的观点各异的论述，究竟有无内在联系？是不是都立足在一个共同的现实基础之上作出的理论思考？这不仅对于从整体联系或总体趋势上了解后现代西方社会学至关重要，而且就是对于从某个流派甚至某个学说开展深入研究也是不可缺少的前提。

二、面对整体变迁的分析研究

美国哲学家 M. 怀特在论述 20 世纪哲学演化趋势时指出：20 世纪是一个从构造理论体系的时代走向理论分析的时代，“20 世纪表明为把分析当作当务之急，这与哲学史上某些时期的庞大的、综合的体系建立恰好相反”①。在欧洲

① M. 怀特：《分析的时代》，杜任之主译，商务印书馆 1981 年版，第 5 页。

学术史上，构造理论体系最典型的代表是黑格尔，“几乎二十世纪的每一种重要的哲学运动都是以攻击那位庞杂而声名赫赫的十九世纪的德国教授的观点开始的”[①]。20 世纪思想家们一致采取的反体系行动，虽然是欧洲学术走向现代的一种发展形式，正是因为放弃理论体系的构造，20 世纪的人文社会科学开始进入社会生活各种层面，展开了更加深入的研究，然而，这种从体系构造转向问题分析的学术转向却陷入了另一种片面性：轻视对社会发展变迁的整体把握。

20 世纪的社会学也顺应了欧洲学术走向分析的潮流，特别是当 20 世纪中期社会学的中心从欧洲移至美国之后，放弃宏大叙事而专注具体问题的研究方式更是蔚然成风。从宏观层面对社会整体变迁的研究，不仅被视为非科学的形而上学的玄思，而且被看成是落后时代的陈腐学风。注重建设性和整合性的法国实证社会学传统，在美国演化成单纯强调客观描述和具体考察的技术分析。虽然 20 世纪 70 年代兴起的后现代社会学坚决反对把社会学归结为对客观现象的技术分析，但他们也顺应了超越理论体系的建构而直面社会问题的学术潮流，而以批判的方式坚持了对社会问题的理论分析。

利奥塔就是一个十分明显的例证。作为后现代社会学的重要代表，他一方面反对单纯客观地描述现实，认为无批判地描述现实无法清楚揭示信息化的后现代社会的复杂性；另一方面他又宣布，由德国古典哲学代表的思辨叙事和法国政治哲学代表的政治叙事，都是资产阶级为了动员社会统一意志推翻封建贵族统治，统一步伐实现资本主义工业化和市场化的理论表达，但随着以计算机为核心的技术革命的长足进展，工业社会的统治地位已经被后工业社会取代，人类社会的理想目标、思维方式和知识图景都已经从宏大叙事转向具体叙事，试图从整体上把握社会发展变迁的各种“元话语”或“元叙事”已经失去了存在的根基，即失去了合法性。正是在这种基本判断的基础上，利奥塔以批判的

① M. 怀特：《分析的时代》，杜任之主译，商务印书馆 1981 年版，第 7 页。

方式开展了对知识的话语和图形的分析。①

在马尔库塞、福柯、鲍德里亚等人那里，也能看到利奥塔这种反对单纯客观描述分析，但坚持了批判分析的学术转变。也就是说，自 20 世纪初开启的从体系构造转向事实分析的学术潮流席卷了 20 世纪所有学术流派，以反传统而自居的后现代社会学也没有脱离这个至今仍在继续的走向分析的学术潮流。区别不过在于，后现代社会学坚持的是批判的建构性分析，而同他们对立的是坚持科学的客观性分析。进一步说，后现代社会学同现代社会学的区别，不在于是否从体系走向了分析，而是前者站在人文主义立场上开展了批判建构的分析，后者站在科学主义立场上开展了客观描述的分析。并且，后现代社会学也坚持了不再从整体上建构理论体系的原则，因此无论后现代的社会学家们的思想理论展开了多么广阔的视野，很少有试图从整体上对当代人类社会的深刻变革作出系统的理论概括。

马尔库塞在 20 世纪 50 年代就已经预言人类社会将发生空前深刻的变化。在《爱欲与文明》中，马尔库塞指出，随着科学技术的发展和社会生产能力的提高，物质生活资料匮乏的状态将被改变，压抑文明也将随之被非压抑文明替代，一个人性得到彻底解放的新时代将会到来。②尽管不能说马尔库塞在 20 世纪 50 年初期的这些思想观点完全是一种乌托邦幻想，但第二次世界大战结束不久的西方世界还不可能立即发生摆脱匮乏进入丰盛的变化，因此只能把他的观点看作对社会可能发生深刻变化的有一定根据的推测。也正是因此，虽然马尔库塞率先提出了新文明、新社会和新生活必将实现的观点，但他的主要注意力还是对资本主义世界异化现象的批判分析，而对新社会的产生根据、展开形式和基本结构等没有作出明确论述。

时至20世纪60年代后期，随着以计算机为核心的信息技术革命迅速展开，社会生产力水平空前提高，物质财富大幅增长，匮乏时代基本结束，马尔库塞

① 参见利奥塔：《后现代状态——关于知识的报告》，车槿山译，生活 · 读书 · 新知三联书店 1997 年版，第 80—86 页。

② 参见马尔库塞：《爱欲与文明》，黄勇、薛民译，上海译文出版社 1987 年版，第 6—8 页。

的预言已经成为事实。丹尼尔·贝尔在《后工业社会的来临》中已经清楚地描述了这些重要变化，并且宣布了作为一种新社会形态的后工业社会已经来临。贝尔关于后工业社会来临的论断在西方学术界产生了广泛影响，但人们在贝尔的论述中关注的不是关于后工业社会是一种新社会形态的论断，而是关于产业结构、就业结构、阶级结构、社会中心任务和生活方式等方面变化的分析。接受贝尔的观点，关于后工业社会不同层面变化的各种学说不断涌现，但从总体上把握后工业社会的性质、形式和趋势的论述却不多见。

素以思想活跃、勇于创新而著称的法国社会学家，虽然也认识到后工业社会来临是人类社会的一次飞跃，它展开了与工业社会十分不同的矛盾关系和运行机制，但受到后结构主义思潮的影响，福柯、德里达和鲍德里亚等人不去从总体上论述社会形态的转变，而是分别从知识权力、话语实践、消费社会和社会生活符号化等方面去论述当代人类社会的变迁。他们富于挑战性的激烈言辞，尖锐地批判了工业社会的压抑原则、科学理性的片面独断和权力控制的人性扭曲，阐述了很多令世人振聋发聩的崭新观点，对于推进当代学术繁荣和理论创新作出了功不可没的重大贡献。但是，由于坚持反结构、反体系的后结构主义立场，这些法国社会学家没有从整体上对当代人类社会变迁作出明确的理论概括。

德国社会学家不仅没有像法国社会学家那样坚决地批判结构主义，反而注重对社会变迁的一些元理论层面的问题展开深入研究。哈贝马斯承接马克思没有来得及充分研究的交往行为问题，论述了交往行为展开的公共领域在社会系统中的重要地位与作用，揭示了公共领域被政治、经济体制吞噬导致生活世界殖民化而形成的危害，并论述了通过坚持交往理性来促进社会沟通、协调人际关系的交谈伦理学。哈贝马斯的这些研究正是直面了信息社会最重要的问题——信息沟通，他的研究涉及语言符号、自我认同、表达理解、行为模式、道德规范等一系列信息沟通中不可回避的问题，试图为保证人们社会交往的协调进行提供一套理性原则。

利奥塔斥责哈贝马斯不适时宜地重复德国古典哲学的宏大叙事，德里达批判哈贝马斯不顾当代社会走向分化的基本事实，试图用抽象教条来重建一去不复返的一统社会。其实，利奥塔和德里达对哈贝马斯的批评未必符合实际，哈贝马斯不过是系统地论述了交往行为及其相关的社会问题，不仅没有像黑格尔等古典哲学家那样做出体系建构，而且对当代社会作为一种新社会形态的变迁的论述也十分有限。哈贝马斯并没有仅仅停留在抽象原则或逻辑体系的构建上，他的大量著述主要是聚焦于信息化时代的社会交往或信息沟通问题的深入分析。

相比之下，英国社会学家吉登斯的理论视野要比法国和德国社会学家更开阔一些。吉登斯不仅从社会行动、社会信任、制度关系、时空变迁等方面系统论述了社会结构问题，而且还从当代社会作为晚期资本主义已经进入全球化时代的基本事实出发，论述了社会生活的信息化不仅加快了社会变迁的速度，也增加了大量不确定性和社会风险，应当重新审视当代社会的巨大变化，从传统社会学单纯客观描述局部事实的窠臼中超越出来等一系列崭新的观点。吉登斯已经开始了从总体上把握当代社会变迁的思考，但由于他未能系统阐明所论述的全球化时代、晚期资本主义、风险社会、反思性社会、脱域社会或时空抽离的社会等概念之间的关系，以致其五光十色的论述令人迷惘，不知究竟哪个概念是对当代社会最恰当的概括。

总之，上述这些引领了当代社会学学术潮流的社会学家们，都已真切而深入地论述了当代社会生活信息化而产生的一系列重大问题，他们对所关注问题的深入分析，为清楚地认识信息社会到来而产生的深刻变化作出了杰出贡献。然而，令人遗憾的是，在20世纪走向分析的学术潮流的推动下，社会学家们淡化了从社会形态更迭的角度对当代社会变迁作出总体性的概括。缺乏整体概括的不同侧面的深入分析，难免令人有只见树木不见森林的困惑。

三、马克思主义社会学的当代复兴

前面论及的丹尼尔·贝尔、马尔库塞、福柯、德里达、鲍德里亚、利奥塔、吉登斯，以及尚未提到的列斐伏尔、哈维、哈贝马斯、鲍曼、布迪厄、卡斯特等一大批对当代社会变迁作出深刻思考并有杰出理论建树的社会学家，虽然他们的思想理论在中国社会学界有了比较广泛的传播，但还少有学者明确地把他们看作新马克思主义社会学家。事实上，这些社会学家坚持了马克思主义实践立场和辩证法原则，以其崭新的思想观点和重大的理论贡献，推动马克思主义社会学在当代形成了引人瞩目的学术复兴。

在新马克思主义社会学家中，卡斯特最充分地论述了信息社会是一种有别于工业社会的新社会形态的观点。在其代表作《信息时代三部曲》的第一卷《网络社会的崛起》中，他开篇就宣布："公元两千年将届之际，一些具有历史意义的事件转化了人类生活的社会图景。以信息技术为中心的技术革命，正在加速重造社会的物质基础。全世界的经济已然成为全球互赖，在易变不定的集合形势系统中，引入了经济、国家与社会之间关系的新形式。"①卡斯特认为，信息技术革命同工业革命一样重要，它从总体上促使社会结构发生了重新构造的过程，社会的经济、政治和文化过程，以及社会生活的各种组织形式都发生了空前深刻的变化。通过一番广泛的考察分析，他明确地宣布：

我们对横越人类诸活动与经验领域而浮现之社会结构的考察，得出一个综合性的结论：作为一种历史趋势，信息时代的支配性功能与过程日益以网络组织起来。网络构建了我们社会的新社会形态，而网络化逻辑的扩散实质性地改变了生产、经验、权力与文化过程的操作和结果。②

卡斯特坚持马克思主义实践立场，从生产技术的变革出发来研判社会结构的变迁，明确地断定信息技术革命已经催生了一种新社会形态。虽然卡斯特常常把新社会形态称之为网络社会，但他也不断地论及网络社会的实质是信息社会的组织形式或表现形式。因为互联网不过是信息传递与交流的技术，网络社

① 卡斯特：《网络社会的崛起》，夏铸九、王志弘等译，曹荣湘审校，社会科学文献出版社2006年版，第1页。

② 卡斯特：《网络社会的崛起》，夏铸九、王志弘等译，曹荣湘审校，社会科学文献出版社2006年版，第434页。

会不过是人们为了交流信息而利用网络技术展开交往的新社会空间。所以无论是从网络社会存在的根据还是从其展开的过程看，网络社会就是信息社会的表现形式。

同种内容可以表现为不同的形式，信息社会作为新社会内容也可以表现为不同的形式。全球化社会就是信息社会的另一种表现形式。事实上，没有以计算机为核心的信息技术革命，全球化时代的到来是不可能的。正是因为信息技术革命，不仅世界各国的实体经济被大规模地连入世界经济体系之中，而且实体经济也在各种新媒体技术的支持下通过金融市场实现了信息化、符号化甚至虚拟化，各种经济体都争先恐后地融入全球经济一体化，并且谁也摆脱不了这个以信息化为根基的经济全球化过程。经济作为所有民族、所有层面社会生活的中心，其不可阻挡的全球化也必然引起各民族政治生活、文化生活和社会生活的全球化，而经济全球化又以信息化为根基，就此而言，人类社会生活各种层面的全球化，都不过是信息化的展开或结果。

至于列斐伏尔和哈维论述的空间表象与表象空间、时空压缩与形象生产，福柯论述的语词秩序独立化，利奥塔论述的知识图景网络化，吉登斯论述的时空脱域与不确定性，贝克论述的风险社会，鲍德里亚论述的消费行为符号化和拟像秩序，哈贝马斯论述的言路断裂与交往沟通，鲍曼把迅速变化的信息社会称为液态社会等，都不过是社会生活信息化的表现或结果，他们都从不同角度或不同程度地接受了马克思主义的立场和方法，阐述了在当代社会学具有重要地位和影响的新马克思主义社会学思想理论。可以说，引领学术新潮的新马克思主义社会学论述的主题，都是源于信息技术革命引发的各种重大社会问题。

新马克思主义社会学面对的是后工业社会的信息社会，他们阐述的种种超越了现代社会学的思想理论，大部分内容是对信息社会新现象、新问题和新趋势的分析和理解。尽管新马克思主义社会学家在专注自己提出的问题时，通常淡化了从总体上对信息社会这个新社会形态的理论概括，但正是这样一些研究使社会学的触角能够深入到新社会形态的各种构成部分，清楚而细致地审视了信息社会的深刻变迁，为在总体上把握新社会形态作出了不可或缺的理论准备。

本篇 8 章所论述的内容，同马克思主义社会学特别是新马克思主义社会学有紧密的联系。第十章、第十一章和第十二章，论述了后工业社会或信息社会来临后，人类社会发生了深刻变迁，引起了社会学对理性化追求的反思和感性论研究的转向，马克思确立的实践原则在新形势下进一步显示了学术价值和现实意义，马克思主义社会学走向了复兴。第十三章、第十四章和第十五章，回顾了马克思主义社会学理论研究的历史，分析了其理论研究薄弱的原因并论述了创新发展的新机遇；指出了马克思主义社会学同实证主义社会学的区别与对立，马克思主义社会学学科建设的欠缺和新形势下的重大使命，并对马克思主义的学术地位、理论基础、经验研究和理论贡献做了系统论述；第十六章和第十七章论述了以实践为基础的马克思主义空间社会学，同时也评析了现象学空间社会学的相关理论。

第十章　社会理性化的感性制约——建构和谐社会的难题

和谐社会是社会学的基本追求，社会学在其历史中提出了许多观点各异的和谐社会建构方案。直接看去，似乎社会学给出了形式繁多且内容难以把握的建构方案。然而，无论这些建构方案的展开形式和具体内容有何不同，实质不过是试图通过社会理性化而排除各种有碍社会生活协调运行的障碍，进而保障社会平稳有序地发展。社会理性化是在感性的社会存在中进行的，社会生活中的感性因素无法避免地制约着社会理性化过程。大部分社会学家都过高地估计了社会理性化的效力，至今未能深入探索社会理性化的感性制约，而这正是建构和谐社会不可回避的难题。

一、理性期待中的和谐社会

和谐社会是社会不和谐的否定概念，或者说是针对社会生活不和谐而提出的一种社会理想状态。这种社会理想状态自 19 世纪上半叶以来得到了现代社会学持久不懈的热烈追求。一个众所周知的事实是，现代社会学诞生于传统社会向现代社会的转型过程中，正是那些在社会转型中不断涌现出来的社会问题甚至社会危机使社会学获得了长久的发展机遇与前进动力。面对法国资产阶级革命之后的社会动荡，孔德提出社会学的理论追求和实践目标是社会秩序与社会进步，并且认为只有用实证的新理性去教化社会成员，才能克服社会混乱、重建社会的和谐秩序。迪尔凯姆的社会团结理论、韦伯的合法性权威和科层制理论，以及帕森斯的社会行动和社会系统理论、默顿的中层理论等，都不过是根据理性主义原则，针对社会转型或社会变迁中出现的种种社会问题，为寻求社会和谐而建构的理论学说或社会理性化方案。

现代社会学的经典作家们都自称是理性主义者，并且把自己的理论探索看成是使社会生活理性化的神圣事业。迪尔凯姆说："我唯一能够接受的称号是理性主义者。实际上，我的主要目的在于把科学的理性主义扩展到人们的行为中去，即让人们看到，把人们过去的行为关系还原为因果关系，再经过理性的加工，就可以使这种因果关系成为未来行为的准则，人们所说的我的实证主义，不外是这种理性主义的一个结果。"①这段表述可以表达绝大部分现代社会学家②的理论追求和理论特征：即用科学的理性主义去认识社会，概括理性原则并推进社会生活的理性化。也正是在这个意义上，韦伯把自己的社会学追求定位在实现社会行为、社会权威和社会制度的理性化。

迪尔凯姆、韦伯和其他社会学家的社会理性化追求，沿袭了自柏拉图开始的欧洲理性主义传统。在欧洲理性主义的视野中，尽管其内部也有许多分歧，但是理性主义者有一个从未变化的原则：理性可以把握本质、认识普遍，而内在的本质和普遍性是稳定的，只有那些外在的现象和个别性才是偶然的不确定的。用这个原则来看待社会生活，自然就会得出必须借助理性，用本质联系和普遍原则去规定社会行为、改变社会生活，社会才能维持和谐状态和稳定秩序，这也就是社会学追求的社会理性化。

社会学的理性化追求直到现在还在继续，但是它已经受到了来自现实和理论的严峻挑战。虽然第一次世界大战已经以无情的事实告诫人们启蒙运动以来

---

① E. 迪尔凯姆：《社会学方法的准则》，狄玉明译，商务印书馆1995年版，第3—4页。

② 笔者把坚持现代性原则、在主观和客观二元对立的思维方式中开展社会学研究的社会学传统称为现代社会学，而把以常人方法学为兴起标志的超越主客二元对立的各种社会学流派称为后现代社会学。参见拙著《后现代西方社会学理论》第一章至第三章，社会科学文献出版社2002年版。

的理性主义追求应当得到深刻反省，并且尼采等一批哲学家已经开始严厉地批判科学理性主义，但是迪尔凯姆和韦伯等现代社会学家并没有明确意识到理性的局限，反而认为只有进一步伸张理性主义原则，推进社会理性化，才能克服秩序紊乱的社会危机。第二次世界大战之后，社会学家开始对理性化追求作出深刻反思，理性主义原则在越来越明确的程度上受到了怀疑。

且不论福柯、德里达和马尔库塞等人对科学理性主义的坚决批判，就一些比较温和的社会学说而言，也可以发现对社会理性化的否定。20世纪60年代兴起的加芬克尔为代表的常人方法学，其意义不仅在于为社会学研究提出了突破主观和客观二元对立的常人思维方式，还在于它否定了现代社会学对社会理性化的片面追求，也正是在这个意义上笔者认为常人方法学是后现代社会学兴起的标志。

加芬克尔认为，社会生活是人际交往过程，只有深入人际关系才能对社会生活有明确认识，现代社会学在主观和客观二元对立的思维方式中把社会生活作为外在对象去看待，其实质是用认识物的思维方式来认识人的社会，所以达不到对社会生活的正确认识。简言之，加芬克尔否定用科学思维方式研究社会生活，而主张进入日常生活世界、用符合社会生活本性的常人思维方式来认识社会。

在柏拉图开始的西方理性主义传统中，日常生活世界和常人思维方式都是居于理性层面之下、等待理性提升的感性事物。而当加芬克尔主张立足日常生活世界并用常人思维方式开展社会学研究时，这就既说明社会学开始转向感性世界、重视感性因素，也表明社会学放弃了对社会理性化的单向度追求。尤其是加芬克尔认为只有在日常语言交流中，并且社会学家也像常人一样同被研究者开展日常对话才能真实而具体地理解社会生活的意义，这就更明确地要求社会学应当立足感性世界、面对感性事物、用感性的方式开展同现代社会学不同的研究。

坚持社会理性化的现代社会学家或者立足于客观的科学世界（如孔德、迪尔凯姆）主张用科学理性改造社会生活，或者立足于主观的意义世界（如韦伯）主张用超越现实的理想模式改造世界（科层制），他们都是在日常生活之外观察社会生活，用理性原则改变被他们认为是非理性的日常生活。而当加芬克尔立足于日常生活世界之中、用常人方法开展社会学研究时，表明社会学的立场、视野和追求都发生了重大转变。

自常人方法学兴起之后，返回生活世界，从感性的日常生活出发去研究各种社会问题，成为越来越多的社会学家的共同立场。布迪厄的惯习、前逻辑或实践感理论，[①] 吉登斯的紧迫行动、实践意识和双向结构化理论，[②] 哈贝马斯的日常语用学、交往理性和公共领域转型等理论，[③] 都是返回生活世界、立足日常生活作出的新的理论思考。尽管这些理论中也常常提出社会生活进一步理性化问题，例如哈贝马斯就明确坚持理性化是未竟的事业，应当用交往理性来化解一些导致社会生活走向分裂的非理性因素，但是，此时的理性已不再是迪尔凯姆所说的与日常生活相对立的科学理性，而是立足日常生活、肯定感性世界的新理性。

二、社会理性化的形式与根据

现代社会学家依靠社会生活制度化去追求社会理性化，所以制度是现代社会学为自己确定的基本研究对象，迪尔凯姆说："可以把社会学界定为关于制度及其产生与功能的科学"[④]。迪尔凯姆论述的机械团结和有机团结，韦伯论述的行动类型、权威类型和科层制，帕森斯论述的行动模式和社会系统模式，都

① 皮埃尔·布迪厄：《实践感》，蒋梓骅译，译林出版社 2003 年版，第 28—33 页。

② 安东尼·吉登斯：《社会的构成》，李猛、李康译，生活·读书·新知三联书店 1998 年版，第 40—45 页。

③ 哈贝马斯：《交往行为理论》，曹卫东译，上海人民出版社 2004 年版，第 380—381 页。

④ 迪尔凯姆：《社会学方法的准则》，狄玉明译，商务印书馆 1995 年版，第 19 页。

不过是从不同角度对社会生活制度的研究。

问题的复杂性在于，制度在社会视野中从一开始就被赋予十分宽泛的含义。在迪尔凯姆那里，制度具有与社会事实相同的含义，所以他一方面把社会学界定为研究制度的科学，另一方面又把社会学的研究对象规定为社会事实。迪尔凯姆认为社会事实“由存在于个人之身外，但又具有使个人不能不服从的强制力的行为方式、思维方式和感觉方式构成”①。这些制约人们行动与思想的方式恰恰是人们通常讲的制度。

这里应当引为注意的是，迪尔凯姆提到了感觉方式。如果规定人们行为的方式就是制度，那么感觉方式也是一种制度，而且是规定人们感觉意识的制度。思维方式一定是理性层面上的，同理感觉方式一定是感性层面上的，并且行为方式同思维方式和感觉方式有着必然的内在联系。因为人们的行为一定是受意识活动支配的，所以谈到人的行为及其方式就一定要涉及人的意识活动方式。而由思维方式支配的行为方式就是理性制度，诸如由政策法规支配的组织行为模式，遵守规章制度的生产操作程序，按照科学原则进行的实验步骤等，都属于理性制度；由感觉方式支配的行为方式就是感性制度，诸如时尚、风俗、习惯和习俗，以及通过模仿和从众形成的各种行为模式等，都属于感性制度。

同制度经济学和制度社会学的正式制度与非正式制度相比，理性制度相当于正式制度，而感性制度一定都是非正式制度。正式制度一般泛指经过组织认定的条理化的制度，虽然有些理性思维支配行为而形成的制度未必都是经过组织认定的，但经过组织认定的正式制度一定是理性思维的产物，或曰理性制度；非正式制度是由群众的文化传承、模仿从众等感性意识活动或交往行为积习而成，虽然其中不排除理性因素，但是起主导作用的乃是感性意识，因此，非正式制度都可以归结为感性制度。

做此比较的意义在于，如果由组织认定的正式制度都是理性制度，而由群

① 迪尔凯姆：《社会学方法的准则》，狄玉明译，商务印书馆1995年版，第25页。

众传习的非正式制度都是感性制度，那么由此就会提出一些更为复杂的问题：社会学一个半多世纪追求的社会理性化，是否在用组织认定的正式制度改造群众的非正式制度？如果回答是肯定的，那么社会学追求的社会理性化不过是社会生活的组织化，其中不仅包含了要求社会生活按照组织原则甚至官方政策规范运行，而且也包括要求感性层面上的个别性服从理性层面上的整体性。因此，这种理性化包含了普遍性的控制原则。

这个问题的另一个提法是：社会学为实现社会理性化而追求的制度化是否是用理性的正式制度改造感性的非正式制度？如果是，那么社会学的社会理性化追求实质是用逻辑来规约现实、用理想原则来改变感性生活。尽管迪尔凯姆声明他的追求是用理性概括现实的因果关系而为社会生活确立规则，也就是说社会学追求社会理性化的根据源于社会生活本身，但实际生活中的因果关系一旦经过理性概括就一定脱离其具体性而上升到抽象层面，因而成为逻辑原则去制约感性现实。德里达等人正是在这个意义上指责理性主义主张社会理性化是一种逻辑中心主义，是要求感性的具体社会服从抽象的逻辑原则。

由于理性制度同正式制度之间是包含关系，因此，当社会学用理性制度来推进社会理性化时，必然会促进正式制度对非正式制度的制约。无论在何种社会领域，正式制度同非正式制度之间都不可排除地存在矛盾关系，虽然正式制度清晰明确，具有强制性和效率优势，但是正式制度必然存在于无限丰富的非正式制度之中，非正式制度是正式制度的前提和基础，离开了非正式制度，正式制度只能作为抽象原则存在，失去了真实发挥作用的对象。更明确地说，正式制度的作用在于对非正式制度的制约与排斥。

进一步的问题是，社会学追求社会理性化、制度化的目的在于实现社会和谐，而用这种理性化和制度化实现的社会和谐又是一种什么样的和谐？如果社会学的理性化是以改造或控制感性生活为前提，如果社会学的制度化是以正式制度压制非正式制度为前提，那么其结果有可能形成一种稳定的社会秩序，但却未必建构出真实的和谐社会。

在社会学视野里，和谐社会主要被理解为社会构成要素之间的协调性，例如帕森斯认为社会的基本结构是由经济、政治、社会和文化等子系统构成的，四个子系统有各自的功能，它们之间必须保持最低限度的协调性，整个社会系统才能维持良性运行，才能由低级向高级地协调发展。这种结构论的协调论，是一种忽视了社会分层差别的平面论。

社会分层本来是社会学研究社会问题的基本范畴，但是在社会理性化和社会制度化的理论追求中，社会分层却被置于无足轻重的地位。究其原因，可能还是平面化的结构协调论的作用。社会分层的实质是揭示社会生活的差别性，马克思的阶级理论和韦伯的阶层理论，主要是从地位差别作出的分层。马克思认为阶级差别的存在是社会不合理的重要表现，所以他主张用阶级斗争来消灭阶级差别。韦伯则认为阶层的差别乃是社会的客观现象，寻求社会学和谐并不在于消灭这些阶层差别，而在于按照合法性权威使社会各种因素稳定地处于不同的社会制度之中。

事实上，以社会理性化和制度化来寻求社会和谐，本身就是一种不平等的以社会分层合理性为前提的观点。一个不容否认的基本事实是，理性原则和根据理性思维设计出来的正式制度，从来就是社会少数精英，至多是社会专家系统的作为，而感性原则和感性的非正式制度则是广大基层群众的意识原则与行为规则。因此，用理性原则改造感性原则，用正式制度限制非正式制度，体现了少数社会成员对大多数成员的控制意志或统治行为。

更为重要的是，在社会理性化和制度化中处于主导地位的毕竟是社会少数成员，而以感性意识支配自己行为，按照非正式制度行事的社会成员是社会的大多数。于是，这里又遇到了以少数人的原则和意志改变大多数人的行为规则和主观愿望的矛盾。在当代学术思潮中，但凡反对理性主义专断的学说或流派，几乎都主张返回生活世界、尊重日常生活、重视感性存在，这不仅是一种学术观点，而且也是一种政治倾向。

三、社会理性化的感性化前提

借助经济社会学和现象学的理论视角，可以对这里的问题作出更加深入的回答。经济社会学的一个基本观点是：以理性选择为核心的经济行为或经济制度嵌入社会网络或社会结构之中。①这个观点同胡塞尔晚年的回归生活世界观点有本质上的共识，区别不过在于，波兰尼和格兰诺维特等人专指经济行为和经济制度对社会网络结构的嵌入性，而胡塞尔则在广义上认为各种专业化或主题化的理性行为都是植根日常生活之中的。嵌入说和植根说都不过是强调未分化的日常社会生活对专业化或主题化行为的基础性。

胡塞尔把日常生活领域称为人与人直接交往、把他人当作和自己一样的人对待并和谐相处的周围世界，他像歌德、席勒和尼采等人一样，认为感性的日常生活世界本来是一个和谐的世界，只是由于理性主义专断和理性原则对社会生活的分化，才导致了社会生活的分裂与冲突，因此，社会不和谐的罪魁祸首乃是理性，寻求社会协调的途径不是理性化和理性支配的制度化，而是限制理性、解放感性，超越科学、回归生活。②

经济社会学没有像胡塞尔那样贬斥理性，但是它强调理性经济行为嵌入社会网络关系之中，主张在经济行为与其他社会行为的互动关系中把握经济社会生活的运动变化。虽然经济社会学同时承认了经济行为与社会行为的合法性，这一点同现象学对专业行为或理性选择的否定是不同的，但是经济社会学关于社会网络关系前提性同现象学关于生活世界基础性的观点是一致的。

尽管社会网理论还保留着结构论的某些原则，但是从结构论到社会网理

① C. Karl Polanyi，Conrad Aresenberg，and Henry Pearson，eds.，*Trade and Market in the Empires*，Glencoe，III：Free Press，1957，p.250；Granovetter，M.Getting A Job：A Study of Contacts and Careers，Cambridge，MA. Harvard University Press，1974，pp.1-6.

② 参见胡塞尔：《现象学与哲学的危机》，吕祥译，国际文化出版公司 1988 年版，第 138 页。

论，是实证社会学在当代具有本质意义的重大变迁，因为社会结构是指内在于社会现象的稳定联系，而社会网络则指人与人之间的互动关系。就此而言，网络论已使结构论的眼光从内在性转向了社会生活的现实性，或者说使社会学的视野从去人化的本质追问转向了凸显人际交往的生活关注。经济社会的行为与制度的协调问题由此变成了理性选择与感性生活的互动，变成了正式制度与非正式制度的互融。

经济社会学和胡塞尔现象学的观点，是西方学者对启蒙运动以来社会变迁和社会危机的经验总结与理论概括，这些观点对于正在推进社会生活理性化、制度化并寻求社会和谐的中国社会具有一定的借鉴意义。如梁漱溟等人所论，中国社会是以家庭为根基的伦理本位社会，同西方社会相比，中国社会感性原则的作用大于理性原则，非正式制度的作用大于正式制度。这是为很多中国学者反复论述并且是真实存在的基本事实，① 是中国推进法治建设、深化制度改革和发展市场经济不可忽视的社会存在。

中国社会以家庭为根基，这意味着中国社会的行为方式是建立在家庭生活之上的。家庭生活是以情感和血缘为纽带的，家庭成员之间的联系也是以面对面的感性交往而展开的。这与西方社会有明显不同，虽然家庭在西方社会也具有生活单位的性质，但是由于基督教提倡的天下皆兄弟的群体精神，淡化了家庭中的父母和子女的关系。因此，西方社会经基督教的长期教化形成了重群体的团体原则，而这种孕育于基督教群体生活中的团体原则便是启蒙运动之后西方社会理性化和制度化的基础。②

中国社会长达几千年的宗法制度和家族制度使人们特别重视亲缘关系、熟悉关系和圈子社会，这些感性层面上的关系成为中国社会成员的安身之根、立命之本。因此，像胡塞尔那样强调回归生活世界，以日常生活为根据去评价和抑制理性化造成的社会分裂，像经济社会学那样把专业化的理性行为放到社会

---

① 参见梁漱溟：《中国文化要义》，学林出版社 2000 年版，第 77—80 页。

② 参见梁漱溟：《中国文化要义》，学林出版社 2000 年版，第 73—75 页。

网络关系中考察，在中国就有了特殊意义。

尤为重要的是，中国社会处于转型时期，社会分化和社会重组正在向纵深发展，尽管一些站在市场经济前沿的社会成员或某些群体的理性精神和制度化意识已经有了明显提高，政府按照市场经济发展的要求规范社会行为和经济行为的能力在不断增强，并且法治化和制度化的社会理性化进程也不断深入，但是广大基层社会成员在圈子社会中依赖亲缘关系和熟悉关系开展社会交往的习惯并未改变甚至有所强化。并且，模仿、从众和沿袭传统等感性行为方式仍然是广大基层群众的普遍行为方式，他们很难在信息匮乏、资源不足和自主性受到严格限制的条件下开展有效的理性选择，所以他们的行为方式和生活方式主要是感性方式。

如果这些是不争的事实，那么就可以作出这样的判断，促进社会转型的理性化和制度化是有限的，而对理性化和制度化有阻碍作用的感性存在却是广泛的。不过，当我们说感性存在是理性化和制度化的障碍时，实质上含有理性原则和制度规范同人们的感性意识和感性存在相互对立的前提。如果能够化解这个对立前提，感性存在不仅不是理性化和制度化的障碍，反而应当是理性化和制度化的依赖。而欲化解这个对立，首当其冲的不是感性存在，而是理性原则和理性制度。因为，感性存在是被动的，而理性原则和理性制度是主动的，造成二者对立的是理性而不是感性，是理性排斥并试图改造感性，是理性刻意设计出种种原则规矩去试图重新塑造自在的感性。

因此应当反思理性、调整理性。理性的实质是人类思维与行为的根据，人类思维与行为的根据不应当生发于少数人的逻辑推论中，而应当存在于广大社会成员的社会生活中。只有从普遍的社会生活中概括真实而有效发生的存在根据或行为规则，才能使理性原则和制度规章立于可靠的根基之上，理性化和制度化的追求才能有效实现。

理性化和制度化的目的是秩序和效率。虽然不能像哈耶克那样把秩序仅仅归结为人类社会生活的自发性，但是也不可能像理性主义者那样把秩序归结为依据推论而成的逻辑次序。秩序应当在理性导引和感性认同中得到确立，仅有前者，秩序是抽象的理想模式；仅有后者，秩序是具体的现存形式。只有把二者有效地结合起来，秩序才能协调而有活力地存在。效率是秩序的支撑，无效率的秩序迟早要被否定，因为无效率的秩序无法不断吸取资源维持自身。现代社会学虽然认为秩序重于效率，① 但是效率在现代社会学的秩序追求中从来就居于不证自明的前提地位，因为现代社会学所追求的社会秩序是从传统向现代转变的社会秩序，而现代社会秩序优于传统秩序的根本标志就是效率的提升。

因此，设计和推进社会理性化和制度化应当注意这样几点：

其一，注意基层社会成员从感性意识对理性化和制度化的评价与认同，实现这一点的基本条件是理性原则和制度规范的感性化，原则化和逻辑化的理性设计和制度安排只有同广大基层社会成员的感性意识连接起来，才能被认知和理解。其二，注意基层社会成员在社会理性化与制度化中的利益关系变化。其三，注意协调由理性设计的正式制度同社会既存的非正式制度的关系，只有理性设计的正式制度同存在于人们的感性意识和感性行为中的非正式制度协调起来，社会才能形成稳定而有效的和谐秩序，尤其在社会转型时期，新旧制度交替时正式制度和非正式制度的矛盾变得更加复杂。这些也就是笔者所谓社会理性化的感性化前提。

---

① 孔德认为社会学的基本任务是秩序与进步（进步的根据在于效率的提升），但是进步与秩序相比，进步只有转化为秩序才具有实质意义，否则只能导致社会生活不确定的变动。参见孔德：《论实证精神》，黄建华译，商务印书馆 2001 年版，第 79—82 页。

第十一章　当代社会学的理性化反省与感性论转向

社会学的理性化追求在20世纪70年代以来受到了越来越尖锐的挑战，不仅其他学科对以工业化、科学化和法制化为基本内容的社会理性化提出种种质疑，而且社会学内部也出现对社会理性化越来越深刻的批判反省。在对社会理性化多重视角的深刻反省中，一个崭新的趋势日渐清晰地呈现出来：立足感性实践、阐释感性生活、肯定感性秩序，我们不妨称之为当代社会学的感性论转向。

一、社会理性化追求的深化

20世纪初以来，人本主义、实证主义和马克思主义等社会理论都得到了很大程度的发展。人本主义社会理论在现象学社会学、常人方法学、后结构主义、社会建构主义等社会理论或社会学理论的新流派中得到了丰富展开；实证主义社会理论的思想原则在结构功能主义、交换理论、符号互动论等社会学流派中得到了充分表现，形形色色坚持实证主义立场的社会学理论不断形成；马克思主义社会理论也在以法兰克福学派为代表的新马克思主义中得到了进一步发展，社会批判理论、社会交往理论、社会实践理论等，都可以看作马克思主义社会理论的新形式。

虽然三大社会理论都面对当代人类社会问题、追求社会发展进步，但它们都始终坚持各自形成之初的基本立场，明确分歧甚至尖锐对立。人本主义社会理论坚持从个人的生存状态和发展困境出发，批判社会理性化带来的各种弊端，注重的是一个感性的社会；实证主义社会理论继续坚持其客观主义和科学主义立场，追求社会生活的制度化、组织化或现代化，注重的是理性化的社会；马克思主义社会理论坚持实践立场，在个人与社会、现实与理想的辩证关系中观察社会生活、推进社会发展，注重的是一个实现感性和理性统一的社会。

在很多中外社会理论或社会学文献中，社会理论同社会学理论并没有明确界限，不过，大部分实证主义社会学家却强调他们的理论不同于一般意义上的社会理论。在一些实证主义社会学家看来，社会学是科学，其根本标志是用客观的观察视角和方法原则研究社会现象。如果社会学一定是坚持客观原则的科学，那么诸如法兰克福学派、后结构主义和社会建构主义等社会理论确实难以归入社会学范畴，因为这些社会理论不仅更多地注意主观因素在社会生活中的地位与作用，而且还坚决反对用单纯客观的原则去研究和回答社会问题。

实证社会学坚定地坚持客观性的科学原则，这是它继续推进社会理性化追求的一个基本标志。对客观的科学原则作出最充分论述的实证社会学家当属迪尔凯姆，他把社会事实当作外在的客观的物一样看待，这是他坚持实证主义立场、把社会学建设成科学的一个基本出发点。因此，迪尔凯姆把实证主义看作理性主义追求的一个结果，并明确声明自己的努力就是追求社会生活理性化。他说："认真说来，无论是唯物主义者还是唯心主义者，用在我头上都不准确。我唯一能接受的称号是理性主义者。实际上，我的主要目的在于把科学的理性主义扩展到人们的行为中去，即让人们看到，把人们过去的行为还原为因果关系，再经过理性的加工，就可以使这种因果关系成为未来行为的准则。人们所说的我的实证主义不外是这种理性主义的一个结果。"①

用科学的方法原则，在社会生活中发现客观的因果联系，把这些作为外在

① 迪尔凯姆：《社会学方法的准则》，狄玉明译，商务印书馆2004年版，第3—4页。

规定性的因果联系概括为社会生活的结构、社会行为的模式或社会构成的运行机制等，然后再根据科学化、现代化的价值取向，为提高社会运行效率和保证社会行动协调而提出化解社会问题的对策，制定种种社会制度，为人们的行为提供制约规则，使社会生活在一个稳定的秩序中运行，这就是迪尔凯姆作为实证社会学奠基人为社会学确立的基本原则和发展模式。迪尔凯姆认为这是一条不同于思辨哲学的崭新道路，所以他既不属于唯物主义也不属于唯心主义，而属于“科学的理性主义”。

迪尔凯姆确实提出了一些在法国唯物主义者和德国唯心主义者那里都未曾见到的新方法、新原则，但是无论这些新方法和新原则的表达形式同法国唯物主义和德国唯心主义有何不同，其追求客观性、普遍性和社会生活理性化的根本立场与根本目标是一致的。法国唯物主义认为外在的物质是世界的本原，德国唯心主义认为客观的理念是世界的本体，虽然分别强调了物质和精神两个方面，似乎是严格对立的，但二者的根本目的却是相同的，都在于为人类社会生活找到一个客观的普遍性原则，以此规定人们社会行为，实现感性生活理性化。就此而言，迪尔凯姆为社会学确立的根本原则和追求目标，同传统哲学并没有本质区别。

迪尔凯姆之后，帕森斯和默顿代表的结构功能论，米德、布鲁默和戈夫曼等人代表的符号互动论，霍曼斯、布劳和科尔曼等人代表的理性选择理论，分别从不同角度深化了实证主义社会学的社会理性化研究，使经典实证主义的社会理性化追求有了更具体、更丰富的内容和形式。特别是霍曼斯开始的理性选择理论研究，更加严格地坚持理性主义的立场和原则，明确地把人们的交往行为都解释为利益追求，认为人们的交往行为是根据低成本、高效益的理性选择原则，在计算、推论的逻辑思维支配下，开展投入与产出的交换行为。简言之，霍曼斯用经济学的理性选择原则来解释人们的社会交往行为，因此他被看作美国经济社会学的奠基人。

从亚当·斯密开始的西方经济学，其核心是关于如何开展理性选择的原则与理论，而其追求则是最典型的社会生活理性化追求。霍曼斯按照经济学的理性选择原则来解释小群体的人际交换行为，认为人与人之间的交换都是根据趋利避害、以少取多的经济原则展开的，可以把人们之间的交换行为解释为“投资与回报”“奖赏与惩罚”等以利益攫取为目的的交易过程。这实在是一种过度理性化的理论。事实上，无论哪个民族，即便是在市场化程度较高的美国，人们既不可能是单纯的经济人，也不可能事事都按照交易原则去计算、推论或分析。因此，霍曼斯不是在描述实际发生的社会交往行为，而是在表述一种理性化追求，他不过阐述了一种以为按照经济学的理性选择原则开展交往行为，就可以保证交往行为合理、有效的理想模式。

以韦伯为代表的解释社会学，虽然承认人们的社会生活或社会行为在很大程度上处于感性层面，但是由于解释社会学并没有否定科学理性主义的原则，所以常常站在与实证主义相同的立场上，追求社会生活的理性化。在《经济与社会》等著作中，韦伯对习惯、习俗、惯例和传统等行为方式或非正式制度开展了丰富论述，明确承认这些尚未进入理性层面的感性行为或感性制度的真实性和普遍性。但是，韦伯认为这些感性行为或感性制度是低效的，欲实现现代化就必须按照工具理性、科学原则来提升感性行为、改造感性制度。于是，韦伯推崇合法化权威，赞扬科层制安排，其实质就是要促进感性生活理性化。

二、立足实践的理性化批判

在实证社会学和解释社会学坚持科学原则热烈追求社会理性化的同时，高举新马克思主义旗帜的法兰克福学派，展开了对科学理性主义和社会理性化追求的激烈批判。作为法兰克福学派的主要代表，马尔库塞对科学理性主义和社会理性化的批判是最丰富也是最深刻的。马尔库塞坚持马克思的实践观点，认为社会生活在本质上是实践的，正是人们的交往实践展开了社会生活的丰富内容和复杂形式，并且获得了维持社会存在与社会发展的资源或财富。所以，只有坚持实践的立场，从实践出发，才能对社会生活中的问题与矛盾作出符合实际的解释。

马克思批判继承了德国古典哲学的实践理论，在对欧洲工业生产实践和社会革命实践的深入考察与直接体验的基础上确立了自己的实践观点。马克思说："从前的一切唯物主义——包括费尔巴哈的唯物主义——的主要缺点是：对对象、现实、感性，只是从客体的或者直观的形式去理解，而不是把他们当做人的感性活动，当做实践去理解"①。这段为人们熟悉的论述，虽然是批判法国机械唯物主义者和费尔巴哈的，但也可以看作对实证主义的批判。孔德等实证主义者像马克思批判的旧唯物主义者一样，也是从客体或直观的形式去理解社会现象和人们的感性生活的，所以也没有把社会生活当成人的感性活动亦即当作实践去理解。

实践作为感性的活动，这里包含了丰富的含义。首先，实践是人们在特定条件中以自己的身体进行的现实的活动，它区别于心理的或观念的活动，是可以被感知的物质活动；其次，实践中包含了活动主体和活动对象（客体），是主体同客体相互作用的过程，所以实践既不是单纯的主观性，也不是单纯的客观性，而是主观与客观的辩证统一过程；最后，实践是在人的思想意识支配下开展的有目的有意识的活动，支配实践活动的意识过程，既包含理性思维也包含感性认识，既有事实性认知也有价值性评价，所以实践又是具有总体意识活动的过程。

马尔库塞认为，既然实践包含了这些丰富的含义，那么站在实践立场上观察社会生活、回答社会问题，既不能把社会理解为单纯的客观现象，也不能仅仅从科学原则或理性原则追求社会生活的理性化。正是从这种实践原则出发，马尔库塞不仅揭示了科学理性和逻辑理性的局限性，分析了片面追求社会生活理性化的种种弊端，而且还充分论述了感性意识、感性存在和感性行为的基础性、现实性和能动性，并且提出了塑造新感受力、实现以感性革命为基础的旨

---

① 《马克思恩格斯选集》第 1 卷，人民出版社 2012 年版，第 137 页。

在全面解放人类包括解放自然的总体革命理论。正是这些崭新的思想内容，使他的《爱欲与文明》《单向度的人》《反革命与造反》《论解放》等著作产生了广泛影响。

弗洛伊德认为，人类的文明史是一部压抑个体本能的历史。在马尔库塞看来，文明史不仅压抑了本能，而且也扭曲了人们的感性。因为伴随着文明进步，人类制定了越来越多的法律原则、纪律规章，包括形形色色的道德规范、价值原则或意识形态观念，这些理性的作品，作为制约人们行为的制度，不仅深刻地压抑着人们的本能冲动，而且直接束缚着人们的感性行为，甚至改变了人们的感性意识。而当人们的感觉无法透过制度约束和意识形态遮蔽真实地感受事物时，人们的理性认识、理性评价也不可避免地产生种种虚幻和迷误。于是，不仅真实的认识无法形成，而且正确的行为也无法进行。

尤为严重的是，理性对感性不仅是压抑与束缚，而且理性还要瓦解感性的整体性。因为根据科学原则建立起来的各种理性，诸如工业理性、组织理性、经济理性等，都不过是从不同角度或依据不同领域的规则而建立起来的，是分化而成的特殊性原则或有限性原则；无论是感性意识、感性行为还是感性存在，都是整体性的，理性可以分化为不同的目标要求、不同的行为规则，但是感性却无法像理性这样作出分化。人们的感觉、知觉和表象，都是对具体形象或整体存在的感受或反映，人们的感性行为和感性存在，也不可能是仅仅为了某种经由理性划分的单一功能或单一目的而展开的。因此，用分化而成的理性原则去严格限制作为整体的感性，感性必须服从和适应理性的分化，而其结果必然是感性遭受分解而失去其整体的本性。

感性是人们存在的直接现实性，是真实的具体性，不仅本能要依存于人们的感性之中，而且人们的理性思维也只有附着于感性机体才能发生，而当感性被理性压抑、分解之后，人的本能和理性都难以正常存在或有效运思。所以，感性的扭曲和异化不仅是根本性的，而且也是总体性的，它将导致人的深层扭曲和总体异化。

马尔库塞对理性压抑的批判和对解放感性的呼唤，深刻揭示了人类在追求现代化和理性化过程中过度崇拜理性而压抑感性的种种弊端，充分表现了20世纪学术思潮深入反思理性、重新认识感性的一个普遍性倾向。马尔库塞的思想观点受到了现象学、解释学、建构主义等多种学术思潮的影响，他的很多学术观点是在对多种学术思潮的批判、综合和重构中形成的。同时，马尔库塞的批判理性和解放感性的学术思想，又进一步影响了与现象学、解释学、后结构主义、建构主义有联系的各种学术思潮，在20世纪后期以来的当代学术中形成了一种崭新的趋势——重新认识与评价人类的感性意识、感性行动、感性存在和感性秩序。

三、当代社会学的感性论转向

20世纪后期以来，当代社会学创造了五光十色的新观念和新流派，各种学术新派接踵而来，实践感理论、感性秩序理论、拟象化理论、身体社会学、性别社会学、历史社会学等，真是层出不穷、琳琅满目。虽然这些色彩缤纷的社会学新理论展示了对当代社会生活思考的不同视角，但是在其中一个比较令人瞩目的广泛变化是：限制理性、提升感性。

限制理性，不是在抽象的一般性层面上提出的，而是针对科学理性、工具理性和经济理性等展开的。并且，限制这些理性也不是彻底否定它们，而是要求把它们置于特定的范围内，在有限的空间、有限的程度和有限的功能上承认它们的地位与意义。这种要求是正当的，其理由已经为西蒙的有限理性理论所证明。所以，当代社会学限制理性是更加合理性的追求，它将使理性变得清醒适度，使社会学对社会生活的思考展开一种新的思想境界。

当代社会学在限制理性的思考中开始重新审视感性。很多学者发现，感性并非如法国唯物主义者所论述的那样简单被动，无论是在认识论的意义上，还是在行动论或存在论的意义上，感性都有很多值得人们重新认识的内容与形式。越来越多的社会学家，还有一些经济学家、政治学家和哲学家也从不同角度对感性作出新探索。在对感性问题作出新研究的各种理论学说中，一个共同点是坚持实践观点，或者至少把感性现象同实践过程联系起来观察思考。

布迪厄最明确地坚持实践立场，并从实践出发对感性作出了富有开创性的研究。在布迪厄看来，社会学研究中的单纯客观论和单纯主观论都是一种片面性，因为社会现象一定是通过人们的实践活动展开的，而实践一定是主观同客观相互作用的关系，所以只有站在实践立场上，在主观与客观的相互作用关系中观察和思考社会生活，才能得出符合实际的认识。人们把布迪厄的社会学称为关系论或实践论，这确实明确地概括了他的社会学研究的基本立场。

像马克思论述的那样，布迪厄也认为实践是一种感性的现实活动。在实践活动中，人不仅以自己的躯体行动进入各种关系或各种场域之中，而且人们在实践中的认识活动也不能仅仅被看成是计算、推论等概念性的理性活动，相反更多的是尚未进入理性层面的感性意识支配着人们的实践活动。布迪厄关于实践感、惯习、前逻辑、实践的模糊逻辑等方面的论述，为社会学在新的视野中研究感性现象展开了广阔的新空间。从布迪厄的丰富论述中可以概括出一种具有崭新内容的感性意识论，他关于感性的能动性、建构性、身体性、与理性逻辑不同的感性逻辑等很多论述都具有进一步的拓展空间。

吉登斯在感性问题上的很多论述同布迪厄有共同之处。吉登斯认为，人们的社会行动一定是受某种知识支配而展开的，人类的共同知识和一般原则在个体行为中的作用是不可否认的，这实质上肯定了理性在社会行动中的作用。但是，吉登斯又认为，人们的大量行动是在特定时空中的即时行动，经常支配人们行动的并不是可以清楚言说出来的理性思维，而是同身体行动结合在一起的实践意识。所谓实践意识类似于布迪厄所说的实践感，是一种缺乏清晰逻辑形式的感性意识。

吉登斯认为，虽然实践意识是一种“只做不说”的意识，同可以用话语表达出来的概念思维相比，具有明显的模糊性，但是，在实践活动中，实践意识不仅发挥着直接支配人们行动的作用，而且在社会生活的结构化过程中，它也发挥着理性思维不可替代的作用。吉登斯把社会结构化解释为人们的主观结构同社会客观结构的双向构造过程：一方面，人们在社会行动中一定要接受社会结构的制约，社会结构中的各种因素要通过实践意识内化到行动者的主观结构中去，在行动者的心理中留下记忆的痕迹，生成新的主观结构；另一方面，人们又不是被动地接受社会结构的制约，行动者要根据自己的实践意识展开实践，而实践意识中包含着主观结构，实践意识支配实践活动并把主观结构外化到社会之中，进而改变或更新社会结构。可见，感性的实践意识扮演着社会结构化的中介。

在当代经济学中，也有一些学者超越了传统理性选择理论的研究视角，高度重视感性行为在经济活动中的地位与作用。新制度主义经济学代表诺斯曾经反复强调："我们必须要关注那些非正式约束。我们都知道行为习惯、习俗和行为模式对一个社会的运转起到关键作用。但是，我们却不了解它们是如何运作、又是怎样随时间的变化发生演进的，以及什么因素使它运作得好一些，或者糟一些。"①诺斯等人对习惯、习俗等感性因素的重视，与老制度主义经济学有承继关系。凡勃伦和康芒斯等老制度主义经济学家，就是从习惯、习俗和惯例等感性行为或感性制度开始研究制度的。

事实上，新老制度主义经济学重视制度在经济生活中的地位和作用，就是对新古典主义经济学理性选择理论的一种超越。新古典主义经济学过高估计理性选择的地位与功能，是西方学术追求社会生活理性化的典型表现。当制度主义经济学指出理性选择一定是在制度制约下展开的，特别是当他们论述了习惯、习俗和惯例等感性制度对选择行为的制约作用时，就已经超越了新古典主义经济学的理性主义的狭隘性。制度主义经济学不仅承认理性思维对选择行为的支配作用，同时也强调感性意识对选择行为的支配作用，并且他们已经明确地认为习惯、习俗本身就在人们的经济行为中存在，也可以说习惯、习俗和惯

① 科斯、诺斯、威廉姆森等：《制度、契约与组织》，刘刚等译，经济科学出版社 2003 年版，第 16 页。

例等感性行为也是重要的经济行为。

受制度主义经济学的影响，在政治学、社会学和历史学等学科中也兴起了新制度主义，彼得·豪尔（Peter A. Hall）和罗斯玛丽·泰勒（Rosemary C. R. Taylor）把这些学科中的新制度主义统称为政治科学中的新制度主义，并将之划分为三个传统或三个流派：历史新制度主义、理性选择新制度主义和社会学新制度主义。[①]在这些新制度主义的文献中，可以看到感性行为、感性制度都被高度重视，甚至有些学者已经开展了具有较强探索性的经验研究。

詹姆斯·马奇（James G. March）和约翰·奥尔森（Johan P. Olsen）于1984年发表了一篇文章《新制度主义：政治生活中的组织因素》，这篇文章被看作政治科学新制度主义的经典文献。在这篇文章中，马奇和奥尔森明确地论述了“符号性秩序”，他们指出：“研究正式组织要求关注政治生活中的符号、礼仪、仪式、故事和戏剧在有序化方面的影响力。象征性的符号以一种精巧的和扩散的方式渗透到政治体之中，为政治生活提供一种意义解释。政治生活中的许多经验和活动都是根据它们同神话和符号的关系来定义的”[②]。符号、礼仪、仪式等都是可感知的事物，是感性现象，而这些感性现象在组织中可以形成符号秩序，亦即感性秩序。

保罗·迪马乔（Pau J. Dimaggio）和沃尔特·鲍威尔（Walter W. Powell）也是政治科学中新制度主义的重要代表，他们对政治生活中的一种感性行为——模仿作出了深入论述。他们指出：“当组织技术难以理解，当目标较为模糊，或者当环境创造出象征性的不确定性时，某一组织就有可能模仿其他组织的形态。模仿行为在节省人类行动方面的优势相当大。”[③]应当承认，模仿也是一种经常发生的选择行为，无论在经济生活中还是在政治生活中都存在。模仿，特别是个人的模仿行为，主要是由感性意识支配的，模仿也具有目的、途径和程度的选择性，所以笔者把模仿以及同类行为，如从众、延续传统等行

① 何俊志等编译：《新制度主义政治学译文精选》，天津人民出版社2007年版，第46页。

② 何俊志等编译：《新制度主义政治学译文精选》，天津人民出版社2007年版，第35页。

③ 何俊志等编译：《新制度主义政治学译文精选》，天津人民出版社2007年版，第265页。

为，称为感性选择。从实际的经验研究中可以发现，感性选择是比理性选择更具普遍性的选择方式，尤其在基层社会成员的社会行动中，或者在非专业化的日常生活领域，感性选择就具有更加广泛的普遍性。①

感性选择与感性制度联系在一起，就必然呈现一种感性秩序。哈耶克对感性秩序作出了深刻而丰富的论述，在他看来，理性主义者过高估计了理性的设计能力，以为人类根据理性推论和数学计算就可以有效地设计制度、建立秩序，但事实恰恰相反，理性设计的制度和秩序通常都是短暂的，只有那些由人们的自发行为、通过不断地试错行为而积淀下来的制度和秩序才是稳定有效的。哈耶克把由自发行为形成的秩序称为自发生成的扩展秩序，亦即感性秩序。

哈耶克还论述了感性秩序稳定有效的认识论基础。哈耶克认为，理性主义之所以对各种理性设计持有充分信心，认为通过推论和计算而形成的理性计划可以有效地规定人们的社会行动，其前提是认为人们的认识具有普遍的共同性。然而，事实相反，人们都是在特殊条件中形成某种认识或接受某种知识的，都受到特殊的内外环境的限制，每个人的知识都处于孤立状态，是一种分立的知识。以分立的知识和孤立的认识去接受以知识共同性为前提的理性计划，只能导致认识错位、计划误导和行动无效。因此，理性计划的普遍有效性是不成立的。只有个人在直接的社会联系中，通过真实的感性行动逐渐积淀下来的秩序才是稳定有效的。

四、感性论转向的现实基础

类似上述关于感性意识、感性行动和感性秩序的研究成果举不胜举。因

① 参见刘少杰：《经济社会学新视野——理性选择语感性选择》，社会科学文献出版社2005年版，第53—79页。

此，可以毫不夸张地说：当代社会学确实展现了一种限制理性、提升感性的感性论转向新趋势。并且，这种新趋势刚刚展开，它必将沿着已经形成的路向继续延伸，因为它植根于当代文化的深刻变迁，具有深厚的现实基础。

当代文化变迁无疑是复杂而深刻的，其中最突出、最广泛的变化是，当代文化在信息数字化和传媒影视化的支持与推动下，已经形成了越来越广泛的文化传播感性化。① 在数字化技术和影视传媒广泛应用之前，思想观念方面的文化传播主要是以印刷在报纸书刊中的文字展开的，这种传播方式不仅在时间和空间上受到很大程度的限制，而且传播的形式也是抽象的。文字表达的思想观念主要是概念化的"话语意识"，尽管一些文学作品也可以向人们描绘一些形象或场景，但是文字描绘的形象总是带有很大程度的抽象性。迅速发展的数字化技术和影视化传媒，不仅无法预见地提高了文化观念的传播速度和辐射广度，而且把思想观念转化为各种生动的形象，或者说以丰富的图像把思想观念感性化以后广泛传播。

文化传播感性化具有极大的社会动员能力，它使大众文化变得异常活跃，以喜闻乐见的形式拓宽了广大基层群众接收新信息、新思想的途径。接受文字形式的信息，要受到接受者语言水平、阅读能力和理解能力的限制，而以图像形式传播的信息，却大幅度地降低了接受的难度，即便是受教育程度较低的群众，也能对那些生动的图像信息形成比较丰富的理解。因为广大基层社会成员在日常生活中的思想意识主要停留在感性意识层面上，而当影视传媒向他们展现了无限丰富的生动画面，他们也就很轻松地以自己的感性意识接受了其中的图像化亦即感性化的信息。所以，当代文化借助影视传媒中的感性形象，有效地把各种层面、各种领域的社会成员都纳入自己的"势力范围"。

因此，文化传播感性化不仅是一个文化现象，更重要的是一种广泛的社会现象，关注社会生活变化的社会学和展开各种视角的社会理论，必然要对这种广泛发生的文化现象和社会现象作出理论上的反应。越来越多的学者对社会生

---

① 参见约翰·B.汤普森：《意识形态与现代文化》，高銛等译，译林出版社2005年版，第13—21页。

活中的感性意识、感性行动、感性秩序作出新的理论概括，显然与当代文化传播感性化引起社会生活的感性化变化有关，这种无处不在的文化传播感性化也必然影响了社会学家和社会理论家的学术观念，注重感性、转向感性，必然成为当代学术的一个兴奋点。

社会学对感性现象、感性问题的重视，还是对全球化背景下各民族感性自觉的一种反应。虽然全球化同文化传播感性化是同一个时代发生的，全球化也借助了信息数字化和传媒影视化技术，但是全球化在实质上是一场更大规模的社会理性化。在全球化过程中，西方社会的经济观念、经济体制和市场制度向世界其他民族的扩展与整合，同时西方的某些科学观念、政治原则、价值理念、行为模式和生活方式向其他民族的传播与同化。尽管其中也有一些感性因素，但主要还是以功利原则、计算精神和控制技术等为核心的社会理性化追求。并且，全球化之所以能够大规模地扩展，是以理性是普遍有效的预设为前提的。肯定普遍性的效力，是一个最基本的理性原则。

全球化作为在新形势下的社会理性化，使非西方各民族的文化传统、区域特色、地方制度和风俗习惯都有面临被同化的威胁，而这些作为非西方各民族在自己历史中传承下来的文化特质或社会特征，相对于西方的理性化原则而言，它们是感性的存在。特别是中国、印度、两河流域和埃及等具有悠久文明史的地区，其本民族在历史中传承下来的文化，就具有更明显的感性特点。当各民族的感性文化遭遇以西方理性化为实质内容的全球化浪潮后，各民族的文化意识却在面临被淹没的威胁中觉醒，这或许是英国历史学家汤因比所说的挑战原理在起作用。始终注重区域性、地方性或民族性的社会学，对这场理性化同感性存在的新较量、新冲突，不会置若罔闻，那些肯定多元化经验存在、珍视多样性生活的社会学家们，也一定会用自己的理论去为那些一向被视为初级、被动的且长期在理性压抑下的感性作出学术上的支持。

第十二章　实践原则在当代社会理论中的复兴与创新

立足实践，按照实践的本质去认识社会生活，推进社会发展，这就是通常意义上的实践原则，而这个原则首先是马克思确立的。马克思确立的实践原则理应是各种社会理论的根本原则，因为无论何种社会理论，都是以认识社会生活、推进社会发展为己任的，而"社会生活在本质上是实践的"①，所以只有坚持实践的原则，才能建构真实而深入地理解社会生活的社会理论。然而，事实并非这样简单，从经典社会理论到当代社会理论的演化历史可以看到，实践原则在不同传统的社会理论中具有不同的地位。考察实践原则在社会理论演化史中的命运，揭示其在当代社会理论中的复兴与创新，是深入理解和进一步发展社会理论的必要努力。

一、实践原则在经典社会理论中的地位

人们可以把社会理论的源头追溯到托马斯·莫尔的《乌托邦》(1561 年)，因为莫尔在这部著作中不仅批判或描述了各种社会现象，而且还论述了解决各种社会问题的社会政策。②莫尔之后的康帕内拉、蒙田、霍布斯、洛克、卢梭

---

① 《马克思恩格斯文集》第 1 卷，人民出版社 2009 年版，第 501 页。

② 参见 G. 德朗蒂：《社会理论的基础：起源与流变》，载布赖恩特纳编：《社会理论指南》，上海人民出版社 2003 年版，第 34 页。

和孟德斯鸠等人，他们也被看成是早期社会理论的代表人物，因为这些人的著作论述了更为丰富的社会现象和社会问题。不过，从莫尔到孟德斯鸠的社会理论没有被列在现代社会理论范畴，通常认为现代社会理论的起点是孔德和马克思，而他们是以现代工业实践为基础建构经典社会理论的。

很少有人论及孔德的社会理论是以工业实践为基础的，人们更多注意的是他坚持用客观的眼光看待社会生活。但孔德确实十分明确地认识到，自己同德国古典哲学一个突出区别就是以工业实践为基础开展实证社会学研究。孔德宣称："现代的社会性使工业生活愈来愈占优势，它必然强有力地推动伟大的精神革命。今天这一革命正把我们的智慧最后从神学状态提高到实证状态。"①孔德所说的精神革命就是指他建立的实证社会理论，而他把工业生活或工业实践看成实证社会理论的基础。就此而言，孔德充分肯定了实证社会理论以工业生产实践为基础。不过即便如此，孔德也没有形成明确的实践原则，即立足实践、根据实践的本质去研究社会生活。

孔德所理解的实践是作为外部现象的客观过程，是完全服从客观规律或铁的必然性的过程，因此不是真正意义上的实践过程。孔德说："我们在这个过程②中必须这样看待外部世界：它并不受任何意志所支配，而是服从于能够令我们做出充分预见的规律，如无所预见，我们的实践活动就缺乏任何理性基础。③"可见，在孔德那里，工业生产实践被看作是排斥主观意志而完全服从客观规律的外在过程，而这显然不是通常意义上的实践。实践是人的主观性同外界客观性的相互作用，不承认主观能动性，就一定不能真实地理解实践，也就谈不到什么实践原则。

马克思批判继承了德国古典哲学的实践理论，在对欧洲工业生产实践和社会革命实践的深入考察与直接体验的基础上确立了自己的实践观点。马克思说："从前的一切唯物主义——包括费尔巴哈的唯物主义——的主要缺点是：对

① 孔德：《论实证精神》，黄建华译，商务印书馆 2001 年版，第 22 页。

② 这里所指的过程即工业生产实践。

③ 孔德：《论实证精神》，黄建华译，商务印书馆 2001 年版，第 23 页。

对象、现实、感性，只是从客体的或者直观的形式去理解，而不是把它们当做人的感性活动，当做实践去理解”①。这段为人们熟悉的论述，虽然是批判法国机械唯物主义者和费尔巴哈的，但也可以看作对实证主义的批判。孔德等实证主义者像马克思批判的旧唯物主义者一样，也是从客体或直观的形式去理解社会现象和人们的感性生活的，所以也没有把社会生活当成人的感性活动亦即当作实践去理解。

实证主义社会学的奠基人迪尔凯姆，明确地表达了同旧唯物主义者相同的立场。他说：“关于应当把社会事实视为物这个命题，是我的方法的基础。”②有人根据他的这个命题说他是唯物主义者，迪尔凯姆辩解道：“把某一类事实作为物来考察，并不是把它们归到这一或哪一实在的范畴，而是以一定的心态观察它们。”③其实旧唯物主义也不过是一种观察世界的心态或认识世界的方式，当迪尔凯姆把社会现象当作物一样看待，片面地强调它的客观性时，就是以直观的形式去观察和理解社会现象，而不是把社会现象当作人们的社会活动或社会实践的形式去理解。

韦伯不同意迪尔凯姆单纯从社会生活的客观性去理解社会现象，在韦伯看来，社会生活的各种形式不过是人们社会行动的产物，只有面对人们的社会行动，才能把握到真实而具体的社会形式或社会结构。韦伯以社会行动为社会学的研究对象，并且强调社会行动是人们在主观意愿上发生联系的行动，是有目的有意识的选择行为。韦伯说：“社会行为可能是以其他人过去的、当前的或未来所期待的举止为取向。”④“如果它仅仅以期待客观物体的效用为取向，那么外在的行为就不是社会行为了。”⑤很明确，韦伯强调了作为社会学研究对象的社会行动的社会性和主观性。

---

① 《马克思恩格斯选集》第1卷，人民出版社2012年版，第137页。

② E. 迪尔凯姆：《社会学方法的准则》，狄玉明译，商务印书馆1995年版，第7页。

③ E. 迪尔凯姆：《社会学方法的准则》，狄玉明译，商务印书馆1995年版，第7页。

④ 马克斯·韦伯：《经济与社会》（上），林荣远译，商务印书馆1997年版，第54页。

⑤ 马克斯·韦伯：《经济与社会》（上），林荣远译，商务印书馆1997年版，第54页。

韦伯同迪尔凯姆都认为，社会学研究对象一定是社会的而不是个人的，但是韦伯强调的是社会现象的主观性，而迪尔凯姆强调的则是社会现象的客观性。主观性和客观性是社会生活或社会现象的两个同时具有并互为前提的内在规定性，人类社会生活的一切现象中都包含着主观性同客观性的关系。无论是人类活动的形式还是活动的结果，其实质都不过是主观性同客观性相互作用的结果，而这个相互作用的过程就是人类的实践活动。在这个意义上也可以说，韦伯和迪尔凯姆关于社会学研究对象的界定都没有完全脱离实践，但仅仅是片面地注意到实践关系的一个方面。

马克思确立的实践观点在以卢卡奇、葛兰西等人为代表的西方马克思主义那里得到了进一步发扬，特别是以霍克海默、马尔库塞和哈贝马斯等人为代表的法兰克福学派，更是旗帜鲜明地站在实践观点的立场上，用强调主观与客观辩证统一的实践原则批判实证主义、科学主义，建立了内容丰富的具有强烈批判性、建构性的社会理论，诸如霍克海默和阿多尔诺的启蒙辩证法、马尔库塞的本能革命论和总体革命论、哈贝马斯的交往行为理论等。这些社会理论不仅丰富了马克思主义传统的社会理论，而且也对从其他传统中演化而来的社会理论起到了积极的推进作用。可以说，在20世纪蓬勃发展的各种社会理论，都在某种程度上受到了卢卡奇和法兰克福学派在实践立场上阐述的社会理论的影响。

由上所述，19世纪中叶到20世纪初，实践原则在欧洲社会理论中占有十分重要的地位，尽管以孔德和迪尔凯姆为代表的实证社会理论以及以韦伯为代表的解释学社会理论，并没有明确地坚持或者认同实践原则，但是它们在对立中分别展开了实践关系的两个基本方面，实质上是以分化的形式体现了实践原则在社会理论研究中的必然地位，表明了面对实践、立足实践和按照实践本性来建构社会理论的逻辑必然性。由马克思确立并作出充分论述的实践原则，在卢卡奇、葛兰西和法兰克福学派的著述中得到了丰富展开和深入推进，使20世纪初的社会理论焕发了强大的生命力。

实践原则在欧洲经典社会理论中的这种复杂而丰富的表现，既是19世纪中叶到20世纪初欧洲社会实践（工业生产和社会斗争）快速发展和深刻变迁的理论反映，也是欧洲学术主潮从德国古典哲学的逻辑王国转向社会现实，在理论原则和思维方式上发生的不同取向和不同程度的转变。

二、实证社会理论对实践原则的排斥

20世纪30年代，因为法西斯主义泛滥，一大批为了躲避法西斯主义迫害的欧洲学者迁居美国，人文社会科学的学术中心也从欧洲转移到美国。也是在这个时期，欧洲社会理论由繁荣走向衰落。布赖恩·特纳认为，欧洲社会理论的衰落还与迪尔凯姆、齐美尔和韦伯三位学者在三年内相继去世有关，他进一步指出："总的来看，两次世界大战之间的这段时期标志着欧洲社会理论的衰落。由于法西斯主义的兴起，许多一流大家移居英美，这也加速了欧洲社会理论的衰落。欧洲人往往对现代性抱以悲观态度，而美国人却从20世纪30年代开始重新构建社会理论的基础。"①

特纳把欧洲社会理论的衰落归结为法西斯主义摧毁了欧洲人对现代性的信念，而美国人则根据自己的现代性信念复兴了社会理论。虽然有些社会理论确实以科学理性、工业化目标和市场经济原则为基本内容的现代性作为根本追求，并且特纳所言现代性又是一个内容宽泛的概念，但是把社会理论的兴衰同现代性追求等同起来也未免有失偏颇。一个非常明显的事实是，很多反对现代性的思想理论也是社会理论的重要内容，如利奥塔的后现代知识理论，德里达的后结构主义理论，都既是否定现代性的理论也是当代社会理论最有影响的内容。

这里进一步提出的问题是，不仅社会理论不都是坚持现代性或关于现代性

① 布赖恩·特纳，《社会理论指南》，李康译，上海人民出版社2003年版，第52页。

的学说，而且即便在特纳所指的坚持现代性的社会理论范围内部也存在重要的原则分歧，这一点在美国社会理论中得到了很充分的说明。应当承认，大多数美国人在20世纪30年代都对现代性保持着坚定信念和不懈追求，这种情况也一定程度反映到美国的社会理论中。米德和库利的符号互动论、帕森斯的社会行动论和帕克的都市社会学等，都是明显印上了现代性烙印的社会理论。在20世纪30年代前后美国兴起的各种社会理论中，都非常注意把社会问题同社会行动联系起来研究，而这首先得益于美国实用主义传统。

美国古典实用主义创始人皮尔士首先提出了实用主义的基本原理：观念的意义在于它所引起的行动和产生的效果，而古典实用主义奠基人詹姆士则进一步把实用主义归结为通过实践的效果来解释观念的一种方法。① 至于后来杜威等实用主义者更是直接把实用主义哲学归结为实践哲学，而且声明实用主义超越了传统哲学的物质与意识、客观与主观的对立，是在二者的统一——经验中来观察和思考社会问题的，所以杜威作出了实用主义是经验一元论的论断。

实用主义注重实践的核心理念也是美国文化传统和学术精神的核心理念，所以社会理论的主流由欧洲移至美国以后，不可能不同实用主义的实践原则发生联系，正因如此，由库利、米德、帕森斯等人阐述的早期社会理论都注重社会行动亦即社会实践的研究。然而与欧洲社会理论同时传入美国的还有马林诺夫斯基的社会人类学方法以及计量经济学的方法等，这些方法同迪尔凯姆的实证社会学理论共同深刻地影响了美国社会理论，而这一点在以帕克为代表的芝加哥学派中得到了集中表现。

帕克热衷于用社会人类学的田野调查方法和计量经济学的统计分析方法研究城市居民的迁移流动，虽然他的研究中也表现出齐美尔的一些影响，例如他注意人们的交往行为和社会冲突，但是他的研究更明显地表现出斯宾塞的自然主义立场。在帕克看来，居民在城市社区中形成的社会秩序同生物在自然环境

① 参见王元明：《行动与效果：美国实用主义研究》，中国社会科学出版社1998年版，第16—17页。

中形成的生态秩序在本质上是相同的，因此可以用生物学关于动植物的自然规律学说来研究社会规律或社会秩序。帕克说："业已发现，移民一般先在城市中心或中心附近，在所谓搬迁区定居。从那里他们似乎逐步移动……从这些移动中，可以清楚看出他们在都市社区的生活中自然倾向的效果。"①可见，帕克在自然主义立场上展开了一种单纯强调社会客观性的视角，城市居民的社会生活和迁移流动都被视为外在客观现象一样的自然过程。

直接而论，帕克的都市社会学研究是斯宾塞自然主义同美国实用主义的综合，但进一步思考会发现，这种综合中又有背离实用主义传统的一些表现。强调面对经验事实，注意通过对经验事实的观察和思考而发现社会规律，然后根据这些发现去控制社会、取得实效，这些无疑同实用主义都是一致的。然而一个原则分歧是，实用主义认为人们的经验过程是一个超越了主观和客观对立的实践过程，是包含着人们的理想信念、效用追求和道德情操的有别于自然过程的社会历史过程，而帕克的自然主义立场不仅片面强调实践过程的客观方面，而忽视其主观方面，而且还把人们的经验过程等同自然过程，并由此而否定了实践过程的历史性。

伯克曾对以帕克为代表的芝加哥社会学派忽视实践过程的历史性作出了批评，伯克指出："对于这种牺牲历史转向现实研究的变化，或许可以作出几种不同的解释。社会学中心从欧洲向美国转移，而在美国（尤其是芝加哥），与欧洲相比，历史不那么重要，在日常生活中也不那么明显。"②伯克作为历史学家认为芝加哥学派牺牲实践的历史性与美国历史较短有关，然而更根本原因在于帕克的自然主义或客观主义立场，其要害是否定了社会理论或社会学研究的实践原则。历史是实践过程的持续，而实践过程则是历史的现实展开，并且无论是历史还是实践，都是人类的主体同客体相互作用的过程。因此，帕克用客观主义的眼光把社会现象归结为自然过程，就不仅要否定社会生活的历史性，

---

① 帕克：《人类社区》，转引自刘易斯·A. 科瑟：《社会学思想名家》，石人译，中国社会科学出版社 1990 年版，第 405 页。

② 彼得·伯克：《历史学与社会理论》，姚鹏等译，上海人民出版社 2001 年版，第 14 页。

也必然肢解社会生活的实践性。

以帕克为代表的芝加哥学派在20世纪20年代以后的美国占有十分重要的地位，尽管以帕森斯为代表的哈佛学派注重对社会行动和社会系统的宏观研究和理论概括，在美国也产生了广泛影响，但芝加哥学派注重客观性、强调实际调查和计量分析的研究方式，对美国社会学的影响更为广泛，甚至直至今日芝加哥学派确立的方法原则在美国社会学中仍然具有主流地位。美国的社会理论是以社会学理论为主要内容的，而美国社会学以客观性原则、自然主义立场排斥实践原则，这就必然产生一个不可排除的结果：排斥实践原则。

三、实践原则在当代社会理论中的复兴

20世纪60年代后期开始，美国社会理论逐渐走向低潮，而欧洲社会理论却焕发了新的生机。各种社会理论在法国、德国和英国等欧洲国家迅速兴起，如以福柯、德里达和利奥塔等人为代表的后结构主义，埃利亚斯为代表的历史社会理论，伽达莫尔和利科等为代表的解释学理论，哈贝马斯等人的交往行为理论，鲍德里亚的消费社会理论，布迪厄的实践社会理论，吉登斯的结构化理论和鲍曼的后现代社会矛盾理论等，这些社会理论相继兴起，在欧洲乃至世界学术领域产生了深刻影响，构筑了20世纪后期到21世纪初期人文社会科学成就辉煌的学术巅峰。

20世纪60年代后期的欧洲社会理论呈现了一个十分活跃的多元分化的局面，然而无论欧洲社会理论分化为多少流派或传统，它们都呈现了一个共同的显著特点：复兴实践原则。20世纪后期实践原则在社会理论中迅速复兴，首先受到了福柯对理性文明开展的激烈批判的影响。福柯认为文明史作为对人性肢解和压异的历史，是在实践中展开的，不仅在道德实践和生产实践中存在着越来越严厉的理性压抑，而且在话语实践中人类自启蒙运动以来也进入了一个越

来越沉重的理性压抑阶段。话语实践中的压抑是更深层的压抑，是以科学理性、逻辑理性和工具理性为核心的各种知识类型、语言模式和对话方式，对人们的心理结构、生存状态乃至整个生命过程开展的全面压抑，虽然话语实践的压抑空前沉重，但是由于披着科学、逻辑和进步的外衣，这种压抑反而是一种人们缺乏反抗意识、自愿接受的压抑。其结果是疯狂的理性以科学的语言把常人压抑成“疯狂”。

福柯在《临床医学的诞生》《词与物》《知识考古学》等著作中开展的话语实践批判，不仅令人耳目一新，在人文社会科学领域起到了振聋发聩的作用，而且还让人们更加明确地意识到，理性批判和文化批判都应当同实践批判联系起来，只有在对生活实践的深入考察才能明确地说明理性压抑人生的深刻性，才能引起世人对理性偏颇与异化的明确理解和广泛共识。于是，继福柯而起的利奥塔的叙事知识批判，亦即从当代社会实践变迁来分析人们思维方式、表述方式的深刻变化，进而揭示以工业化、科学化或现代化实践为基础的德国思辨叙事和法国政治叙事两种宏大叙事方式的终结，论述以后工业社会或信息社会、网络化时代为基础的具体叙事方式的合法性。

布迪厄最明确地表达了应当坚持实践原则来开展社会学或社会理论研究的立场。布迪厄认为，在传统的社会科学中，有两种截然对立的思维方式或社会理论，布迪厄称之为“社会物理学”和“社会现象学”。社会物理学的代表是孔德和迪尔凯姆，他们把社会世界看成是外在于主观意识的，可以用外部观察、测量和统计的方法加以研究的物理现象，并自称采取了一种纯客观的、确实可信的科学原则；社会现象学的代表是萨特和加芬克尔，他们强调社会世界的主观性，把个人的意志选择、价值理想和情感体验看成具有决定性的因素，像叔本华和尼采那样从个人的表象和意志出发来解释社会生活。

在布迪厄看来，社会物理学和社会现象学表现了学术界对社会实践的分裂性认识。社会物理学所把握到的物质关系和社会现象学所把握到的精神关系，是根据不同的原则分析出来的社会实践的两个方面，但二者在现实生活中是统一在一起的。布迪厄认为，社会物理学关于社会生活客观性的理解是简单的，其重要失误在于它未能在形成过程中来理解社会客观性，而无论何种类别的社会客观性都不是离开主观性独立自生的，都是在各种主观因素的参与中才生成的，社会物理学方法否认了这一点，把具有客观性的物质关系或经济关系中的主观因素完全“物化”了；社会现象学在一定程度上克服了社会物理学的直观机械性，强调了社会生活中的主观能动性，但是它未能把主观能动性的作用放到具体的社会条件中去考察，缺乏对主观性要受到种种外在条件限制的理解，所以陷入了欧洲哲学史上目的论的旧辙。

布迪厄把社会物理学和社会现象学分别建构的各种相互对立的概念或原理称为“世界假设”，并把这些世界假设转变成重新理解社会生活双重现实本质的不同环节，或者说，布迪厄用自己的关系主义方法论原则，把社会物理学和社会现象学在相互对立中建立起来的不同观点改造为自己创立的社会实践理论。华康德在评述布迪厄的这种努力时指出：“由此产生的社会实践理论综合了‘结构主义’和‘建构主义’两种途径。首先，我们将世俗表象搁置一旁，先建构各种客观结构（各种位置的空间），亦即社会有效资源的分配情况；正是这种社会有效资源的状况规定了加诸互动和表象之上的外在约束。其次，我们再引入行动者的直接体验，以揭示从内部构建其行动的各种知觉和评价（即各种性情倾向）的范畴。”①可见，布迪厄的关系主义方法论亦即超越主观和客观二元对立的实践原则，他要根据实践原则来化解社会物理学和社会现象学的对立，实现对社会结构论与社会建构论或对社会客观论与社会主观论的超越。

四、当代社会理论以实践原则展开的新视野

立足实践，根据实践的本性——从主观和客观的辩证统一来认识社会现

① 皮埃尔·布迪厄、华康德：《实践与反思》，李猛、李康译，中央编译出版社 1998 年版，第 11 页。

象，不仅仅是福柯和布迪厄的主张，而且还是当代社会理论著述中的一个普遍现象。哈贝马斯公开声明自己是从马克思确立的实践立场出发，为了完成马克思的未竟事业，对交往实践开展了长期而深入的研究。哈贝马斯认为，马克思在《德意志形态》这部著作中已经指出，人类社会的发展进步是由生产实践和交往实践共同推动的，马克思为了批判资本主义生产方式而对生产实践开展了深入研究，但没来得及对交往实践作出必要的研究。然而，不仅生产和交往共同推动社会向前发展，只有在对两种实践的共同关注中才能把握社会生活的本质，而且更重要的是，当代人类社会生活最深刻的异化已经转移到日常生活中，交往行为扭曲、沟通言路断裂以及公共领域殖民化，是当代人类社会秩序紊乱或社会不和谐的最严重表现，必须认真面对和明确回答人类交往行为中的问题，这是当代社会理论不可回避的重大课题。

哈贝马斯建构了内容十分丰富的交往行为理论和公众社会结构理论，其中明确地坚持了实践原则。哈贝马斯所论的交往行为同马克思在《德意志意识形态》中论述的交往行为不同，马克思论述的交往行为主要是指商品贸易等经济活动，而哈贝马斯所论述的交往行为则主要是指人们在社会生活中的信息沟通和语言交流。哈贝马斯在批判地吸收各种语言哲学和语言社会学理论基础之上建立自己的语言行为理论，其立足基础是实践，即从实践出发，在交往实践中提出、分析和回答语言交流和理解沟通的问题。实践性是哈贝马斯语言行为理论的突出特点。

为了强调研究语言问题的实践性，哈贝马斯把自己的语言行为理论称为“普遍语用学”。他指出：“普遍语用学的任务是确定并重建关于可能理解的普遍条件（在其他场合，也被称之为‘交往的一般假设前提’），而我更喜欢用‘交往行为的一般假设前提’这个说法，因为我把达到理解为目的的行为看作是最基本的东西。”①简言之，普遍语用学的任务是研究人们在交往行为中达成理解的一般的前提条件。这里强调“一般的”目的在于：不是仅仅研究特定条件中

① 哈贝马斯：《交往与社会进化》，张博树译，重庆出版社1989年版，第1页。

达成理解的前提条件，而是试图揭示出在所有交往行为中欲达成理解而有效运用语言开展沟通、形成共识的前提条件。

吉登斯从实践原则出发对当代社会理论作出了最丰富的阐述，他首先给“社会理论”这个概念作了如此界定：“‘社会理论’这个词涵括了我认为各门科学所共同关注的那些论题。这些论题的宗旨是探讨人的行动与行动中的自我的性质，研究应该如何从概念上理解互动及其与制度的关系，努力把握社会研究的实践意涵。”①可见，吉登斯认为社会理论超越了传统学科分类的限制，它的理论视野或问题论域涉及各门社会科学，是一种跨学科的综合性学术理论。社会理论研究人的社会行动及行动中的个人，这似乎与社会学并无太明显的区别，但是，社会理论的研究不是实证社会学强调的描述性的客观分析，而是关于社会行动、自我、交互行动、社会制度等方面的主观和客观统一性的研究，要在实践的各种矛盾关系中揭示人类社会面临的一系列重大问题的实质。

当吉登斯把社会理论的目光移向社会实践与人类生存问题时，一个当代社会理论的共同理论取向便随之而现，即超越主体与客体的二元对立，以结构的二重性原则来取代主客二元论。吉登斯指出：“我们必须从概念上把这种二元论重新构建为某种二重性，即结构的二重性，这一假设正是结构化理论的基础。”②吉登斯的观点是：客体主义者强调社会中的结构、制度、制约性，主体主义者强调人的主观性、能动性、创造性，这两类因素在社会实践中都是实际存在的，既不可简单否认，又不可把二者对立起来。在社会实践过程中，这些因素是通过人的行动而动态地相互作用、相互转化的。

吉登斯还主张，要在社会实践或社会生产的不断展开和持续过程中动态地理解结构。他认为，社会系统中的结构是由人们头脑中的“记忆痕迹”，亦即结构观念指导人们的实践行动创造出来的。吉登斯把人们头脑中的结构观念称

---

① 安东尼·吉登斯：《社会的构成》，李康，李猛译，生活·读书·新知三联书店 1998 年版，第 35 页。

② 安东尼·吉登斯：《社会的构成》，李康，李猛译，生活·读书·新知三联书店 1998 年版，第 40 页。

为“记忆痕迹”，其用意在于强调：支配人们社会行动的结构观念，不是传统认识论所称的逻辑思维，不是用语言表达出来的概念、判断，而是在日常生活实践中日积月累而形成的习惯性的实践意识。“所谓实践意识，指的是行动者在社会生活的具体情境中，无需明言就知道如何‘进行’的那些意识。”①

吉登斯反复论述的实践意识，仿佛是弗洛伊德所说的无意识，但吉登斯非常明确地申明，不能用意识和无意识的关系来说明他的“实践意识”概念。首先，实践意识不是本能无意识，它也是一种意识，并且是有能力支配行为的意识；其次，它又不是形成了概念、判断和推理，可以用语言表达出来的“话语意识”，而是介于无意识和话语意识之间的“只做不说的意识”。吉登斯指出：“话语意识和实践意识之间不存在什么固定不变的区别标准，两者之间的区别不过是在于，什么是可以被言说的，什么又只是只管去做而无须多说的。”②

实践意识除了“只做不说”的特点外，另一个重要特点是日常性和惯例性。日常和惯例是不可分的，正是因为按照惯例行事才是日常的。当吉登斯论及实践意识的惯例性（或例行化）和日常性时，更清楚地说明他的社会理论视野是在日常生活世界中展开的，这一方面显示了现象学和“常人方法学”对他的影响，另一方面也显示了他所关注的生活世界是一个更为实在的具体的日常行为领域。吉登斯指出：“‘日常’这个词所涵括的，恰恰是社会生活经由时空延展时所具有的例行化特征。各种活动日复一日地以相同方式进行，它所体现出的单调重复的特点，正是我所说社会生活循环往复特征的实质根基。”③可见，吉登斯把这种循环不已的日常生活看作其他层面社会生活的根基，而这也正是吉登斯观察社会生活和解释社会生活的基点。

---

① 安东尼·吉登斯：《社会的构成》，李康，李猛译，生活·读书·新知三联书店 1998 年版，第 42 页。

② 安东尼·吉登斯：《社会的构成》，李康，李猛译，生活·读书·新知三联书店 1998 年版，第 67 页。

③ 安东尼·吉登斯：《社会的构成》，李康，李猛译，生活·读书·新知三联书店 1998 年版，第 43 页。

福柯、布迪厄、哈贝马斯和吉登斯等人坚持从实践立场或实践原则所阐述的社会理论，代表了当代社会理论的理论视野、方法原则、思维方式和价值取向，这里难以对他们阐述的十分丰富的社会理论作出系统评价，但是有必要通过他们的著述对当代社会理论坚持实践原则展开的新视野和新境界作出初步概括，以便对当代社会理论的进一步发展作出预测性把握。应当说当代社会理论在对实践展开的基本关系——主客辩证统一、实践原则应当超越单纯客观论和单纯主观论等基本立场上，继承了马克思确立的实践原则，但是当代社会理论因为当代实践的深刻变迁，其理论视野和理论观点都已发生了许多创新性变化，最突出的表现是在话语实践、感性实践、选择实践、制度实践等方面的崭新探索。

语言学转向是当代社会理论的突出变化，①并且当代社会理论不是在一般意义上提出和回答语言学问题，而是从话语的实践过程、实践方式和实践目的开展论述。福柯对话语实践的考察、利奥塔对叙事方式的分析、哈贝马斯关于交往语用学的论述等，都是把语言现象、语言过程放到实践活动中去展开的研究，不是像索绪尔那样研究语言的形式与规则，而是研究人类在特定的历史条件、文化传统和社会变迁中怎样使用语言，怎样用语言表达人生、追求意义、展开生命。语言不仅仅是符号象征、沟通形式和历史文本，更重要的语言是对话过程或交往实践，是人类最基本的可以直接感受的生命形式，所以面向语言特别是面向语言实践，使当代社会理论进入了一个真实的感性世界。

当代社会理论通过话语实践研究进入了一个活生生的感性世界，真正实现了从观念世界或逻辑王国向现实生活世界的深入。马克思曾明确地把实践活动和人的感性活动在同一个意义上使用，他一再批判唯心主义和机械唯物主义“不知道现实的、感性的活动本身”。②当代社会理论克服了唯心主义和机械唯物主义这一缺欠，力图在自己的研究中直面一个感性的具体世界。布迪厄通过

① 参见刘少杰：《社会学的语言学转向》，《社会学研究》1999年第4期。

② 《马克思恩格斯选集》第1卷，人民出版社2012年版，第133页。

大量经验研究丰富论述了人类实践活动的感性特征，他关于“惯习”、场域、实践感和实践逻辑等观点的论述，不仅表达了他对实践活动感性特征的深刻理解，而且也代表了当代社会理论的一种超越传统理性主义单纯从理性逻辑解释实践行为的共同倾向。布迪厄说：“实践逻辑是自在逻辑，既无有意识的反思又无逻辑的控制……这种自相矛盾的逻辑是任何实践的逻辑，更确切说，是任何实践感的逻辑。”①吉登斯关于惯例性行为和实践意识的论述、马尔库塞关于感性压抑和感性解放的论述，也都是注重实践的感性本质的理论表现。因此可以说，当代社会理论超越了传统实践学说中单纯注重理性实践的片面性，在一个十分广阔而又非常丰富的理论视野中展开了对感性实践的研究。

无论感性实践还是理性实践，都一定是有目的的选择行为，所以坚持实践原则、面对人类实践行为，就一定要关注人们的选择行为。经济学特别是新古典经济学对人的选择行为开展了卓有成效的研究，但是新古典经济学所指的选择行为是根据理性逻辑和功利原则展开的个人选择行为，这种理性选择研究是排斥至少是忽视了感性行为的研究。如果肯定实践是感性活动，而感性的实践活动又是选择行为，那么一个必然的结论是选择行为一定包含感性选择，从实践原则出发研究选择行为就应当研究人们的感性选择。布迪厄关于实践感和紧迫性行动、吉登斯关于即时性行动、福柯关于身体行动等论述，都在一定程度上涉及了感性选择问题。应当说哈耶克对人们的感性选择作出了最为深刻的探索，他关于人们以感性意识支配的自发行为并形成自发性扩展秩序的论述，其实质就是对人们的感性选择的论述。②

话语实践、感性实践和选择实践，都不是任意的活动过程，一定是在某种规则的制约下展开的，而制约人们实践行为的规则亦即当代社会理论的一个核心话题——制度。制度从来就是社会理论的研究对象，迪尔凯姆曾经把社会学界定为研究制度的科学，韦伯关于各种行动类型或权威类型的研究，其实质也

---

① 皮埃尔·布迪厄：《实践感》，蒋梓骅译，译林出版社 2003 年版，第 143 页。

② 参见刘少杰：《经济社会学的新视野：理性选择与感性选择》，社会科学文献出版社 2005 年版。

是在研究制约人们社会行动的制度。不过，当代社会理论关于制度的研究也是别开生面，布迪厄、吉登斯和哈贝马斯等人不是在制度分类的意义上开展研究，而是研究制度的实践过程。布迪厄关于经济资本、文化资本和社会资本的场域转换研究，吉登斯关于当代社会信息化和虚拟化中的制度抽离化研究，哈贝马斯关于交往行为中的语用规则或交往理性的研究，以及科斯和诺斯等人为代表的新制度主义经济学关于交易制度和制度变迁路径依赖的研究，都是在超越了制度客观论和制度分类学意义上开展的制度实践研究。实践基础上或实践过程中的制度研究，是一个承认人们的选择性和创造性的研究，它真实地反映了人类社会自 20 世纪 60 年代以来，在东西方社会广泛发生的充满活力的制度选择和制度创新的辉煌实践。

第十三章　马克思主义社会学理论研究的历史与机遇

改革开放以来，中国社会学在经验研究和理论研究等方面都取得了丰硕的成果，不仅对迅速变迁、复杂转型的社会现实开展了大量调查研究，形成了许多直接反映中国社会发展变化的学术文献，而且敞开视野，广泛引入和评述西方社会学的新理论、新学派，促进了中国社会学的发展。然而，马克思主义社会学理论的研究却显得相对冷清，虽然也发表了一些关于马克思主义社会学理论的文章并出版了一些著作，但同社会学其他方面的研究状况相比，还是令人感到有些清冷低沉。本章试图在对 40 多年来马克思主义社会学理论研究状况作概括考察的基础上，对马克思主义社会学理论研究的一些深层问题作些探讨。

一、马克思主义社会学理论研究的历史

中国社会学对马克思主义社会学理论的研究，最早可以追溯到李大钊、瞿秋白和李达等人，他们在 20 世纪二三十年代，为阐释和传播经典马克思主义社会学理论作出了很多努力，不仅留下了一些介绍和评述马克思主义社会学理论的重要文献，而且还促进了马克思主义社会学对中国革命实践的理论指导。从李大钊、瞿秋白和李达等人的文献中可以得出一个结论：关于马克思主义社会学理论的研究，在马克思主义传入中国之初，占据显著的中心地位。并且，

由于中国共产党在领导中国革命的过程中，已经把马克思主义社会学的阶级分析和阶级斗争理论、社会结构矛盾运动和社会发展变迁理论同实践斗争紧密结合在一起，所以，马克思主义社会学在中国不仅仅是思想理论，更重要的在于其思想观点在20世纪前期就已经转化成中国社会现实的一个不可分割的部分。

令人遗憾的是，20世纪30年代以后，马克思主义社会学的概念逐渐被人们淡忘，马克思恩格斯和列宁等人关于社会结构矛盾运动和社会历史发展变迁的丰富思想，都被归结在历史唯物主义范畴之内。用历史唯物主义取消马克思主义社会学的做法，显然是受到了斯大林时期苏联“左”倾政治和教条主义的影响。苏联早期共产党领导人之一的布哈林因为论述了历史唯物主义即马克思主义社会学的观点，被斯大林指责为篡改了马克思主义的修正主义者。在斯大林认定的马克思主义理论体系中没有社会学，社会学被看成资产阶级的反马克思主义学说。

1949年新中国成立之后，中国社会学学科遭遇了近30年的中断，不仅西方社会学理论被拒斥于国门之外，而且马克思主义社会学理论也无人敢提，因此也就谈不上马克思主义社会学理论的研究了。直至改革开放，在邓小平的倡议下，中国社会学开始重建，马克思主义社会学理论也逐渐受到一些学者的关注。因此，新中国成立后，中国社会学界对马克思主义社会学理论的研究，其主要内容也就存在于改革开放以来所形成的文献中。我们可以将其大致分为三类。

其一，关于马克思主义社会学的一些理论观点的专门研究，诸如对马克思恩格斯、列宁和毛泽东等人的社会结构理论、阶级斗争和社会革命理论、社会有机体理论和社会发展理论等方面的研究，还有对卢卡奇、葛兰西、马尔库塞、哈贝马斯等西方马克思主义者的阶级理论、实践理论、社会批判理论和社会交往理论等方面的研究。这类文献很多，大多数为发表在期刊杂志上的学术论文，其中很大一部分是从事哲学和科学社会主义理论研究的学者撰写的，而由社会学研究者撰写的文章数量不多。

20世纪90年代，中国学术界曾经掀起一场持续很长时间的马克思主义关于社会发展的客观性与主观性、必然性与偶然性、规律性与选择性等方面内容的讨论，还对生产力和生产关系的性质与结构、科学技术在生产力中的地位、社会发展的根本动力与变迁机制等问题开展了深入讨论。虽然参加讨论的学者大部分是从哲学的学科视角进入的，讨论的内容也多集中于思想理论和方法原则，很少同经验研究联系起来，但是这场讨论的很多内容实质上就是马克思主义社会学的基本原理和马克思主义社会学的理论演化史。这里或许有如何看待社会学研究同哲学、史学和政治学等相近学科关系的问题，也可以将学者职业和学科设置清楚地划分为不同学科，但是对学者的学术研究，特别是涉及比较复杂的社会事实或理论现象的研究，事实上不可能做出严格的学科划分，因为有成就的研究往往是突破学科界限的。因此，总结一个学科的学术研究和理论演化，应当突破职业划分的限制，在更广阔的学术视野中对事实上属于本学科的学术成果作出考察和概括。

也是在 20 世纪 90 年代，中国学术界还形成了一场研究西方马克思主义的热潮，当时翻译出版了许多卢卡奇、葛兰西和法兰克福学派的西方马克思主义著作，还在中国大陆和台湾地区出版了一些评介西方马克思主义思想理论的著作，不仅对西方马克思主义的形成演化、理论观点和方法原则做了深入探索，并且对西方马克思主义同经典马克思主义以及东方马克思主义之间的关系也作出了分析。更重要的是，这次热潮对西方马克思主义是马克思主义在新的历史条件下的发展还是反马克思主义思潮作出了讨论，杜章智等学者坚持把西方马克思主义看成是马克思主义者在新的历史条件下的积极探索，这对于解放思想、推进西方马克思主义研究具有重要意义。由于西方马克思主义特别是法兰克福学派的社会批判理论，其主要内容都属于马克思主义社会学理论范畴，因此研究西方马克思主义实际上也就是在研究马克思主义社会学理论，不过参与者主要都是社会学界之外的学者。

其二，关于 20 世纪二三十年代中国马克思主义社会学代表人物的研究活动及其思想理论的研究。这类研究成果通常包含在中国社会学史的著作中，较早的有韩明谟的《中国社会学史》（天津人民出版社 1987 年版），后来在纪念中国社会学百年的热潮中，又出版了郑杭生、王万俊的《二十世纪中国的社会学本土化———有中国特色的社会学：社会学本土化从世界到中国的理论与实践》（党建读物出版社 2000 年版），杨雅彬的《近代中国社会学》（中国社会科学出版社 2001 年版），郑杭生、李迎生的《中国社会学史新编》（高等教育出版社 2000 年版），阎明的《社会学在中国》（清华大学出版社 2004 年版）等，这些著作对李大钊、瞿秋白、李达、许德衡和毛泽东等人的社会学研究活动和研究成果作了介绍和评论。近年来出版的一些关于中国早期马克思主义者的评传中，也有马克思主义社会学理论研究的相关内容，如余玉花的《瞿秋白学术思想评传》（北京图书馆出版社 2000 年版）、王炯华等人的《李达评传》（人民出版社 2004 年版）等。

虽然关于 20 世纪二三十年代中国马克思主义社会学理论研究的学术成果屈指可数，但都是很重要的。这些研究成果说明了一个十分重要的学术事实，即中国社会学发端之初并不仅仅是对西方实证社会学的引入，马克思主义社会学既是中国早期社会学的重要传统之一，而且在中国旧民主主义革命和新民主主义革命中也发挥了重要作用。尽管 20 世纪二三十年代中国马克思主义社会学研究的传统在后来中断了，但是这 20 多年的学术历史却深刻地向后人启示，中国社会问题和社会发展的复杂性，不仅需要注重描述经验事实的实证社会学，而且更需要对社会现象开展批判性研究的马克思主义社会学，并且正是由于马克思主义社会学坚持对社会不平等、不公正、消极落后等方面问题开展深入批判，才有力地推动了中国社会革命和社会进步。

其三，关于马克思主义社会学思想理论或马克思主义社会学发展史比较系统的研究。这类研究成果实在较少，能够查阅到的著作仅有：常向群的《马克思主义社会学论稿》（河南人民出版社 1992 年版），高平主编的《马克思主义社会学史》（中共中央党校出版社 1997 年版），钟金洪的《马克思主义社会学思想》（中国审计出版社 2001 年版）。这些著作的意义在于，突破了把马克思主义经典作家关于社会结构变迁和社会历史发展的思想理论仅仅归结为历史哲学的“左”倾教条主义束缚，展开了系统总结马克思主义社会学思想体系和理论演化的学术追求，为在改革开放的新形势下开展马克思主义社会学理论研究作出了可贵的探索。

2006年，郑杭生和刘少杰主编出版了一部《马克思主义社会学史》，这部著作是改革开放以来对马克思主义社会学理论作出了系统总结、对不同时期的马克思主义社会学理论作出了深入论述的研究成果。《马克思主义社会学史》包括4个部分：马克思和恩格斯的经典马克思主义社会学理论；列宁和普列汉诺夫的俄国马克思主义社会学理论；以卢卡奇、葛兰西和法兰克福学派为代表的西方马克思主义社会学理论；以李大钊、毛泽东、邓小平等为代表的中国马克思主义社会学理论。这种内容构成扩展了马克思主义社会学理论的研究视野，不仅对马克思、恩格斯、列宁和普列汉诺夫的社会学思想做出了深入阐述，而且在国内社会学界首次把卢卡奇、葛兰西和法兰克福学派的社会学思想纳入到马克思主义社会学理论体系，并且首次把邓小平理论、“三个代表”思想和科学发展观中的社会学思想也编入马克思主义社会学史。该书充分揭示了马克思主义社会学面对资本主义社会及各种消极现象的革命批判性，论述了对社会主义社会及各种进步现象的维护建设性，并以丰富的思想内容展示了马克思主义社会学是一个开放的体系，它在不同历史条件下建立了不同的理论观点并呈现了不同的理论形式，这表明它具有其他社会学传统难以与之相比的活力。

二、马克思主义社会学理论研究薄弱的原因

概观40多年来中国社会学关于马克思主义社会学理论的研究成果，一方面应当肯定所取得的成绩；另一方面也应当承认，同中国社会学在其他方面取得的成绩相比，马克思主义社会学理论研究无疑是一个薄弱的环节。毋庸讳言，马克思主义社会学理论的研究成果，无论是在量的积累还是在深入的程度

上都是很有限的，甚至同欧美社会学的马克思主义社会学理论研究成果相比也是很薄弱的。这里应当思考的问题是，为什么在中国社会学获得快速发展的有利形势下，马克思主义社会学理论的研究却如此冷清？应当说产生这种现象的原因很多，但以下几点可能是最基本的。

首先，中国社会学重建之初未能彻底清算“左”倾教条主义对马克思主义社会学的否定。中国社会学被当作“资产阶级反动学说”，从根源上说是遭到了从斯大林时期就已开始的“左”倾教条主义的迫害。因此，中国社会学重建之初就应当坚决彻底地清算“左”倾教条主义的影响。然而，忙于学科机构设立、学术队伍培养的中国社会学界，未能从思想理论和学科发展史上去完成这个重要的任务，对于如何肯定马克思主义社会学的地位、如何摆正马克思主义社会学同历史唯物主义之间的关系以及马克思主义社会学同其他社会学传统之间的关系等问题都未能给予深入讨论，更谈不上在社会学界形成关于这些重大问题的共识。甚至可以说，直至目前这些问题也未能得到足够深入的研究，在很多学者的心目中，马克思主义理论体系中有历史唯物主义而没有社会学，并且历史唯物主义只是社会哲学或历史哲学，所以也就没有必要在社会学领域谈论马克思主义社会学。

中国社会学未能彻底清算“左”倾教条主义对马克思主义社会学的否定，也体现了中国社会学自我意识的薄弱。正如某些学者把历史唯物主义同马克思主义社会学对立起来一样，还有一些学者从实证主义社会学立场出发，把马克思主义社会学划在社会学范畴之外，至多不过把马克思等人关于社会历史发展和社会结构变迁的论述称为有别于社会学的社会理论。这实在是中国学术界尤其是中国社会学界的一件令人惭愧的事情，就连那些被称为西方资产阶级思想家的学者，在编写社会学史时，也都把马克思等人关于社会结构和社会发展的思想理论作为社会学的一个重要传统加以深入论述，为什么在以马克思主义为指导思想的社会主义国家却从不同角度排斥马克思主义社会学呢？应当承认，自中国社会学发端之初，马克思主义社会学就是中国社会学的一个重要组成部分，而中国社会学重建后不但不能彻底清算“左”倾教条主义对马克思主义社会学的否定，反而默认对马克思主义社会学的排斥，这说明中国社会学既没有完整肯定自己的历史，也没有明确抵制错误观点对自己的否定，其结果只能是马克思主义社会学从社会学领域中被删割出去。

其次，中国社会学重建之初没有深入清理马克思主义社会学理论研究的一些问题，另一个重要原因或许在于对政治问题的有意回避。虽然在 20 世纪 80 年代中国学术界已经对“左”倾教条主义展开了很多批判，但是不仅“左”倾教条主义在一些领域特别是思想领域不可能在较短时间内清除干净，而且长期在“左”倾政治压抑下的学术界也难免心存余悸，尽量避开被长期作为阶级斗争工具的马克思主义理论，这或许不失为一个安全的策略选择。但是，这是一个回避矛盾的选择。对马克思主义社会学避而不谈，试图把中国社会学建成远离政治生活的实证科学，这种学术倾向的实质是以片面的科学主义立场排斥社会学研究的价值追求。

回顾中国社会学的发展历史，一个不难得出的结论是，明确的价值追求是中国社会学得以兴旺发达的活力根源。笔者曾经指出，中国社会学在其发端之初就有明确的价值取向，就不是一个只讲科学不讲政治的实证科学。并且，正是因为严复、康有为和梁启超等中国社会学先驱胸怀“救国保种、振兴中华”的强烈的价值追求，把活力合群、家族制度、群术治群、化育新民等社会学研究同国家命运和民族兴亡等政治问题紧密结合起来，才使自己的学说焕发出强烈的社会号召力，推进中国社会学研究占据了那个时代的学术中心，执掌了那个时代的话语权。在李大钊、瞿秋白和李达等人笔下的马克思主义社会学，更是以明确的政治理想和坚定的价值追求而表达自己的思想内容，进而对推进中国社会革命与社会进步起到了不可替代的重要作用。然而令人遗憾的是，到了 20 世纪 40 年代，中国社会学却因为片面强调实证的科学原则，不仅交出了时代的主流话语权，而且同时也退出学术中心，迈开了“从堂奥走向庭院的边缘化”步伐。①

---

① 参见刘少杰：《中国社会学的发端与扩展》，中国人民大学出版社 2007 年版，第 10—14 页。

再次，琳琅满目的当代西方社会学引起了重建之初的中国社会学的极大兴趣，很少有人把注意力移向具有一定政治色彩的马克思主义社会学。20世纪后期，西方社会学进入了一个新的繁荣时期，各种新理论、新流派不断涌现，对外封闭已久的中国社会学，在解放思想、走向世界的旗帜下，如饥似渴地吸收各种新思想、新观念。应当肯定，敞开胸怀迎接当代西方社会学的新成果，是中国社会学发展振兴的重要途径，因此无可非议。问题在于，当中国社会学的理论兴趣在很大程度上转向西方社会学后，原本就存在很多意识形态纠纷的马克思主义社会学理论，就更难以引起人们的学术兴趣了，甚至对一些同西方社会学并存发展的马克思主义社会学新成果也可能视而不见。

事实上，马克思主义社会学在20世纪后半叶的西方也获得了很丰富的发展，但中国社会学界对此却没有给予足够重视。这里还是面临如何认识马克思主义社会学的问题。如果人们认可的马克思主义社会学仅仅是马克思恩格斯和列宁等人阐述的思想观念，那么在这些经典作家之后形成的马克思主义社会学新成果也就必然被抛在视野之外了。如果能够破除这种僵化的教条主义限制，不难发现根据马克思主义经典作家的思想原则作出新探索的理论成果实在是层出不穷。例如法兰克福学派主要代表人物马尔库塞，他在《爱欲与文明》《单向度的人》《反革命与造反》等著作中，坚持马克思主义的实践立场、辩证分析原则和理性批判精神，对资本主义社会异化、工业社会意识形态扭曲、感性压抑、环境革命和人类解放等问题作出了具有强烈时代感和创新性的丰富论述。这些被西方学者称为马克思主义社会学在当代新进展的理论成果，却长期被中国社会学置于视野之外。

最后，实证主义社会学观念限制了对马克思主义社会学理论的理解和接受。改革开放以来，虽然从西方传入的社会学理论流派多样、观点各异，但是对中国社会学主流产生较大影响的还是实证主义社会学。马克思主义社会学同实证社会学是在对立中形成与发展的，不仅马克思恩格斯和列宁等马克思主义经典作家对以孔德为代表的实证社会学给予了很多批判，而且后来的卢卡奇、马尔库塞等西方马克思主义者对实证主义也给予了严厉的抨击。因此，尽管在当代社会学研究中，马克思主义社会学同实证主义社会学也有一些交互借鉴，但就其学术立场、方法原则和历史演化而言，二者的对立是不可否认的。也正是因为这个缘故，当中国社会学在主流上接受了实证社会学之后，马克思主义社会学理论也就不可避免地受到了冷落。

事实上，在马克思主义同实证主义的长期对立中，最根本的分歧是以何种态度对待社会现象。在实证主义者看来，社会学应当像物理学那样用科学的客观性原则去描述社会现象，只问是什么，不问应当是什么；而在马克思主义者看来，社会现象并非都真实地表现了社会生活，人们看到的社会现象往往是因为各种权力制约和利益矛盾而被扭曲的假象，因此欲真实地揭示社会问题的实质，不能仅仅用科学的客观性原则去描述社会现象，更重要的是坚持用公平正义和自由平等的价值原则去批判地揭示假象而阐明真相，并引导人们为实现自己的价值理想而积极实践。应当肯定，面对复杂分化、深刻变迁的中国社会，单纯用排斥价值理想的客观性原则去描述社会现象，显然无法完成社会学应当承担的推进社会进步、促进社会和谐的历史使命，而欲完成这一神圣的历史使命，马克思主义社会学的地位与功能是不可替代的。

三、马克思主义社会学理论研究的新机遇

新时代以来，在改革开放和社会主义市场经济发展已经取得显著成就的新形势下，马克思主义社会学理论研究也面临空前有利的发展机遇。如何在新形势下认真总结马克思主义社会学的历史发展，明确认识马克思主义社会学的本质特点与历史地位，充分发挥马克思主义社会学理论在社会建设中不可替代的指导作用，是中国社会学必须认真对待的重大课题。

我们认为，马克思主义社会学理论经历了一个半多世纪的历史演化，形成了经典马克思主义社会学、俄国马克思主义社会学、西方马克思主义社会学和

中国马克思主义社会学的不同历史形态。尽管马克思主义社会学在基本立场和方法论原则上始终保持了一致性，但因为历史条件和实践任务的发展，马克思主义社会学的四种历史形态在理论视野、面对问题、概念构架等方面都有很大变化。正确总结马克思主义社会学在不同历史条件下的发展演化，是在新形势下开展马克思主义社会学理论研究的必要前提。

经典马克思主义社会学开始于马克思在《莱茵报》时期和《德法年鉴》时期的社会调查研究和社会问题批判。马克思在对底层社会问题的调查研究中，逐渐接触到同政治领域和思想意识领域相对立的经济社会领域——市民社会。对市民社会的观察、分析与理论概括，是马克思主义社会学的理论起点。后来在《1844年经济学哲学手稿》《关于费尔巴哈的提纲》《德意志意识形态》和《共产党宣言》等著作中，马克思和恩格斯逐渐确立了历史唯物主义或马克思主义社会学的基本立场和方法论原则。1859年，马克思在《〈政治经济学批判〉序言》中对社会结构的矛盾运动、社会历史发展规律等历史唯物主义或马克思主义社会学研究的重大问题作出了如下理论概括：

> 人们在自己生活的社会生产中发生一定的、必然的、不以他们的意志为转移的关系，即同他们的物质生产力的一定发展阶段相适合的生产关系。这些生产关系的总和构成社会的经济结构，即有法律的和政治的上层建筑竖立其上并有一定的社会意识形式与之相适应的现实基础。物质生活的生产方式制约着整个社会生活、政治生活和精神生活的过程。不是人们的意识决定人们的存在，相反，是人们的社会存在决定人们的意识。社会的物质生产力发展到一定阶段，便同它们一直在其中运动的现存生产关系或财产关系（这只是生产关系的法律用语）发生矛盾。于是这些关系便由生产力的发展形式变成生产力的桎梏。那时社会革命的时代就到来了。随着经济基础的变更，全部庞大的上层建筑也或慢或快地发生变革。在考察这些变革时，必须时刻把下面两者区别开来：一种是生产的经济条件方面所发生的物质的、可以用自然科学的精确性指明的变革，一种是人们借以意识到这个冲突并力求把它克服的那些法律的、政治的、宗教的、艺术的

或哲学的，简言之，意识形态的形式。我们判断一个人不能以他对自己的看法为根据，同样，我们判断这样一个变革时代也不能以它的意识为根据；相反，这个意识必须从物质生活的矛盾中，从社会生产力和生产关系之间的现存冲突中去解释。①

马克思的这段著名的理论概括通常被称为历史唯物主义的经典阐述，但我认为它同时也是对马克思主义社会学基本立场、方法原则和理论构架的经典阐述。这里我们又面临如何看待历史唯物主义和马克思主义社会学关系的问题。笔者认为，列宁已经清楚地回答了这个问题。在1894年撰写的著作《什么是"人民之友"以及他们如何攻击社会民主主义者》中，列宁在批判民粹派的主观社会学时明确指出："马克思关于社会经济形态发展的自然历史过程这一基本思想，从根本上摧毁了这种以社会学自命的幼稚说教……他做到这一点所用的方法，就是从社会生活的各种领域中划分出经济领域，从一切社会关系中划分出生产关系，即决定其余一切关系的基本的原始的关系。"②列宁紧接着引述了马克思在《〈政治经济学批判〉序言》中的经典阐述（如上所引），然后，列宁得出的结论是：

达尔文推翻了那种把动植物物种看做彼此毫无联系的、偶然的、"神造的"、不变的东西的观点，探明了物种的变异性和承续性，第一次把生物学放在完全科学的基础之上。同样，马克思也推翻了那种把社会看做可按长官意志（或者说按社会意志和政府意志，反正都一样）随便改变的、偶然产生和变化的、机械的个人结合体的观点，探明了作为一定生产关系总和的社会经济形态这个概念，探明了这种形态的发展是自然历史过程，从而第一次把社会学放在科学的基础之上。③

简言之，列宁认为，马克思关于经济基础发展变化推动人类社会变迁是自然历史过程的观点是历史唯物主义的根本观点，正是这个根本观点揭示了社会

① 《马克思恩格斯选集》第二卷，人民出版社2012年版，第2—3页。

② 《列宁全集》第1卷，人民出版社2013年版，第107页。

③ 《列宁全集》第1卷，人民出版社2013年版，第111—112页。

发展变化的根本动力和客观规律，使人们能够正确认识社会现象，进而把社会学放在科学基础之上，社会学由此而成为真正的社会科学。列宁接着指出，在马克思做出这种论断之前，没有发现哪种学说能像历史唯物主义这样把社会学变成科学，因此，“唯物主义历史观始终是社会科学的同义词”①。这就是说，列宁不仅认为历史唯物主义的根本观点把社会学置于科学基础之上，而且还认为历史唯物主义作为理论体系，本身就是社会科学亦即“科学的社会学”②。

1921年，布哈林编写出版了《历史唯物主义理论——马克思主义社会学通俗教材》，在这部著作中，布哈林明确指出：“历史唯物主义理论处于怎样的地位呢？……它是关于社会及其发展规律的一般学说，也就是社会学。”“工人阶级有自己的、无产阶级的社会学，它的名称是历史唯物主义。”③布哈林的观点在斯大林时期遭到了严厉批判，但是应当肯定，布哈林的观点同列宁是一致的，或者说是对列宁的观点的进一步发挥，把布哈林的观点说成是篡改和反马克思主义是错误的。事实上，在各种版本的历史唯物主义著作或教科书中，那些直接引述或进一步阐释的马克思恩格斯和列宁等人关于社会结构矛盾运动和历史发展变迁的观点，哪一点不可以看作马克思主义社会学的理论内容？或许出于同实证主义论战的需要，为了同实证主义划清界限，使人们不至于把历史唯物主义简单地等同为实证社会学，马克思恩格斯没有直接把历史唯物主义理论称为社会学。列宁根据历史唯物主义的基本立场和理论内容把历史唯物主义称为马克思主义的“科学的社会学”，布哈林则对列宁的论断作了进一步的阐述。并且，李大钊、瞿秋白、李达等中国马克思主义者也是坚持了列宁的观点，他们都把历史唯物主义视为马克思主义社会学在中国的传播。

由卢卡奇、葛兰西和法兰克福学派等阐述的西方马克思主义，虽然在暴力革命和无产阶级专政等一些观点上同列宁等人为代表的东方马克思主义有分歧，但是他们都坚持马克思主义的一些基本立场和基本观点，并且依据西方资

① 《列宁全集》第1卷，人民出版社2013年版，第112页。

② 《列宁全集》第1卷，人民出版社2013年版，第110页。

③ 尼·布哈林：《历史唯物主义理论》，人民出版社1983年版，第7页。

本主义国家的历史条件和革命形势，为推进马克思主义理论特别是马克思主义社会学理论的发展作出了不懈努力，并且形成了丰富的、对20世纪思想文化产生了重大影响的理论成果。这些至今都被各种流派的西方社会学看作马克思主义社会学传统的西方马克思主义者及其理论，我们不仅没必要也不应当把他们从马克思主义社会学阵营中开除出去，而且还应当在他们具有广泛创新性的社会学著述中充分肯定其对马克思主义社会学的贡献。改革开放以来，虽然马克思主义社会学理论研究在中国没有形成热潮，但是社会结构的快速变迁，以及进一步推进中国式现代化建设等新形势、新任务，确实给马克思主义社会学理论研究提出了一系列重大课题和空前有利的发展机遇。并且，邓小平、江泽民、胡锦涛、习近平等国家领导人关于改革开放、发展市场经济和构建和谐社会的一系列具有开创性的新思想、新观点，已经直接为马克思主义社会学理论增添了丰富的新内容。认真总结历史经验，纠正在特定历史条件中形成的一些理论偏见，及时抓住难得的新机遇，深入开展马克思主义社会学理论研究，既是中国社会学取得进一步发展的重要途径，也是更真实地认识中国社会问题、推进中国社会发展的实践要求。

中国社会正处于快速发展、深刻变迁的历史时期，在取得经济增长、文化繁荣和社会进步等方面显著成就的同时，各种社会矛盾或社会问题也以十分复杂的形式表现出来，都不是仅仅用实证主义社会学的科学观察和客观分析就能说清楚的，而马克思主义社会学的实践原则、辩证分析方法以及不仅解释世界而且还要改造世界的革命精神，对于研究和回答中国社会在快速发展中不断涌现的社会问题，具有明显优于实证主义社会学的地位和作用。

论及马克思主义社会学同其他社会学流派的关系，还需要进一步明确的是，马克思主义社会学在基本立场、理论视野和方法论原则等方面，超越了社会学中长期存在的科学主义和人本主义两大传统的对立。

科学主义传统的代表是实证主义社会学，对实证社会学的根本立场、研究对象、思维方式、理论追求和方法原则等问题作出最清楚讨论的是迪尔凯姆，他曾反复强调，实证社会学的研究对象是作为客观现象的社会事实，而社会事实必须作为外在于思想观念的“物”去看待，对于外在的、客观的“物”，社会学应当像物理学那样去观察，像数学那样去计算，亦即用科学的方法把握之，其目的在于把握社会生活中作为客观必然性的社会制度或社会规律。

坚持人本主义传统的解释学社会学、现象学社会学和后结构主义社会学等流派，坚决反对把社会事实简单地理解为外在的“物”，认为社会生活是由人们的社会行动展开的，人们是根据自己的意志、目的和利益等主观性因素支配自己的社会行动，所以不能把社会生活仅仅看作外在的客观对象，不能仅仅用科学的眼光去观察和描述，更重要的是对话、沟通和理解，是对社会生活的意义和人类生存的价值作出阐释、导引和批判。

概言之，社会学中的科学主义传统从社会生活的客观性出发，把社会事实当作外在的客观的“物”去看待，以物理学的研究方式去追求社会生活的客观规定性，试图在社会现象中揭示像自然规律一样的社会本质或社会规律；社会学中的人本主义则从社会生活的主观性出发，认为社会事实的本质是人们在社会行动中的主观意愿，而不是客观的“物”，研究社会生活应当用体验和解释人们主观性的理解方法，应当在社会的发展变化中揭示出意义与价值。更明确地说，社会学中的科学主义传统和人本主义传统是社会学研究中的两极对立，前者抓住了社会生活中客观的物的方面，后者抓住了社会生活中主观的精神的方面。

马克思主义社会学超越了科学主义与人本主义的两极对立。马克思主义社会学从实践出发，在社会生活的主观与客观、主体与客体的双向统一中把握社会现象的发展变化，不仅要研究社会生活的客观规定性，认识社会结构运动变化的客观规律，而且还要研究社会生活的主观意愿，理解人们在社会生活中的价值理想和意义追求；不仅要坚持按照科学精神去发现和揭示社会历史运动变化的客观根据，而且还要发扬人文精神，关心人生困苦，追求人类幸福与解放。所以，马克思主义社会学把科学主义社会学和人本主义社会学在两极对立中展开的两个方面都纳入了自己的理论视野和学术胸怀，严格相互排斥的两极对立由此被熔化在相互转化的交融关系之中。

总之，马克思主义社会学具有科学主义社会学传统和人本主义社会学传统无法与之相比的优势，它对社会生活开展的总体性研究以及批判性与建设性的思考，对于认识社会问题、化解社会矛盾、推进社会发展具有不可替代的地位和作用，特别是在处于复杂变迁、深刻转型且大力中国式现代化建设的当代中国，马克思主义社会学具有更加重要的指导意义和更加广阔的实践空间。然而，人们在马克思主义社会学的本质、特点、地位、功能和历史等重要问题上还有很多意见分歧或模糊认识，只有努力从理论上对这些问题给予深入研究和明确回答，才能真正确立马克思主义社会学的重要地位，才能有效地发挥它的巨大作用。

第十四章 马克思主义社会学的学术传统与学科建设

马克思主义社会学与实证主义社会学是在相同历史条件下形成的，并且其思想观点都发端于对德国古典哲学的批判，并由此而形成了相互对立的学术传统。区别在于，实证主义社会学的学术传统在其经典时期就开始了学科化，而马克思主义社会学的后继者们虽然也曾试图推进其学术传统的学科化，但未能最终实现。马克思主义社会学同实证主义社会学的这种区别，使其在当代经历了不同的发展道路并产生了超越学科边界的广泛影响，也展示了与实证主义社会学不同的旺盛活力。

一、在对立中生成的两种学术传统

很多学者认为，对市民社会的观察、分析与理论概括，既是马克思主义社会学的理论起点，也是马克思主义社会学传统的开端。事实也正是如此，马克思在《莱茵报》时期和《德法年鉴》时期开始了对底层社会生活的调查研究，并通过对底层社会问题的考察与分析，逐渐接触到同政治领域和思想意识领域相对立的经济社会领域——市民社会。正是把市民社会或经济生活看成国家和意识形态的基础，马克思主义社会学形成了与实证主义社会学不同的基本立场和方法原则，亦即形成了独特的学术传统。

还有一些学者从马克思对德国古典哲学和青年黑格尔派的意识形态批判

中，更深入地揭示了马克思主义社会学的形成逻辑。马尔库塞曾深入论述了黑格尔哲学解体后欧洲哲学向社会学研究的转向。在他看来，以思辨形式阐述的黑格尔哲学包含着指向现实的理性要求，其承认发展变化的辩证法精神引导了哲学理论向现实生活的转向。因此，当黑格尔哲学解体后，直面现实的社会学就顺理成章地代之而起。“从哲学向国家和社会领域的过渡已经成为黑格尔体系的一个内在部分。他的基本哲学观点在国家和社会假定的特殊历史形式中已经实现了自身，而后者则成为一个新的理论的兴奋中心。哲学已经转化为社会理论。”①

马尔库塞深入分析了黑格尔哲学解体后形成的社会学两大传统：高扬批判精神的马克思主义社会学和坚持客观原则的实证主义社会学。两种社会学抱着对黑格尔哲学不同的态度而展开了自己的理论视野和理论追求。“马克思把他的理论集中在劳动过程上，并且通过这样做完成了黑格尔的辩证法原则，即内容（现实）的结构决定了理论的结构。他使市民社会的基础成为市民社会理论的基础。这样的社会根据普遍的劳动原则而运动，因为劳动过程决定了人类存在的整体；劳动决定了所有事物的价值。由于劳动产品不断地广泛交换而使社会得以永恒存在，因而，人类关系的整体就被直接的经济规律所统治。”②

概而言之，马克思继承了黑格尔的辩证法原则，坚持劳动实践和市民社会的基础地位，并进而承认物质生活条件、生产关系和经济关系对社会政治、文化和思想观念的决定作用，在运动变化中看待人类社会的发展变迁，而这就是马克思社会学最基本的原则和立场。但马克思与黑格尔又有明确的区别，黑格尔哲学并没有否定现存秩序，而马克思社会理论则直接要求现存秩序发生改变：“在黑格尔体系中，所有的范畴都终止于存在着的秩序中，与此同时，在马克思的理论中，所有的范畴则是触及到这些存在着的秩序的否定。”③

孔德创立实证主义社会学时也对德国哲学展开了批判，但展开的是另一种

① 马尔库塞：《理性与革命》，程志民等译，重庆出版社 1993 年版，第 229 页。
② 马尔库塞：《理性与革命》，程志民等译，重庆出版社 1993 年版，第 248 页。
③ 马尔库塞：《理性与革命》，程志民等译，重庆出版社 1993 年版，第 235 页。

批判，并走上了另一条道路。孔德明确指出："实证哲学被认为是要在整体上战胜否定哲学，也就是说，要废除任何把现实从属于超验理性的做法。并且，它将引导人们去观察和研究被普遍有效的规律所控制的作为中立客体世界的现象。""实证哲学的目的是要反对批判过程，它包含了对特定的东西的哲学否定，以及恢复事实实证的尊严。"① 概括地说，实证主义社会学反对辩证法原则，主张用抛弃价值评价的客观原则去考察由客观规律规定的世界，用科学的实证方法而不是辩证的批判方法去认识客观世界。

总之，马克思主义社会学和实证主义社会学都是对黑格尔哲学的否定，但马克思主义社会学保留了批判的辩证法原则，在劳动实践和经济关系基础上去批判旧世界、建立新秩序。实证主义社会学则否定了辩证法和劳动实践原则，主张无批判地客观观察和描述外在世界，顺从现存统治，维护既存社会秩序。因此，马克思主义社会学同实证主义社会学是尖锐对立的，前者是积极的、批判的、要求现实秩序发生变革的社会学，而后者是保守的、肯定的，是维护既存秩序、顺从现存统治的社会学。

需要进一步指出的是，马克思主义社会学同实证主义社会学在初创时期的对立，是两种学术传统的对立，马克思和孔德都分别为自己创立的社会学确立了基本立场、方法原则和价值取向，而这些正是任何一种学术传统得以确立的基本根据。尽管在后来的演化中，马克思主义社会学同实证主义社会学不仅有对立，也有交叉，而且演化出很多新的流派，但只要追问其是否坚持实践的立场还是坚持客观的实证立场，是否坚持辩证分析还是客观观察的方法论原则，是否坚持从生产实践出发考察社会结构的矛盾运动和历史变迁，是否捍卫基层群众的根本利益还是维护社会控制秩序，就可以清楚地判别其是属于马克思主义社会学传统，还是属于实证主义社会学传统。

---

① 马尔库塞：《理性与革命》，程志民等译，重庆出版社 1993 年版，第 295 页。

二、未竟的马克思主义社会学学科建设

实证主义社会学作为一种学术传统形成之后，后来又进入了学科化的发展阶段。实证主义社会学的学科化或学科建设，首先是迪尔凯姆奠基和推进的，是他在19世纪后期执着地追求学科化的目标并将之付诸了实践。一般说来，通常以迪尔凯姆的以下几件事为标志说明实证主义社会学作为一个新学科实现了建立任务：1887—1902年，迪尔凯姆在波尔多大学任教，创办了第一个教育学和社会学系，1891年被任命为法国第一位教授，1895年出版《社会学研究方法的准则》，1898年创建《法国社会学年鉴》，形成了法国社会学年鉴学派，特别是在1902年受聘为巴黎大学社会学教授。这些在10年左右时间里发生的一系列事情，表明迪尔凯姆实现了实证主义社会学学科建设的努力，实证主义社会学在迪尔凯姆的推进下立足于学科之林，受到了国民教育体系和学术研究体制的认可。

迪尔凯姆为实证主义社会学在学科建设上作出的努力和贡献，具有深远的意义。实证主义社会学跻身于国民高等教育体系之后，不仅在大学里广泛建立了社会学院系，坚持用实证主义基本立场和方法原则培养了一代又一代的社会学专业人才，也使实证主义社会学传统通过大学讲坛稳定持续地传承下去，而且在社会学专业队伍不断扩大、视野不断扩展和研究不断深入的发展过程中，实证主义社会学又衍生出很多分支社会学，家庭社会学、社区社会学、阶层社会学、组织社会学、制度社会学……名目繁多，难以列数。但无论分支社会学如何多样，大部分都坚持迪尔凯姆奠定的实证主义社会学的方法原则，实证主义社会学研究由此而成为社会学的主流。

在实证主义社会学的发展过程中，马克思主义社会学也呈现了繁荣发展的态势。特别是卢卡奇、葛兰西等人开创的，由法兰克福学派大力扩展的西方马克思主义，马克思主义社会学是其主要的思想内容和理论表现，可以称之为西方马克思主义社会学或新马克思主义社会学。在对法西斯主义和资本主义社会

异化的批判中，西方马克思主义社会学表现出实践立场和辩证分析的旺盛活力与强烈的思想感染力。然而，同在欧美各国已经作为学科而实现了体系化发展的实证主义社会学相比，其队伍阵容和发展势头还是相差明显。

在同实证主义社会学的对比中，马克思主义者明确意识到实现马克思社会学的学科建设的重要性。列宁认为，历史唯物主义就是马克思主义的科学社会学，应当坚持历史唯物主义的基本观点，用科学的马克思主义社会学研究社会历史的发展变迁。列宁指出："在这以前，社会学家在错综复杂的社会现象中总是难于分清重要现象和不重要现象（这就是社会学中主观主义的根源），找不到这种划分的客观标准。唯物主义提供了一个完全客观的标准，它把生产关系划为社会结构，并使人有可能把主观主义者认为不能应用到社会学上来的重复性这个一般科学标准，应用到这些关系上来。"列宁的结论是：马克思依据唯物史观的原则"第一次把社会学放在科学的基础之上"①。

列宁关于马克思主义社会学的观点，指导和推动了一批苏联学者积极开展马克思主义社会学研究。特别是十月革命胜利后，俄共中央急于稳定社会秩序、推进社会发展，高度重视社会学研究和社会调查，马克思主义社会学也变得十分活跃。M. 谢列布里亚科夫、Н.И. 布哈林和 C. 奥兰斯基是这个时期马克思主义社会学研究的主要代表，他们都认为，历史唯物主义的思想理论就是马克思主义社会学的基本内容。1921 年，布哈林发表《历史唯物主义理论：马克思主义社会学通俗教材》，第一次系统地阐述了历史唯物主义和马克思主义社会学的关系，对马克思主义社会学理论体系作出通俗易懂的论述。奥兰斯基在其著作《马克思主义社会学的基本问题》中论述了马克思主义社会学作为一门独立学科存在的地位与特点，马克思主义社会学中理论和方法的相互关系，怎样根据马克思主义社会学理论与方法开展社会问题研究。

可见，十月革命后苏联已经开始了马克思主义社会学的学科建设。但令人遗憾的是，1938 年，斯大林发表了《论辩证唯物主义和历史唯物主义》，认为

① 《列宁全集》第 1 卷，人民出版社 2013 年版，第 111—112 页。

唯一能正确解释社会发展和社会结构矛盾运动的是历史唯物主义，社会学被作为历史唯物主义的对立面而遭到了排斥。也就是在1938年，布哈林被作为叛徒处决，他关于历史唯物主义就是马克思主义社会学的观点也遭到了批判，马克思主义社会学从此销声匿迹。并且这种变化，迅速波及中国和东欧一些社会主义国家，马克思主义社会学在相当长的时间里不再有人提及。

综上所述，马克思恩格斯在历史唯物主义或唯物史观的名义下阐述了马克思主义社会学的立场、观点和方法，为马克思主义社会学的形成与发展做了实质性的奠基性贡献。马克思恩格斯关于物质生活条件在社会生活中的根本地位，物质生产方式的变化是社会历史发展变迁的决定因素，生产力与生产关系、经济基础与上层建筑之间的矛盾运动，阶级斗争和社会革命等一系列关于社会发展变化的思想观点，为马克思主义社会学构建了坚实的理论基础。

三、面向新时代的马克思主义社会学

20世纪70年代初开始，随着西方后工业社会的来临和东方社会主义国家改革浪潮的兴起，人类社会发生了空前深刻与复杂的变化，紧密关注现实发展变化的社会学也进入了一个新的繁荣时期。不仅实证主义社会学在其奠基的学科体系中继续发展，经济社会学、政治社会学、文化社会学以及城市社会学和乡村社会学等延续实证主义传统的分支学科也都呈现了崭新的发展势头，而且原来立于社会学学科体系之外的现象学社会学、解释学社会学，也纷纷以不同的形式、通过不同的途径进入社会学的学科体系中，推进了社会学理论和方法的创新。诸如加芬克尔为代表的常人方法学，福柯为代表的历史社会学和知识社会学，吉登斯为代表的结构互动论和风险社会学，鲍德里亚为代表的符号价值论和消费社会学，五光十色、各有洞天的新社会学流派，都是携带着现象学和解释学的立场与原则而进入了当代社会学体系中的学术新潮。

在实证主义社会学同其他社会学传统发生互动相融的崭新发展的同时，马克思主义社会学传统也同实证主义社会学发生了广泛的交流与会合。一方面，马克思主义社会学积极地向社会学学科挺进，在坚持经典马克思主义社会学的基本立场、方法原则和主要思想观点基础上，同实证主义社会学一起直面后工业社会到来后人类社会的深刻而复杂的变化，在广阔的学术视野和宽容的理论胸怀中，形成了很多令世人瞩目、具有广泛影响的新马克思主义社会学流派。如以列斐伏尔、哈维和苏贾等人为代表的新马克思主义空间社会学，以卡斯特为代表的网络社会学，以布迪厄为代表的实践社会学或场域社会学，这些生机勃勃地在学术界产生了广泛影响的新社会学流派，不仅是马克思主义社会学传统在当代的传承和延续，而且也是马克思主义社会学在理论与方法上的当代发展。

另一方面，某些实证主义社会学研究也开始吸收或借鉴马克思主义社会学的立场和观点，形成了实证主义社会学研究在思想理论和研究方法上的学术创新。以林南等人为代表的社会资本研究，在坚持实证主义社会学客观论立场的同时，不仅吸收和借鉴了马克思关于资本本质、资本投资与资本市场等理论观点，而且更重要的是在社会资本的投资行动与社会关系的客观结构的互动中研究社会资本，建立了可以引导社会成员开展积极投资行动的社会资本理论。林南在其代表作《社会资本：关于社会结构与行动的理论》中论述的这些观点，实质上同马克思主义社会学的实践立场是一致的。

还有一些坚守实证主义社会学的基本立场，甚至公开反对马克思主义社会学的学者，在其著述中也不得不接受马克思主义社会学的某些基本观点，显示了马克思主义社会学同实证主义社会学在当代学术研究中交叉与会合的不可回避性。近年在政治社会学和历史社会学研究领域有较大影响的迈克尔·曼，他反对马克思主义从经济生活的决定作用出发揭示社会历史的发展变迁，主张从意识形态、经济、军事和政治权力的四种来源考察社会历史变迁。① 但是，当

① 参见迈克尔·曼：《社会权力的来源》第 1 卷（上），刘北成、李少军译，上海人民出版社 2018 年版，“中文版前言”第 1 页。

迈克尔·曼阐释他的“权力网络的构成”时，他又不得不承认马克思主义社会学的基本观点：

> 源于四种来源的权力有不同的特点。经济权力是最嵌入日常生活的，也施加着循序渐进而旷日持久的因果压力。意识形态出场突然，气势逼人，但不规律，只是偶尔具有极其强大的超越的形象，军事权力的使用具有突然、偶尔和激烈的特点，但在技术方面也是不断积累的。政治权力是以领土和制度化为特征。①

关于马克思主义社会学向实证主义社会学的扩展与会合，虽然这里讨论的主要是学术研究中的现象，但这些学术新潮也不可避免地渗透到了西方社会学的学科体系之中。不仅空间社会学、政治社会学、组织社会学、历史社会学等分支学科已经吸收了这些处于前沿的新理论、新学说，而且网络社会学和社会资本的一些重要成果已经充分体现了马克思主义社会学对社会学新学科的建立与发展的影响。

上述讨论的理论现象主要发生在西方社会学之中，而在中国，马克思主义社会学的学术研究特别是学科建设方面还十分薄弱。尽管近几年推进马克思主义社会学研究的呼声日渐增强，但怎样把马克思主义社会学的基本立场、方法原则和基本观点融汇到当代中国社会学的学术研究和学科建设中，仍然是一个令人困惑的难题。

20 世纪 80 年代恢复重建的当代中国社会学，在学科体系的建设上基本上是学习美欧社会学学科体系建立起来的。无论是社会学学科设置、分支学科的建立、社会学专业的课程设置，还是人才培养的规格和层次，基本上都是对欧美社会学的移植和模仿。不过，经过 40 余年的快速发展，中国社会学同恢复重建之初已经有了很大变化，越来越多的学者认识到，不能简单模仿欧美社会学，应当把马克思主义社会学和中国群学的学术精华和方法原则也吸收到当代

---

① 迈克尔·曼：《社会权力的来源》第 1 卷（上），刘北成、李少军译，上海人民出版社 2018 年版，“新版前言”第 19 页。

中国社会学学科体系之中。

应当承认，当代中国社会学的学科体系就其形式上看已经基本齐全，诸如理论社会学、应用社会学、中外社会学史、社会学研究方法、经济社会学、政治社会学、文化社会学和城乡社会学等分支学科都已基本健全。在高等院校的社会学专业教学中，为各门课程配备的师资队伍也有了很快的发展，各种社会学研究方向的凝练，也使社会学各分支学科的内容得到了增强和充实。

对马克思主义社会学而言，在学科建设上的重要任务不是在现有社会学学科体系之外再建立一套新的学科体系，而是把马克思社会学的基本立场、方法原则和基本原理融入现有社会学学科体系之中，并确立马克思主义社会学的指导地位。由是观之，马克思主义社会学的学科建设，其主要任务不是学科形式的构建，而是其学术体系和话语体系在当代中国社会学中的地位提升和作用发挥。进一步说，马克思主义社会学的学科体系建设，必须同其学术体系和话语体系的建设统一起来进行，只有这样才能实现马克思主义社会学内容和形式相统一的健康发展。

第十五章　马克思主义社会学的学术地位与理论贡献

近几年，国内社会学界逐渐形成了追求学术创新之共识，已有一些学者在马克思主义社会学的名义下发表了研究成果，[①] 为社会学研究展开了新的视野。应当说，这是中国社会学恢复重建以来的重要变化之一。然而，究竟什么是马克思主义社会学？怎样理解马克思主义社会学同历史唯物主义的关系？怎样看待马克思主义社会学基础理论同经验研究的关系？如何评价马克思主义社会学在当代社会学研究中的地位与影响？虽然这些重大理论问题在学术史上已经被多次讨论，但至今仍然存在很多分歧。因此，在新形势下进一步讨论这些问题，仍然具有十分重要的现实意义和学术价值。

一、马克思主义社会学的概念界定

虽然马克思主义社会学是一个经常被提及的概念，但从不同角度或在不同的语境中，这个概念不仅被赋予了不同的含义，甚至有时这个概念还会受到质

---

① 近几年中国社会学界发表了一些推进和深入开展马克思主义社会学研究的文章，例如，洪大用：《超越西方化与本土化——新时代中国社会学话语体系建设的实质与方向》，《社会学研究》2018 年第 1 期；冯钢：《马克思的“过渡”理论与“卡夫丁峡谷”之谜》，《社会学研究》2018 年第 2 期；应星：《事件社会学脉络下的阶级政治与国家自主性——马克思〈路易 · 波拿巴的雾月十八日〉新释》，《社会学研究》2017 年第 2 期等。

疑。究竟有无马克思主义社会学？什么是马克思主义社会学，它同历史唯物主义是什么关系？回答这些问题，都必须以澄清马克思主义社会学概念为前提。本章所论述的马克思主义社会学，是由马克思恩格斯创立的具有独特地位的学术传统，是在马克思恩格斯那里就已经确立了基本立场、方法原则和理论构架的思想理论体系。无论马克思主义社会学在后来的发展历程中增添了多少新的内容，马克思主义社会学都保持了自己的基本立场、传统风格和理论特点。因此，欲在新形势下推进马克思主义社会学的进一步发展，必须对马克思主义社会学有明确的概念界定，也只有在明确的概念基础上才能对其本质特点、学术地位和历史演化有清楚的认识。

究竟有没有马克思主义社会学？这似乎是一个不应当提出的问题，然而，问题并非这样简单。在马克思恩格斯的文献中，不仅没有发现他们对自己社会学概念及其社会学思想理论直接的正面阐述，反而能够看到他们对实证社会学创立者孔德的许多严厉的批判，并且批判了实证社会学的基本立场和方法原则。这个理论现象成为某些人认为马克思恩格斯既没有开展社会学研究，也没有创立马克思主义社会学的根据。我们不同意这种简单的认识，在我们看来，尽管马克思恩格斯没有直接阐述自己的社会学概念，并且严厉批判了实证社会学的基本立场和方法原则，但他们实质上为创立马克思主义社会学作了奠基性贡献。

如何看待马克思恩格斯为马克思主义社会学作出了奠基性贡献？回答这个问题，首先可以借鉴迪尔凯姆评价孟德斯鸠为社会学的创立所作贡献的方法原则。像马克思恩格斯一样，孟德斯鸠也没有用社会学概念论述自己的思想观点，但迪尔凯姆在评价孟德斯鸠的学术贡献时，却十分明确地肯定了孟德斯鸠为社会学的创立作出的贡献。在《孟德斯鸠与卢梭》这部著作中，迪尔凯姆开篇就指出："不但一个名叫奥古斯特·孔德的法国人为这门科学奠定了实际的基础，区分出了其本质部分，并将它命名社会学……而且，我国 18 世纪的哲学家还推动我们对社会问题投入了现实的关注。在这个才华横溢的作家群中，孟德斯鸠占有一席之地。正是他在《论法的精神》中为这门新科学设定了原则。”①

迪尔凯姆的论述说明，他不仅承认孔德奠定了社会学的基础，揭示了社会学的本质内容，而且认为社会学的奠基人不仅仅是孔德，18世纪法国启蒙主义者也为社会学的创立作出贡献；孟德斯鸠为社会学设定了基本原则，因此也应当被看成社会学的开创者或奠基人之一。可见，迪尔凯姆作为实证社会学奠基人，并没有以是否直接使用了社会学概念表达自己的观点为根据，去判定孟德斯鸠是否为社会学作出了贡献，而是根据孟德斯鸠实质上确立或论述了社会学的基本原则，肯定了他为社会学作出的奠基性贡献。迪尔凯姆进一步指出：“从自然法出发，孟德斯鸠严格区别了与社会有关的法则，他之所以为其赋予了一个特殊的名称，是因为我们不能通过人的本性去推断它们。这就是本书的主题，是他所要探求的真正目的：这些自然法包括国际法、民法、政治法以及所有主要的社会制度。”②

我们赞成迪尔凯姆在判断实证社会学发端时对待孟德斯鸠和孔德的原则，并且主张借鉴迪尔凯姆的原则考察和分析马克思恩格斯是否为马克思主义社会学作了奠基性贡献。可以说，马克思恩格斯为马克思主义社会学作出的贡献，要比孟德斯鸠为实证社会学作出的贡献更加明确、重要和充分。根据迪尔凯姆的原则，完全有理由认为，马克思恩格斯不仅确立了马克思主义社会学的基本原则，而且系统论述了马克思主义社会学的基本立场、基本观点和方法论原则，创立了与实证社会学、解释社会学和其他社会学传统或流派明确不同的马克思主义社会学传统。

然而，问题并非已经解决，还需进一步回答的问题是，怎样看待马克思主义社会学同历史唯物主义的关系？在马克思和恩格斯的文献中，可以被后人看成是社会学思想观点的内容，大量是以历史唯物主义或唯物史观的名义阐述

---

① 爱弥尔·涂尔干：《孟德斯鸠与卢梭》，李鲁宁、赵立玮、付德根译，上海人民出版社2003年版，第2页。

② 爱弥尔·涂尔干：《孟德斯鸠与卢梭》，李鲁宁、赵立玮、付德根译，上海人民出版社2003年版，第18页。

的。进一步说，马克思恩格斯不仅没有直接论述马克思主义社会学，而且还把可以看作社会学的思想观点明确表述为历史唯物主义。因此，不得不再次面对一个已经被哲学和社会学做过大量讨论的问题：怎样看待历史唯物主义和马克思主义社会学的关系？

关于历史唯物主义与马克思主义社会学的关系，列宁的观点在马克思主义传统中具有代表性。在列宁看来，历史唯物主义的思想理论就是科学的马克思主义社会学。在批判俄国民粹主义的主观社会学时，列宁不仅提出了科学的马克思主义社会学的概念，而且论述了科学的马克思主义社会学的基本观点和方法原则。列宁认为，马克思关于经济基础发展变化推动人类社会变迁是自然历史过程的观点，是历史唯物主义的基本观点，正是这个基本观点揭示了社会发展变化的根本动力和客观规律，使人们能够正确认识社会现象，进而把社会学放在科学基础之上，社会学由此而成为真正的社会科学。列宁指出，在马克思作出这种论断之前，没有发现哪种学说能像历史唯物主义这样把社会学变成科学，因此，“唯物主义历史观始终是社会科学的同义词”①。这就是说，列宁不仅认为历史唯物主义的基本观点把社会学置于科学基础之上，而且还认为历史唯物主义作为理论体系，本身就是社会科学亦即“科学的社会学”②。

列宁还把马克思对社会学的贡献同达尔文在生物学和人类进化论方面所作的贡献相提并论：“达尔文推翻了那种把动植物物种看作彼此毫无联系的、偶然的、‘神造的’、不变的东西的观点，探明了物种的变异性和承续性，第一次把生物学放在完全科学的基础之上。同样，马克思也推翻了那种把社会看作可按长官意志（或者说按社会意志和政府意志，反正都一样）随便改变的、偶然产生和变化的、机械的个人结合体的观点，探明了作为一定生产关系总和的社会经济形态这个概念，探明了这种形态的发展是自然历史过程，从而第一次把社会学放在科学的基础之上。”③

① 《列宁专题文集　论辩证唯物主义和历史唯物主义》，人民出版社 2009 年版，第 163 页。
② 《列宁专题文集　论辩证唯物主义和历史唯物主义》，人民出版社 2009 年版，第 161 页。
③ 《列宁专题文集　论辩证唯物主义和历史唯物主义》，人民出版社 2009 年版，第 163 页。

1921年，布哈林编写出版了《历史唯物主义理论》。在这部著作中，布哈林明确指出："工人阶级有自己的、无产阶级的社会学，它的名称就是历史唯物主义。""历史唯物主义理论处于怎样的地位呢？……它是关于社会及其发展规律的一般学说，也就是社会学。"①布哈林的观点在斯大林时期遭到了严厉批判，但是应当肯定，布哈林的观点同列宁是一致的，或者说是对列宁的观点的进一步发挥，把布哈林的观点说成是篡改和反马克思主义的是错误的。

像列宁和布哈林这样把具有较高概括性的关于社会结构或社会发展变迁的理论观点看成是社会学理论的做法，在马克思主义传统之外也不少见。皮蒂瑞姆·索罗金的文化变迁循环论、帕森斯的社会系统论和社会发展论、沃勒斯坦的世界体系论、吉登斯的社会构成论、鲍德里亚的符号价值消费论等，都具有较高程度的理论概括，但也被西方学者看成社会学理论加以研究。这就是说，无论马克思主义社会学还是其他流派的社会学，其中都包含了在较高理论层面上阐述的思想观点。把具有较高概括性的思想观点划分在社会学范畴之外，不符合社会学发展历史的实际。

更值得一提的是，在西方论述社会学理论史的各种著作中，几乎没有不把马克思主义社会学作为一个传统置于十分重要地位的。刘易斯·A. 科塞著《社会学思想名家》、②乔纳森·特纳著《社会学理论的结构》、③乔治·瑞泽尔和D. J. 古德曼著《古典社会学理论》、④D. P. 约翰逊著《社会学理论》⑤等社会学理论著作，都把马克思放在重要地位介绍了他的社会学理论，连鲁思·华莱士与艾

---

① 尼·布哈林：《历史唯物主义理论》，李光谟译，人民出版社1983年版，第7页。

② 参见刘易斯·A. 科瑟：《社会学思想名家》，石人译，中国社会科学出版社1990年版，第37—78页。

③ 参见乔纳森·特纳：《社会学理论的结构》（上），邱泽奇等译，华夏出版社2001年版，第163、222页。

④ 参见乔治·瑞泽尔、D.J. 古德曼：《古典社会学理论》，北京大学出版社2004年版，第128—158页。

⑤ 参见D. P. 约翰逊：《社会学理论》，南开大学社会学系译，国际文化出版公司1988年版，第147—202页。

莉森·沃尔夫合著的《当代社会学理论》,[①] 也比较深入地介绍了马克思主义社会学的冲突理论。这充分说明，在西方社会学研究中，马克思主义社会学都被看作十分重要的社会学传统。

中国早期马克思主义者对马克思主义社会学开展了大量研究，他们对马克思主义社会学的理解也很值得借鉴。早在20世纪20年代，李大钊、瞿秋白和李达等人就为马克思主义社会学在中国的传播作了积极努力。李大钊认为唯物史观或历史唯物主义把社会学研究建立在物质生产或经济结构基础之上，进而不仅使社会学研究获得了坚实基础，而且也使社会学呈现了崭新的形式与内容。“社会学得到这样一个重要的法则，使研究斯学的人有所依据，俾得循此以考察复杂变动的社会现象，而易得比较真实的效果。这是唯物史观对于社会学上的绝大贡献，全与对于史学上的贡献一样伟大。”[②]

瞿秋白撰写了《现代社会学》和《社会科学概论》等著作，不仅传播了马克思主义社会学，而且还用历史唯物主义的基本观点考察和分析了中国社会结构和社会变迁，特别是结合革命实践论述了中国社会的经济关系、社会矛盾和阶级斗争。像李大钊一样，瞿秋白也认为历史唯物主义就是马克思主义的现代社会学，是真正科学的社会学。瞿秋白的结论是：“没有一种科学足以代社会学研究总体的社会现象，亦没有一种科学足以直接运用自己的原理来解释社会现象——因此，可以断定必须有一种科学来特别研究那解释社会现象的原理，并且综合一切分论法的社会科学所研究的对象间之关系——就是社会学。”[③]

李达长期从事马克思主义社会学研究，所著《现代社会学》被称为20世纪前期马克思主义社会学研究的最高成就。在《现代社会学》中，李达在考察各种社会学流派历史演化基础上，明确地阐述了马克思主义社会学的基本立场、本质特点、方法原则和基本原理。李达指出：“历史的唯物论之社会说，

---

① 参见鲁思·华莱士、艾莉森·沃尔夫：《当代社会学理论》，刘少杰等译，中国人民大学出版社2008年版，第62—84页。

② 《李大钊文集》（下），人民出版社1984年版，第369—370页。

③ 《瞿秋白文集》（政治理论编）第2卷，人民出版社1988年版，第408页。

在应用历史的唯物论说明社会之本质。据此说，社会非由契约而成，非由心性相感作用而起，亦非如有机体之完全受自然法则所支配，乃由加入生产关系中各个人相结合而成。”①也就是说，建立在历史唯物主义基础上的马克思主义社会学，既不是从契约论，也不是从心理学和生物学出发去研究社会，而是从生产关系以及从物质生产实践出发去研究社会结构和社会变迁。“本书为完成社会学真正之使命，特力辟以上三说之谬误，而主张历史的唯物论。”②

正像李达主张的那样，《现代社会学》不仅坚持了历史唯物主义的基本立场和方法原则，而且全书的基本构架和内容也清晰地展现了马克思主义经典作家阐述的历史唯物主义理论体系。可以说，李达对马克思主义社会学及其同历史唯物主义的关系的理解，与李大钊和瞿秋白基本相同。从中可以看出，李大钊、瞿秋白和李达等人对马克思主义社会学的研究和评价，明显受到了列宁和布哈林的影响，他们像列宁和布哈林一样把历史唯物主义看成是科学的社会学，历史唯物主义的思想观点就是马克思主义社会学的基本理论。并且，他们还把唯物辩证法，社会结构和社会矛盾运动变化、阶级分析以及阶级斗争等原理，看成马克思主义社会学研究社会历史发展变迁的方法原则。

李培林曾对中国早期马克思主义社会学发展与传播作了总结，他把马克思主义社会学称为唯物史观社会学，指出：“在唯物史观社会学者看来，马克思主义的唯物史观社会学，是一种‘新社会学’和‘现代社会学’，它与西方传统社会学的最根本区别，实际上是改造社会的道路和途径的区别，也就是‘革命’和‘改良’的区别。”③应当说，李培林的这个总结是十分明确并且符合实际的。

令人遗憾的是，从20世纪40年代开始，直到70年代后期开始改革开放，不仅马克思主义社会学鲜有人提，而且其他方面的社会学研究也进入了长期的禁闭期。20世纪80年代初期开始，中国社会学在恢复重建中逐渐走向了繁荣。重建后的中国社会学，主流是沿着实证社会学的立场和脉络发展起来的。虽然有

① 李达：《现代社会学》，武汉大学出版社2007年版，第16页。

② 李达：《现代社会学》，武汉大学出版社2007年版，第16页。

③ 李培林：《20世纪上半叶的唯物史观社会学》，《东岳论丛》2009年第1期。

几位学者试图推进马克思主义社会学研究，发表了一些马克思主义社会学的研究成果，但同实证社会学的发展势头相比，其影响范围和响应程度还是明显有限。①

在20世纪80年代中国社会学恢复重建之初，一些学者试图厘清历史唯物主义与马克思主义社会学之间的关系，发表了一些探讨二者关系的文章。1981年，丁克全发表论文指出："马克思主义社会学或唯物史观社会学，可以分为广义的和狭义的两种：广义的，是根据马克思主义观点，尤其是唯物史观，而树立的社会学，不限定是讲的上列公式；②狭义的，则是讲解上述公式而构成的社会学。"③与丁克全的观点不同，费孝通认为："历史唯物主义给我们提供了研究大量的长远的社会生活和社会发展的一些基本观点、基本方法、基本理论，但是历史唯物主义本身并没有、也不企图代替关于社会的各方面现象的具体研究的科学。历史唯物主义的对象不等于整个社会科学的对象，也不等于社会学的对象。"④潘允康对社会学和历史唯物主义的观点也作了深入讨论，其基本观点与费孝通相近，认为历史唯物主义对社会学具有指导意义，二者是一般与个别的关系。⑤

在讨论历史唯物主义同马克思主义社会学关系的同时，一些学者对国外学术界关于这方面的观点也作了考察。一般说来，西方社会学者包括反对马克思主义的学者，通常把历史唯物主义都直接看作马克思主义社会学，或者看作与实证社会学、解释社会学并列的重要社会学传统。但在苏联和东欧社会学界，

---

① 近年来一些学者发表了试图扩展马克思主义社会学研究的文章，例如，成伯清、李林艳：《激情与社会——马克思情感社会学初探》，《社会学研究》2017年第4期；张敦福、周汝静：《马克思主义经济社会学及其消费理论研究：危机与重建》，《中共福建省委党校学报》2012年第4期；邹诗鹏：《唯物史观与经典社会理论》，《学术研究》2010年第1期；张德琴：《马克思主义研究的社会理论视角以及社会学马克思主义——回应邹诗鹏教授》，《江苏社会科学》2012年第5期。

② 即马克思在《〈政治经济学批判〉序言》中关于唯物史观的经典论述。

③ 丁克全：《关于社会学内容体系的建议——兼论社会学与历史唯物主义》，《社会科学战线》1981年第3期。

④ 费孝通：《关于社会学的几个问题》，《社会科学研究》1982年第5期。

⑤ 参见潘允康：《社会学和历史唯物主义》，《中国社会科学》1981年第6期。

在如何判断历史唯物主义和社会学的关系上却存在很多分歧。波兰社会学家魏特尔概括了苏联和东欧社会学三个方面的观点，其一，"'历史唯物主义'和'社会学'这两个术语是同义的，均指对于社会所作的科学研究。一些人因而得出结论：'历史唯物主义'这一术语应该用来表示马克思主义的社会科学，而'社会学'这一术语则应单独表示资产阶级的社会学"。其二，"'历史唯物主义'和'社会学'是两个不同的概念。历史唯物主义指对社会作哲学的和理论的分析；而社会学指的是对社会作经验的调查研究及在这一调查研究基础上所作的概括"。其三，"'历史唯物主义'，就它吸收了社会学经验研究的成果这一点而言，是与社会学交叉重叠的，然而，它比社会学更具一般性"①。

总之，在关于历史唯物主义和马克思主义社会学关系的讨论中，不同的观点都能找到自己的根据，而其中一个重要原因是：哲学与社会学都是视野广阔、没有明确边界的学科。如果历史唯物主义是追问社会发展或历史变迁的社会哲学，那么它怎能仅仅玄思远离生活的抽象概念或历史规律，而不去关心那些千变万化的现实生活或不断转换形式与内容的社会问题？如果社会学要对社会问题作出深入实际的认识并对其产生原因和演化趋势作出解释，那么不具备深厚而坚实的理论基础，它又怎样才能完成自己承诺的使命？因此，历史唯物主义对社会生活的密切关注，社会学对理论基础的紧密依赖，构成了二者之间不可排除的交互渗透关系。

二、马克思主义社会学的基础理论

通过对经典马克思主义社会学在苏联、欧洲和中国传播与发展的历史考

① 魏特尔、惠松、从明：《历史唯物主义与社会学的关系》，《现代外国哲学社会科学文摘》1983年第6期。

察，可以得出一个结论：在社会学没有被排斥为资产阶级学说之前，历史唯物主义的基本理论和方法原则是被各国共产党人作为马克思主义社会学的基础理论和方法论对待的，也正是在这个意义上，马克思主义社会学在各国社会主义革命和社会主义建设中起到了理论指导的作用。可以进一步说，在历史唯物主义基本理论之外找不到马克思主义社会学的基础理论，并且，不是在这个基础理论之上开展的经验研究，也谈不上是以马克思主义为指导的社会学研究。

由马克思主义经典作家阐述的历史唯物主义基本理论，作为马克思主义社会学的基础理论，也就是在社会学研究中经常被提到的具有一般性和普遍性的元理论。事实上，无论在哪一个学科甚至在哪一个学派之中，但凡具有独特性或独创性的传统或流派，都一定有元理论层面上的基础理论和方法原则。就连对元理论、元叙事开展了激烈批判的后结构主义者德里达和利奥塔等人，也阐述了一些具有元叙事意义的元理论。德里达关于分延论、约定规则论、不确定结构论的论述，① 利奥塔关于人类知识新图式、话语方式、知识立法的论述，② 都不是指向个别社会现象的具体叙事和具体观点，而是对人类社会变迁的具有元叙事和元理论意义的普遍性论断。

从马克思主义社会学的历史发展和理论内容上看，马克思主义经典作家已经为马克思主义社会学建立了比较系统的基本理论和方法原则，形成了比较完整的基础理论体系。并且，正是因为在历史唯物主义名义下系统阐述的关于社会结构和社会变迁的基础理论，不仅使马克思主义社会学展示了与其他社会学传统或流派不同的本质特点和理论构架，而且正是这些基础理论使其在复杂的社会实践或历史变迁中，表现出旺盛的生命力和深厚的学术底蕴。

马克思主义社会学基础理论亦即历史唯物主义基本理论的建立，是一个逐渐展开的过程。从 19 世纪 40 年代初到 40 年代中期，马克思和恩格斯以大量

① 参见莫伟民、姜宇辉、王礼平：《二十世纪法国哲学》，人民出版社 2008 年版，第 681—686 页。

② 参见刘少杰：《后现代西方社会学理论》（第二版），北京大学出版社 2014 年版，第 127—138 页。

经验研究为基础而阐述的关于市民社会、工人阶级生活状况、私有制和资本主义社会阶级斗争等方面的观点，是马克思主义社会学的理论起点，而在《1844年经济学哲学手稿》《神圣家族》《关于费尔巴哈的提纲》和《德意志意识形态》等著作中的论述，则是马克思主义社会学正式创立的标志。

在《黑格尔法哲学批判》中，马克思已经明确地阐述了不是国家决定市民社会和私有财产，而是市民社会、私有财产决定国家的观点，但这个观点还需要进一步深入，即市民社会和私有财产又是由什么决定的？市民社会、私有财产及其决定物的本质和运动规律如何？而这些问题就是马克思在《1844年经济学哲学手稿》中提出和回答的问题。受恩格斯在《政治经济学批判大纲》中阐述的思想的影响，马克思对市民社会和私有制开展了政治经济学批判，形成了具有重要意义的异化劳动理论。通过对异化劳动现象的深入解剖，马克思对劳动的本质、资本主义制度对人性的扭曲和压抑、经济基础和上层建筑的关系、阶级矛盾和阶级斗争、生产实践的地位与作用、消灭私有制、实现人类彻底解放等一系列重要问题都作出了深刻论述，为系统阐述马克思主义社会学理论奠定了基础。

1844年8月至11月，马克思同恩格斯合著了《神圣家族》，在这部具有重要意义的著作中，马克思和恩格斯深化了先前阐述的关于市民社会、资本主义私有制和异化劳动等方面的思想理论，更深入地以物质生产为基础去论述社会生活中的经济、政治和文化问题，并且明确地提出了人民群众是历史创造者的论断。虽然《神圣家族》对马克思主义社会学的基本原则和基本理论阐述得还不够系统，但在这部著作中，马克思和恩格斯已经论述了物质生产是历史的根基、人民群众创造历史等马克思主义社会学的核心观点，所以，《神圣家族》可以看作马克思主义社会学创立的一个重要环节。

1845年至1846年，马克思撰写了《关于费尔巴哈的提纲》，并与恩格斯合著了《德意志意识形态》，这二者被称为历史唯物主义诞生的标志，同时也是马克思主义社会学基本原则和观点全面阐述或系统创建的标志。恩格斯把马克思撰写的《关于费尔巴哈的提纲》称为“包含着新世界观的天才萌芽的第一个文献”①。在这篇纲领性的文献中，马克思深刻地阐述了实践观点的基本内容，使马克思主义的世界观、社会观和个人观都建立在崭新的基础之上，为马克思主义社会学的全面阐述确立了崭新的基本原则。

马克思首先从一般世界观阐述他的实践观点。在马克思看来，当时他所面对的世界观主要有法国机械唯物论、费尔巴哈人本学唯物主义和康德、黑格尔为代表的德国唯心主义哲学。虽然法国唯物论和费尔巴哈承认世界的客观性和实在性，但是他们却用机械论的形而上学的眼光看世界，所以世界在他们眼里是以静态和受动的形式存在的，他们仅仅观察了世界的直观存在形式；虽然德国唯心主义哲学用能动的眼光观察世界，把世界看成是动态变化的历史过程，但是他们却把世界的现实内容抽象掉了，仅仅用思辨的概念逻辑来说明世界的运动变化，因此，唯心主义的世界观是一种抽象的、没有实在内容的世界观。②

马克思明确地指出，应当克服机械唯物论的消极直观性和思辨唯心主义的抽象空疏性，要从感性的实践活动出发去观察、理解和解释社会生活和现实事物。马克思一再强调要把现实、事物当作人的感性活动去理解，这不仅否定了德国古典哲学的思辨抽象性，而且也克服了费尔巴哈机械唯物主义的机械直观性。因为马克思讲的感性活动，是以生产实践为主要内容的实践活动，是人们以自己的身体在特定的历史条件或社会环境中展开的可经验、可感受的物质活动。感性的实践活动不仅是人们真实具体的经验过程，而且是人们以其能动性作用于对象、改造对象的创造性过程。

从感性的实践活动出发去观察事物、理解现实，必然形成对人及其社会活动的新理解、新认识。从机械唯物论的眼光理解人，人是被动的生物学意义上的人；从抽象唯心论的眼光去理解人，人仅仅是在思想观念中表现出能动性的抽象的人；而从感性的实践出发去理解人，人是在特定历史条件中活动着的

① 《马克思恩格斯文集》第4卷，人民出版社2009年版，第266页。

② 参见《马克思恩格斯文集》第1卷，人民出版社2009年版，第499页。

人，人不仅用自己的意志、情感和思想支配自己的行为，能动地作用对象、改造世界，而且人不是抽象的精神，是受到各种条件限制，并且一定要进入各种交往关系中才能存在的社会的人。所以，马克思说："人的本质不是单个人所固有的抽象物，在其现实性上，它是一切社会关系的总和。"①这是马克思对人的本质的崭新概括，他不仅批判了费尔巴哈抽象地讨论人的类本质的错误观点，而且否定了各种脱离实践、从孤立的个人去界定人的本质的观点。

当马克思从实践观点出发，把人的本质界定为社会关系的总和，也就说明他要从实践观点去揭示社会的本质。因为既然从实践观点观察人，发现人的本质是社会关系的总和，那就说明社会关系同人们的实践活动有着本质的必然联系。事实也是如此，人们正是在实践活动中结成了各种社会关系，并且也正是实践活动展开和发展了人们的社会关系。据此，马克思说："全部社会生活在本质上是实践的。凡是把理论引向神秘主义的神秘东西，都能在人的实践中以及对这种实践的理解中得到合理的解决。"②

马克思的实践观点是马克思主义社会学创建和发展的基本原则，它不仅同直观唯物主义和抽象唯心主义划清了界限，而且也同实证社会学和解释社会学划清了界限。实证社会学奠基人迪尔凯姆明确地指出："第一条也是最基本的规则是：要把社会事实作为物来考察。"③这就要强调社会现象的客观性、外在性，并由此而忽视作为人的内在性的能动性；解释社会学奠基人马克斯·韦伯则强调要重视人的社会行动的主观意愿，虽然因而重视了人的社会性的能动性，但韦伯没有从感性的实践性来观察和思考人的主观能动性，所以他讲的人的选择行为和主观意愿仍然是抽象的；依据马克思的实践观点来观察和分析社会生活，社会生活既不是单纯的外在客观性，也不是单纯的内在主观性，而是外在与内在、客观与主观在现实的感性实践活动中的相互作用、辩证统一。

在《德意志意识形态》中，马克思恩格斯全面地阐述了马克思主义社会

① 《马克思恩格斯文集》第 1 卷，人民出版社 2009 年版，第 501 页。

② 《马克思恩格斯文集》第 1 卷，人民出版社 2009 年版，第 501 页。

③ 迪尔凯姆：《社会学方法的准则》，狄玉明译，商务印书馆 1995 年版，第 35 页。

学的基本观点。他们首先深刻论述了人们的物质生产活动是最基本的历史活动，指出人们不仅要不断生产和再生产自己的物质生活资料，以满足人们自身生存的需要，而且还要不断再生产维持人类世代相续的人口，因此，物质生产既是维持自己生活的生产也是繁衍他人的生产。正是在这种物质生产关系中，不仅发生了人与自然的关系，而且也发生了人与人的社会关系或物质关系。

马克思和恩格斯把物质关系从整个社会生活中区分出来之后，就可以清楚明确地论述精神生产及其同物质生产的矛盾关系了。他们认为，人们的精神生产最初同物质生产是直接统一的，只是到了后来由于物质生产的发展才出现了精神生产和物质生产的劳动分工，人类的精神生产有了相对独立性。但是，精神生产无论怎样都是建立在物质生产基础之上的，由生产力和生产关系统一而成的物质生产方式，是社会生活发展变迁的决定力量，任何复杂的政治现象和思想文化现象都能在物质生产方式的矛盾运动中找到根源。这就是社会存在决定社会意识的历史唯物主义基本观点，也是马克思主义社会学分析社会生活的基本原则。从事物质生产活动的人民群众是推动历史向前发展的主体，阶级斗争是历史变迁、社会进步的直接动力。这些考察社会历史变迁趋势、揭示社会结构运动规律、把握社会各种矛盾关系的一系列基本观点，后来在《〈政治经济学批判〉序言》中得到了概括性的经典表述：

> 人们在自己生活的社会生产中发生一定的、必然的、不以他们的意志为转移的关系，即同他们的物质生产力的一定发展阶段相适合的生产关系。这些生产关系的总和构成社会的经济结构，即有法律的和政治的上层建筑竖立其上并有一定的社会意识形式与之相适应的现实基础。物质生活的生产方式制约着整个社会生活、政治生活和精神生活的过程。不是人们的意识决定人们的存在，相反，是人们的社会存在决定人们的意识。社会的物质生产力发展到一定阶段，便同它们一直在其中运动的现存生产关系或财产关系（这只是生产关系的法律用语）发生矛盾。于是这些关系便由生产力的发展形式变成生产力的桎梏。那时社会革命的时代就到来了。随

着经济基础的变更，全部庞大的上层建筑也或慢或快地发生变革。①

马克思的这个经典论断，通常被看成是社会哲学的论述。应当承认，马克思恩格斯有很多类似具有社会哲学意义的论断，但不能把这些论断排斥在社会学范畴之外。应当说，马克思主义社会学关于社会结构、社会矛盾、社会形态和社会发展等方面的论述，确实具有高度概括性和一般普遍性的意义，已经达到了社会哲学的理论层面，但不能认为这些上升到社会哲学层面的基础理论就不是社会学。事实上，在实证社会学和解释社会学传统中，都有一些概括程度很高的理论阐述。不仅前面提到的索罗金、帕森斯、沃勒斯坦、吉登斯和鲍德里亚等人的一些思想理论具有很高的概括程度，也可以看成是社会哲学层面的思想理论，而且孔德在《论实证哲学》中关于实证精神的立场原则、人类精神史革命以及道德教化与社会秩序的论述，也是上升到社会哲学层面的思想观点，实证主义者从来没有把这些思想观点排斥在社会学范畴之外。

三、马克思主义社会学的经验基础

在一些强调经验原则的社会学家那里，排斥概括程度较高的思想理论的一个理由是，那些高高在上的社会哲学不是从实际出发的理论概括，而是从概念原则出发展开的逻辑推演。与哲学不同，社会学必须从经验事实出发，其理论观点一定是在经验研究基础上生成的。如果用这个原则来评价历史唯物主义，不仅不能把历史唯物主义排除在社会学之外，相反，能够更加充分地证明历史唯物主义就是马克思主义社会学的基础理论。与其他抽象的社会哲学不同，马克思恩格斯阐述的历史唯物主义，是在大量而深入的社会调查或经验研究基础上形成的，不是远离现实的哲学思辨，而是在深入现实、观察现实和批判现实

① 《马克思恩格斯文集》第2卷，人民出版社2009年版，第591—592页。

基础上的理论概括。

19 世纪 40 年代，马克思恩格斯深入社会生活实际，通过对劳动群众或工人阶级生活状况、德国和英国的经济社会问题、阶级矛盾和阶级斗争等方面的大量调查和深刻批判，形成了对现实社会问题的深刻认识，阐述了关于市民社会的思想观点，展开了马克思主义社会学研究的理论起点。

1841 年 10 月，马克思于柏林大学毕业后出任《莱茵报》主编，他不仅积极采用具有革命民主主义倾向的稿件，而且亲自撰写了大量抨击封建专制的充满战斗激情的文章。马克思发表的文章主要有关于第六届莱茵省议会对出版自由的辩论的批评、林木盗窃法、摩塞尔农民处境和政教分离等方面的文章。这些文章都是在大量的社会调查基础上写作的，马克思以充分的社会事实为根据，论述了摩塞尔农民的艰难生活状况和林木盗窃法对农民的压迫。这些文章表明，马克思开始从单纯的理论研究和精神追求转向直接面对生活的现实批判。①

在《德法年鉴》时期，马克思发表了两篇重要文章：《论犹太人问题》和《〈黑格尔法哲学批判〉导言》，而这两篇文章也是在开展了大量社会调查基础上写成的。在 19 世纪初的德国政治生活中，犹太人遭受迫害的问题比较突出。鲍威尔等青年黑格尔派认为：犹太人的问题是宗教问题，犹太人的不平等遭遇实质上是犹太教同基督教的对立关系，在基督教处于统治地位的国家，不会允许同基督教对立的犹太教徒获得平等的权利，犹太人要想获得平等的权利，只有否定宗教、成为无神论者才能实现自己的目的。② 马克思通过对犹太人实际社会生活的考察发现，鲍威尔等人没有抓住犹太人问题的根本，不懂得只有到世俗社会中才能发现宗教问题的根源。

马克思认为，犹太人的生活是世俗的生活，犹太人的根本目的是追求实际需要、私人利益和金钱利润，并且这种追求是整个市民社会的真实追求，所以

---

① 参见戴维·麦克莱伦：《马克思传》，王珍译，中国人民大学出版社 2016 年版，第 45 页。

② 参见《马克思恩格斯文集》第 1 卷，人民出版社 2009 年版，第 23 页。

市民社会同犹太人的生活一样，都是自私自利、金钱至上，是在私有制基础上展开的物质生活。① 正是在对底层社会问题的考察与分析中，逐渐接触到同政治领域和思想意识领域相对立的经济社会领域——市民社会。对市民社会的观察、分析与理论概括，是马克思主义社会学的理论起点。在从《莱茵报》时期到《德法年鉴》时期短短的4年时间中，马克思关于市民社会的概念在理论与实际的密切联系中得到不断深化和具体化。

在布鲁塞尔时期，马克思满腔热忱地投入了革命斗争。为了了解工人阶级生活状况和他们的革命要求，马克思与侨居布鲁塞尔的德意志工人建立了密切联系。1847年春天，马克思恩格斯加入了由德国政治流亡者成立的秘密组织——正义者同盟，并将其改造成无产阶级的第一个国际共产主义组织——共产主义者同盟。为了更深入地同工人阶级打成一片，马克思恩格斯在布鲁塞尔还建立了德意志工人协会，"白天鹅之家"餐厅成了德意志工人协会的主要活动场所。马克思恩格斯定期去那里发表演讲，甚至用组织游戏等方式使革命宣传活动变得丰富活泼。② 在《新莱茵报》时期，马克思恩格斯更加积极地开展各种革命活动，他们投入大量精力筹办《新莱茵报》，目的在于动员和领导无产阶级革命斗争，并且还在科伦加入了由小资产阶级民主派建立的"民主协会"，试图用无产阶级革命理论对他们进行帮助。这是一个成分极其复杂的群众组织。它的成员除小资产者及其知识分子外，还有工人和手工业者。马克思、恩格斯在这个由工人、手工业者和知识分子组成的组织中，坚持用无产阶级立场教育引导他们，促使他们从民主革命的立场向社会主义革命转化。③

1849年，马克思来到伦敦，在这里生活了34年，完成了《资本论》写作。在伦敦的艰苦生活中，马克思孜孜不倦地研究经济、政治、历史、哲学等各种领域的思想理论，在大英博物馆中开展了大量文献考察和资料收集，实质上也是进行了视野广阔而且内容充实的间接经验研究，使《资本论》的写作建立在

① 参见《马克思恩格斯文集》第1卷，人民出版社2009年版，第31页。

② 参见潘革平：《布鲁塞尔：〈共产党宣言〉诞生的地方》，《参考消息》2018年5月1日。

③ 参见戴维·麦克莱伦：《马克思传》，王珍译，中国人民大学出版社2016年版，第201—202页。

深厚的间接经验研究基础之上。并且，在伦敦时期，马克思还亲自参加了第一国际的大量活动，领导了第一国际的革命斗争。1871 年 3 月巴黎公社建立后，马克思热情关心和支持巴黎公社的斗争，不仅同巴黎公社领导成员保持联系，在巴黎公社失败后还作出了深刻的经验总结。

恩格斯对社会生活开展直接的调查研究早于马克思。早在 1839 年匿名发表的文章《乌培河来信》中，恩格斯就依据他在家乡观察到的大量事实，揭露了社会各种层面的不公正、不合理问题，对劳苦群众的艰难生活和不平等待遇表示深切同情和强烈义愤，对宗教制度的虚伪性和专横性予以尖锐批判。① 这说明恩格斯对社会生活存在的各种问题十分敏感，善于根据经验事实对各种社会制度开展批判性分析。

1842 年 11 月，恩格斯离开德国前往英国曼彻斯特。当时曼彻斯特是仅次于伦敦的英国第二大工业中心，恩格斯在这里对工人阶级生活状况、各种经济社会问题、无产阶级同资产阶级之间的矛盾和斗争，开展了大量调查研究，不仅明确地认识到工人阶级遭受的沉重剥削，而且清楚地了解了工人阶级的斗争精神和摆脱压迫的革命要求。曼彻斯特还是宪章运动的中心，恩格斯通过对宪章运动的观察思考，进一步认识到工人阶级的组织能力和推进社会变革的革命理想。②

同马克思相比，恩格斯更多地从经济生活入手开展对工人阶级和资本主义社会各种问题的研究，而马克思则首先从政治、宗教现象开始对资本主义社会制度的批判，然后在国家与市民社会的关系中进一步展开社会研究的视野。因此，恩格斯对社会问题的调查研究一开始就表现出对物质利益、资本主义私有制、工业革命和经济关系是国家、法的基础等问题的高度重视，较早地形成了从物质生活出发批判资本主义制度和认识资本主义社会结构的基本立场，这一点在恩格斯于《德法年鉴》上发表的《政治经济学批判大纲》《英国状况评托

① 参见《马克思恩格斯全集》第 2 卷，人民出版社 2005 年版，第 39—65 页。

② 参见萧灼基：《恩格斯传》，中国社会科学出版社 2008 年版，第 43—46 页。

马斯卡莱尔的“过去和现在”》《英国状况十八世纪》等著述中有十分丰富的论述。特别是在《英国工人阶级状况》中，更能十分清楚地看到恩格斯深入实际、开展了大量调查研究。恩格斯在《大不列颠工人阶级》的信中说：“我曾经在你们当中生活过相当长的时间，对你们的境况进行了一些了解……我很想在你们家中看到你们，观察你们的日常生活，同你们谈谈你们的状况和你们的疾苦，亲眼看看你们为反抗你们的压迫者的社会统治和政治统治而进行的斗争。”①

进入19世纪后期，特别是1883年马克思逝世之后，恩格斯在总结马克思主义哲学、政治经济学和科学社会主义思想理论的同时，还肩负了领导国际共产主义运动的重任。经过几年的艰苦努力，恩格斯同李卜克内西、倍倍尔和拉法格等人创立了第二国际，开展了反对无政府主义和改良主义的斗争，使国际共产主义运动能够保持团结，继续坚持马克思主义理论的指导。

在马克思恩格斯之后，列宁和毛泽东等人对深入实际、开展社会调查和根据经验事实作出理论概括和政策决策，都予以了高度重视。1921年，为了制定俄国粮食税政策，列宁接见了大量来访者，多次深入工厂和农村，与工人、农民们亲切交谈，倾听他们的意见和建议，直接了解第一手材料；列宁还亲自参加苏维埃第八次代表大会非党农民代表会的会议，从非党农民代表对农村生活重大问题的讨论中了解到一些情况，并把他所记录的农民发言分发给中央委员会和人民委员，征求他们的意见。②正是由于列宁能够深入实际进行调研，做到了对实际情况和群众意愿了如指掌，才使废除余粮收集制这个决定既符合广大人民群众的根本利益，又切实可行。

毛泽东对深入实际、开展社会调查更是高度重视，他的《中国社会各阶级分析》和《湖南农民运动考察报告》是通过开展大量社会调查，在掌握了充分的经验事实基础上完成的，并为开展马克思主义社会学调查研究树立了典范。在毛泽东的其他著作中，也能清楚看到他关于分析社会形势、化解社会矛盾和

---

① 《马克思恩格斯文集》第1卷，人民出版社2009年版，第382页。

② 参见陈兆芬、都超：《列宁优良作风的回顾与启示》，《武汉理工大学学报（社会科学版）》2016年第6期。

推进社会发展的很多思想观点是依据经验事实而作出的论断。毛泽东为中国共产党确立的实事求是的思想路线，不仅是开展社会主义革命与社会主义建设的思想路线，而且也是中国马克思主义社会学开展脚踏实地的学术研究的认识路线。

从上述考查可以发现，马克思恩格斯及其后继者系统创建和进一步发展的社会学理论，是以丰富的经验研究为起点的。他们不仅吸收了德国古典哲学的思想精华，坚持用辩证的眼光批判地思考社会问题，而且也抛弃了德国古典哲学从抽象概念出发、用理性逻辑推演社会发展规律的思辨方式，脚踏实地地观察生活、认识社会并推进社会发展，使马克思主义社会学的理论大厦建立在真实的现实基础之上。列宁和毛泽东等俄国和中国马克思主义者，也坚持不懈地从实际出发，实事求是地把自己的思想观点和战略决策建立在经验事实和革命实践的基础之上。

四、马克思主义社会学的理论特点

虽然马克思主义社会学在不同历史时期和不同历史条件中不断发展变化，其理论观点和方法原则也在不断地创新，但同实证社会学和解释社会学相比，马克思主义社会学总是保持着一些鲜明而确定的理论特点，明确认识马克思主义社会学的理论特点，对于清楚把握马克思主义社会学的历史发展和当代影响，都具有十分重要的前提意义。

在社会学的古典时期，马克思主义社会学、实证社会学和解释社会学，被并列为古典社会学的三大传统。虽然韦伯为代表的解释社会学的创立稍晚于马克思主义社会学和实证社会学，但是基本上还应当算作同一种历史条件、同一种时代背景下产生和发展起来的社会学传统。然而，相同条件和相同背景下产生的三大社会学传统，却形成了明显区别的理论特点。

实证社会学同解释社会学的理论特点是比较容易辨析的，因为解释社会学的一些基本观点就是在同实证社会学的直接对立中阐述的。迪尔凯姆清楚地论述了实证社会学的基本立场、研究对象、思维方式、理论追求和方法原则。迪尔凯姆反复强调，实证社会学的研究对象是作为客观现象的社会事实，而社会事实必须作为外在于思想观念的物去看待，对于外在的、客观的物，社会学应当像物理学那样去观察，像数学那样去计算，亦即用科学的方法把握之，其目的在于准确地把握社会生活中作为客观规定性的社会制度或作为客观必然性的社会规律。①

韦伯不同意迪尔凯姆对社会学作出的这些界定。在韦伯看来，社会事实是通过人的社会行动发生与构成的，而社会行动的本质特点是行动者在主观意愿上发生了联系。社会学要研究社会事实就必须研究社会行动，社会行动才是社会学的最基本的研究对象，并且，研究社会行动必须研究人们的主观意愿，因为主观意愿是社会行动的本质和根据。② 据此，韦伯反对迪尔凯姆把社会学的研究对象界定为外在于主观意识的物。韦伯主张，必须深入分析人们的主观意愿，揭示人们社会行动的理性根据，依据人们行动的主观意愿划分社会行动类型，然后根据社会行动类型把握权威类型、制度模式、社会结构乃至整个社会的现代化、理性化过程。为了达到这个目的，韦伯提出了注重主观性的理解论思维方式和研究方式，而不是简单借用物理学和数学的方法来研究具有强烈主观性的社会生活。

迪尔凯姆和韦伯的对立可以概括为以下几个方面：实证社会学从社会生活的客观性出发，把社会事实作为外在的客观物去看待，以物理学的研究方式去追求社会生活的客观规定性，试图在社会现象中揭示像自然规律一样的社会本质或社会规律；解释社会学从社会生活的主观性出发，认为社会事实的本质是人们在社会行动中的主观意愿，而不是客观的物，研究社会生活应当用可以体

① 参见迪尔凯姆：《社会学方法的准则》，狄玉明译，商务印书馆 1995 年版，第 7 页。

② 参见马克斯·韦伯：《经济与社会》（上），林荣远译，商务印书馆 1997 年版，第 40 页。

验和解释人们主观性的理解方法，应当在社会的发展变化中揭示出意义与价值。更明确地说，实证社会学和解释社会学是社会学研究中的对立两极：实证社会学追求客观性、外在性，张扬的是把社会生活当作自然物一样去研究的科学精神；解释社会学追求主观性、内在性，张扬的是注重社会生活的价值与意义的人文精神。

马克思主义社会学从实践出发，超越了实证社会学和解释社会学的两极对立，这是马克思主义社会学最本质的特点。立足实践、从实践出发，就要在社会生活的主观与客观、主体与客体的对立统一中把握社会现象的发展变化：不仅要研究社会生活的客观规定性，认识社会结构运动变化的客观规律，而且还要研究社会生活的主观意愿，理解人们在社会生活中的价值理想和意义追求；不仅要坚持按照科学精神去发现和揭示社会历史运动变化的客观根据，而且还要发扬人文主义精神去关心人生困苦、追求人类幸福与解放。所以，马克思主义把实证社会学和解释社会学在两极对立中展开的两个方面都纳入了自己的理论视野和学术胸怀，对立中的两极由此被统一在相互转化的交互关系中。

更为重要的是，马克思主义社会学不仅要解释世界，还要改造世界。这是由马克思主义社会学的立足点、出发点和基本原则所决定的。马克思主义社会学立足实践，从实践这个基本原则出发去面对社会生活。这就意味着，马克思主义社会学不是以单纯客观的原则去研究社会生活。因为实践本身就是主观见之于客观的过程，是人们以其主体力量作用于客观对象、使对象按照主体需求发生变化的过程，实践的品质要求以之为立足点、出发点的研究，既不能单纯注重主观性、也不能单纯注重客观性，还应当在二者的相互作用、相互转化中把握面对的社会现象。并且，马克思主义社会学认为研究者不是外在于实践过程的，研究者要积极地参与社会实践，在实践中认识社会、创新理论，同时用源于实践的理论指导实践，并在实践中不断检验理论、发展理论。实践性是马克思主义社会学最基本的特点，马克思主义社会学的其他特点都是在这个基本特点的基础上派生出来的。

马克思主义社会学以实践为基本原则，这就决定了它的思维方式一定要超越实证社会学的科学思维方式和解释学的人文主义理解方式，要坚持矛盾分析的辩证思维方式。因为实践是主体与客体的相互对立、相互联系、相互作用和相互转化的运动变化过程，所以它是充满了矛盾并且不断向前发展的辩证过程。以实践为认识社会的基本原则，首先要求用辩证思维方式把握社会生活。辩证思维方式的特点是，用普遍联系和永恒发展的眼光对事物开展动态的矛盾分析，要把各种社会事实放到特定的历史条件中开展具体分析，既要重视事物的实践过程，也要注意事物的空间位置。恩格斯说：在辩证法面前，“不存在任何最终的东西、绝对的东西、神圣的东西；它指出所有一切事物的暂时性；在它面前，除了生成和灭亡的不断过程、无止境地由低级上升到高级的不断过程，什么都不存在”①。

马克思主义社会学的辩证思维方式，决定其坚持的研究方式既不是单纯的客观描述，也不是单纯的意义阐释，而是对社会现象开展由表及里、去伪存真的批判分析。辩证思维方式不满足于对事物的简单描述，而是要透过现象看本质，并认为现象并非直接表现了本质，本质常常被假象掩盖着，所以必须对各种社会现象进行批判性分析。所谓批判分析，就是要审查现存事物存在的根据，揭示其存在的合法性或被异化、被扭曲的原因，以积极的眼光否定其消极性、肯定其合理性，推进事物向健康的方向发展。因此，批判不仅是对消极现象的揭露与否定，批判还是对积极因素的支持与肯定。

马克思主义社会学的另一个鲜明特点是其价值理想性。马克思主义社会学毫不掩饰其理论的价值追求，它明确地申明自己代表广大人民群众的根本利益，它以人性或人类应当得到真正自由和彻底解放作为自己的坚定追求，抨击社会生活中的不平等、不公正。认为对社会事实的研究不仅要说明其实然性的真实存在，而且也要揭示其应然性的理想状态。主张用广阔的人文情怀关心人生，用鲜明的价值评价导引社会。

马克思主义社会学的这些特点决定了其理论视野的总体性。马克思主义社

---

① 《马克思恩格斯文集》第4卷，人民出版社2009年版，第270页。

会学的经典著述和历史演化都已十分清楚地说明，它的理论视野比任何一种社会学传统或社会学流派的理论视野都要广阔，它要在个人与社会，社会与自然，现实与历史，经济、政治与文化，心理、身体和行动等各种层面开展社会结构与社会变迁的研究，它认为社会结构的运动变化是一种总体的普遍联系的过程，尽管对社会现象某一方面的专门研究是必要的，但是只有在总体联系中观察和研究社会结构的运行变化，才能达到对人类社会发展过程的完整把握。

五、马克思主义社会学的广泛影响

马克思主义社会学的基本立场、价值追求和方法原则，不仅使其在经典时期同实证社会学和解释社会学形成了明显区别和不可替代的学术地位，而且也使其在经典社会学之后的发展历史中保持了旺盛的活力和不断扩展的影响。马克思恩格斯逝世之后，马克思主义社会学在俄国、中国和东欧得到了同各国革命实践相结合的传播与发展，既扩大了马克思主义社会学的影响，也在各国的传播与发展中实现了本土化，进而构建和呈现了不同的民族特色。在俄国形成了以列宁、普列汉诺夫为代表的俄国马克思主义社会学；在中国，形成了以毛泽东、瞿秋白、李达等人为代表的中国马克思主义社会学；在欧洲，出现了卢卡奇、马尔库塞、列斐伏尔等人为代表的新马克思主义社会学、法兰克福学派和南斯拉夫实践派。

俄国马克思主义社会学主要是由列宁和普列汉诺夫阐述的。列宁在向俄国传播马克思主义的过程中，首先面临的阻力是民粹主义以及逻辑实证主义的主观社会学理论。主观社会学把社会历史的变迁动因归结为人们的主观意志，认为个体根据自己的目的开展的选择行为可以决定社会历史的发展进程。列宁认为主观社会学颠倒了社会历史的决定因素与被决定因素之间的关系，把社会历史的发展变化归结为个人主观任意的偶然事件的堆积过程，其结果只能形成对社会历史过程的错误解释。列宁明确地阐述了马克思主义社会学的基本立场和方法原则，认为只有像马克思那样，以物质生产方式的矛盾运动为基础观察和分析社会结构的发展变化，才能形成科学的社会学理论。列宁指出：历史唯物主义“第一次使人们有可能以严格的科学态度对待历史问题和社会问题的假设。”①

普列汉诺夫对唯物史观开展了十分丰富的研究，他的大量论述也是关于马克思主义社会学基本理论的阐释。普列汉诺夫关于地理环境在社会发展中作用的论述受到孟德斯鸠地理环境决定论的影响，但是普列汉诺夫认为地理环境要通过生产力的作用影响社会历史，这就克服了孟德斯鸠地理环境决定论的机械性和简单化的局限性。普列汉诺夫对社会结构的五项构成因素（即生产力、生产关系、政治制度、社会心理、思想体系）开展了十分深入的论述，②他把社会生产力看成一个复杂系统，对其构成要素及其相互间的关系都作了丰富的具体分析，对建立在生产力之上的生产关系或经济关系开展了充分讨论，对受经济基础规定的政治制度、社会心理和思想体系即意识形态等社会结构的基本构成都开展了内容充实、具体的论述，不仅丰富和深化了对唯物史观的理解，而且他在阐述唯物史观基本理论的同时也对大量社会问题开展了广泛论述，使马克思主义社会学的思想内容在很多方面得到了更充分的展开。

马克思主义社会学在俄国传播与发展的同时，西方兴起了以卢卡奇、葛兰西和柯尔施等人为代表的西方马克思主义，其基本内容是以马克思的实践观点为基础对西方国家的社会问题作出的批判性思考，所以西方马克思主义理论的很多内容是属于社会学范畴的。卢卡奇关于阶级意识、社会生活物化等方面的论述，柯尔施关于社会生活和历史发展总体性的观点，葛兰西关于文化霸权、意识形态、市民社会和知识分子的地位与作用等方面的论述，都关系到社会学研究不可回避的重大问题，这些思想观点为马克思主义社会学增添了丰富

① 《列宁专题文集　论辩证唯物主义和历史唯物主义》，人民出版社 2009 年版，第 160 页。

② 参见《普列汉诺夫哲学著作选集》第 2 卷，生活 · 读书 · 新知三联书店 1961 年版，第 186 页。

内容。

在西方马克思主义中，最引人注目的理论现象是法兰克福学派阐述的社会批判理论。“法兰克福学派理论家们的分析大多要归功于马克思，他们也强调建立在财产关系基础上的利益冲突的重要性。”①以霍克海默、阿多尔诺、马尔库塞、哈贝马斯等人为代表的法兰克福学派，举起新马克思主义的旗帜，从社会学和哲学的综合性视野，建立了内容十分丰富的社会批判理论，西方学者亦称之为批判社会学。他们对法西斯主义、集权专制主义、工业社会异化、意识形态扭曲、科学技术统治、社会交往障碍和日常生活困境等问题的批判，形成了与实证社会学和解释社会学截然不同的思想理论，作出了重大的学术贡献。法兰克福学派开展的研究与著述，涉及实证社会学、解释社会学以及其他社会学流派所论及的各种方面，并且其理论视野之广阔、思想内容之丰富，是其他社会学流派难以与之相比的。所以，无论从何角度、依据何种标准，在研究或编写社会学的历史时都不应该把法兰克福学派排除在外。

在社会学的经典时期，马克思主义社会学就已经对欧洲各国的社会学研究产生了深刻影响。马克思主义社会学的影响首先在德国社会学中逐渐扩展开。滕尼斯曾经把马克思称为最引人注目的和最深刻的社会哲学家，他关于劳动力、市民社会、阶级和共产主义社会的很多讨论都可以看到马克思主义社会学的影响。②与滕尼斯同为德国社会学创始人的齐美尔，更加明确地接受了马克思的影响，他关于社会是由人们的交往行为形成的思想，关于社会分化、不平等和社会冲突的思想，很多理论观点的表述都与马克思有十分直接的联系。

马克思主义社会学对德国社会学的影响，最深入地体现在韦伯的解释社会学中。虽然韦伯的一些观点与马克思不同，他甚至批评了马克思关于历史必然性和经济因素的决定作用等观点，但是这些都不能遮盖马克思对韦伯的影响。韦伯的阶层理论认为，不应当像马克思那样仅仅依据经济标准或财富占有多寡

① 鲁思·华莱士、艾莉森·沃尔夫：《当代社会学理论》，刘少杰等译，中国人民大学出版社2008年版，第85页。

② 参见斐迪南·滕尼斯：《共同体与社会》，林荣远译，商务印书馆1999年版，第15—16页。

的标准划分社会阶层，而应当同时考虑政治地位和社会声望等方面的因素，但是韦伯又肯定经济差别在阶层划分中的根本性，因此，可以说韦伯是补充了而不是反对马克思的阶级理论。正是在这个意义上，科塞说："已经有人指出，不仅韦伯关于意识的学说，而且他的大部分学说，都可以视为不断与马克思交流思想。"①并且，韦伯自己也十分明确地说："判断一个当代学者，首先是当代哲学家，是否诚实，只要看他对待尼采和马克思的态度就够了。凡是不承认没有这两人所作的贡献就没有他们自己的大部分成就的人，都是在自欺欺人。我们在其中从事学术活动的领域，在很大程度上是由马克思和尼采创造的。"②

更为重要的是，韦伯认为社会行动是社会学的研究对象，这个解释社会学的基本观点同马克思主义社会学的基本原则——实践观点的联系也是十分密切的。其实，马克思讲的实践就是社会行动，因为实践一定是社会实践，并且是有意识、有目的的社会行动，这同韦伯关于社会行动的界定都是一致的。马克思把实践作为自己观察和解释社会问题的立足点和出发点，确立了在社会生活的物质关系、政治关系和思想文化关系的总体联系中把握社会结构发展变迁的理论构架；而韦伯则从具有主观意愿的社会行动出发，在资本主义工业发展、经济增长和现代化变迁同新教伦理的宗教文化变迁的关系中把握西方社会结构的运动发展。由此可见，二者呈现了其在理论构架上有紧密联系的特点。

马克思主义社会学对法国社会学的影响更加深刻。虽然法国是实证社会学的发源地，实证社会学研究的立场和原则在法国有深厚的基础，但第二次世界大战之后，在法国知识界深刻反思战败的思想文化和社会经济政治根源的潮流中，法国社会学曾在 20 世纪五六十年代发生了反对实证主义的客观主义立场和摒弃单纯事实描述原则的倾向。一些学者认为，法国在法西斯主义侵略者面前表现得软弱无能、不堪一击，与广泛流行的实证主义只讲客观现象描述和放

① 刘易斯·A. 科瑟：《社会学思想名家》，石人译，中国社会科学出版社 1990 年版，第 218 页。

② 刘易斯·A. 科瑟：《社会学思想名家》，石人译，中国社会科学出版社 1990 年版，第 219 页。

弃价值批判直接相关，实证主义实质上为法西斯主义铺平了意识形态道路。在这个背景下，一批法国学者转向了马克思主义。

中国学者比较熟悉的布迪厄、利奥塔和鲍德里亚等法国社会学家，纷纷接受了马克思的影响。虽然他们在 20 世纪 80 年代以后发表了一些与传统马克思主义不同的思想观点，但就其基本立场和主要思想观点看，仍然能够看到马克思主义社会学对他们的影响是十分深刻的。布迪厄明确地声言自己要从实践立场超越客观主义的社会物理学和主观主义的社会建构论，要在主观和客观的统一中考察社会实践结构和实践场域，从经济、文化和社会的总体关系中把握经济资本、文化资本和社会资本的生成、运行与转换。① 利奥塔关于后现代知识图景和认识方式转变的论述，鲍德里亚关于符号价值的政治经济学批判，也和马克思主义社会学保持着密切联系。

马克思主义社会学在法国的影响，更充分地表现在研究方式和价值取向上。与实证社会学的客观论原则和回避价值追求不同，布迪厄、利奥塔和鲍德里亚等人在主观和客观的统一中考察当代人类社会的深刻变化，坚持辩证分析方法，揭示社会矛盾，在对社会问题的批判论述中，表达了明确的价值追求或理想意愿。

马克思主义社会学对美国社会学也产生了十分广泛的影响。无论是在帕森斯的结构功能论、莫顿的中程功能论、霍曼斯的行为交换论、布劳的交换结构论、米尔斯的权力精英论和科林斯的社会冲突论中，还是在后工业社会来临之后兴起的丹尼尔·贝尔的后工业社会论、舒尔茨的人力资本论、布坎南的公共选择论、林南和普特南的社会资本论，以及詹明信的后现代文化社会学理论中，都能够清楚看到马克思关于社会实践、社会结构、社会矛盾和社会发展等很多思想观点对美国社会学的广泛影响。

尤其在 20 世纪后期发生广泛影响的一些美国社会学研究中，马克思主义

---

① 参见皮埃尔·布迪厄、华康德：《实践与反思》，李猛、李康译，中央编译出版社 1998 年版，第 10—12 页。

社会学的影响更不可低估。在哈维和苏贾为代表的空间社会学研究中，马克思主义社会学的影响就更为强烈。哈维在谈到马克思主义对其开展地理空间研究的影响时说："如马克思很早之前就指出的那样，我们的任务不仅是理解世界而且是改造它。但是，把它改造成什么呢？在此，政治承诺是至关重要的问题。因此，像马克思那样，如果我相信我们必须面对的基本矛盾是资本的破坏性逻辑，那么就必须把历史—地理唯物主义逻辑视为与那种政治目标有关的一种话语环节。"①哈维承继列斐伏尔的新马克思主义社会学传统，对美国和欧洲在20世纪70年代以来的城市改造和后工业社会变迁中的空间资源重新配置、空间价值生产、空间权利剥夺、空间矛盾冲突等问题开展了具有马克思主义传统的政治经济学批判，被看成是马克思主义社会学在美国的振兴。

与哈维和苏贾有直接联系的卡斯特，代表了美国网络社会学研究。卡斯特坚持马克思主义关于生产工具革命决定生产力变革进而决定生产方式和整个社会结构发展变化的基本观点，他指出："生产的社会关系以及生产方式，决定了剩余的占有和使用……这个过程的特征是生产的技术关系决定了发展方式。"②在网络信息社会大规模快速发展的新形势下，卡斯特从马克思主义基本立场出发，充分论述了由互联网和新媒体技术快速发展推动的企业经营模式、市场运行方式、政治权利关系、社会认同转变、时空关系变革，以及工作方式和生活方式变化等一系列网络信息社会变迁的新现象或新问题，推动社会学研究展开了崭新的新视野。

总之，无论是在社会学的经典时期还是在社会学的当代发展中，马克思主义社会学都保持着旺盛活力和深远影响。并且，马克思主义社会学的影响不仅在于一些学术流派公开表明自己坚持了马克思主义的学术传统和思想观点，以致马克思主义社会学至今仍在世界学术之林中占有不可替代的地位和持续向前

① 戴维·哈维：《正义、自然和差异地理学》，胡大平译，上海人民出版社2015年版，第130页。

② 曼纽尔·卡斯特：《网络社会的崛起》，夏铸九、王志弘等译，社会科学文献出版社2001年版，第15页。

发展的活力，而且还在于一些同马克思主义社会学有明显分歧的社会学流派，也吸收或借鉴了马克思主义社会学的实践原则、辩证思维方式和矛盾分析方法，在面对当代人类社会的新现象和新问题的思考中，阐述了很多反映了马克思主义社会学深厚影响的新理论或新学说。

第十六章　从物理学到现象学：空间社会学的知识基础转移

自20世纪70年代以来，当代社会学发生了很多新的变化，而在众多变化中，空间社会学研究以其崭新视野迅速发展，是最引人注目的变化之一。虽然社会学在经典时期就已经开始了对社会空间问题的关注，并且也形成了很多关于空间位置和空间关系的思想理论，但同20世纪70年代以来的当代空间社会学相比，在理论基础、方法原则和价值取向等方面还存在着明显区别。当代空间社会学是在其知识基础发生从物理学向现象学转移，研究方式从结构论向空间论转变的基础上形成的，而其理论视野则广阔地展开于地理空间、社会空间、网络空间和表象空间的四个维度及其紧密联系中。清楚认识空间社会学研究的历史演化和当代视野，对于在新的历史条件下进一步推进空间社会学研究，具有十分重要的学术价值和实践意义。

一、传统空间社会学的物理学基础

社会学在建立之初就对社会生活中的空间现象或空间问题开始了研究，孔德、迪尔凯姆和齐美尔等经典社会学家都阐述了自己的空间社会学观点。孔德认为实证社会学研究的唯一特性是"到处由相对代替绝对的倾向"①。绝对的倾

① 奥古斯特·孔德：《论实证精神》，黄建华译，商务印书馆2001年版，第31页。

向是德国古典哲学的抽象思辨，而相对的倾向就是在特定的时空范围中开展脚踏实地的实证研究。孔德社会学思想的时空意识还体现在实证社会学的追求目标上。孔德一再宣称，实证社会学的追求目标是具有协调关系的社会秩序与社会进步。“新哲学认为，秩序向来是进步的基本条件，而反过来，进步则成为秩序的必然目标。正如在动物力学中那样，平衡与前进，作为基础或作为目标，彼此不可或缺。”①实际上，孔德所理解的社会秩序，就是社会结构呈现的相对平衡的空间状态，而社会进步则是社会结构发展前进的时间过程。

受到康德的感性时空论影响，迪尔凯姆十分重视在时空关系中考察和分析社会现象。迪尔凯姆明确地论述了“时间”和“空间”在社会学研究中的重要性。他认为，时间和空间既是社会事实的存在形式，也是人们认识社会事实的基本框架，只有在时间和空间关系中，才能形成对社会现象的清楚认识。“时间的概念或范畴不仅仅是对我们过去生活部分或全部的纪念，还是抽象的和非个人的框架，它不仅包含着我们的个体实存，也包含着整个人类的实存。它就像一张无边无际的图表，所有绵延都在心灵之前展开，所有可能发生的事件都可以按照固定的、确定的标线来定位。”②

在《社会分工论》中，迪尔凯姆从空间关系论述了社会变迁过程中社会密度、物质密度和道德密度的问题。他指出：“如果我们把人们的相互结合及其所产生的非常活跃的交换关系说成是动力密度或道德密度的话，那么分工的发展直接与这种密度成正比例关系。”③随着社会的发展，物质密度和道德密度的增加，劳动分工也随之增强，专业领域也迅速扩展。其中，物质密度的增加，是指同一空间内人口的增长，使得人口密度增加；而道德密度的增加，则指的是社会互动频度的增加，即人们精神和活动方面的频率加大，其中包含了道德规范和道德关系的复杂化。物质密度和道德密度的增加，必然带来生存竞争的

① 奥古斯特·孔德：《论实证精神》，黄建华译，商务印书馆 2001 年版，第 40 页。

② 爱弥尔·涂尔干：《宗教生活的基本形式》，渠东、汲喆译，上海人民出版社 1999 年版，第 12 页。

③ 爱弥尔·涂尔干：《社会分工论》，渠东译，生活·读书·新知三联书店 2000 年版，第 214 页。

激化，因而职业专门化即劳动分工增加。

在《宗教生活的基本形式》中，迪尔凯姆把集体表象的形成与发展同时空形式紧密结合起来论述。他指出："本书呈现给读者的总的结论是：宗教明显是社会性的。宗教表现是表达集体实在的集体表现。"① （这里把"集体表现"译为"集体表象"更符合作者原意。）②"集体表现是广泛合作的结果，它不仅延展到了空间，也延展到了时间；各种各样的心灵联合、结合和组合起来，构成了它们的观念和感情，构成了这些表现；对于这些表现来说，它们是由世世代代的经验和知识长期积累而成的。"③迪尔凯姆重视表象在集体或群体行为中的作用，本身就是一种空间社会学关注。不仅表象是形象性的感性认识，而且表象所呈现的内容与形式也是在空间形式中展现的。

在经典社会学关于空间问题的研究中，齐美尔论述的空间社会学思想是最丰富的。当齐美尔提出社会形式研究或"社会关系的几何学"时，实际上已经明确地提出了社会学研究的空间特征。因为社会关系是在一定社会条件下产生，这里的社会条件必然包含时空条件。在对"社会的空间和空间的秩序"的论述中，齐美尔展现了两种不同维度的空间。第一种维度的空间是物理意义上的空间，主要作用体现为：空间为事物提供了场所；空间通过改变条件性因素而制约事物发展。在这种维度下，"空间依旧总是毫无作用的形式"。第二种维度的空间为心灵及互动视角下的空间，"并非空间，而是它的各个部分的由心灵方面实现的划分和概括，具有社会的意义……空间从根本上讲只不过是心灵的一种活动"④。

齐美尔还认为，社会学一定要通过空间形式、空间关系和空间过程才能实

① 爱弥尔·涂尔干：《宗教生活的基本形式》，渠东、汲喆译，上海人民出版社 1999 年版，第 11 页。

② 参见刘少杰：《中国网络社会的集体表象与空间区隔》，《江苏行政学院学报》2018 年第 1 期。

③ 爱弥尔·涂尔干：《宗教生活的基本形式》，渠东、汲喆译，上海人民出版社 1999 年版，第 17 页。

④ 盖奥尔格·西美尔：《社会学关于社会化形式的研究》，林荣远译，华夏出版社 2002 年版，第 460 页。

现从实际出发、面向经验事实的研究任务。齐美尔指出："社会学上的兴趣只有在一种特殊的空间位形开始发挥作用的点上才与迄今为止所观察的种种现象相联系，而在另一些现象中，社会学上重要的东西存在于事件过程中，在一个群体的空间规定性通过它的真正社会学的形态和能量而获得的作用中。"① 也就是说，呈现某种空间形式的社会现象不是静止状态，它一定要展开为事件的动态发展过程，因此，要在表现为各种空间规定性的事件过程中开展社会学的观察与思考。齐美尔还从空间是人类的感性认识形式和感性活动场所出发，充分论述了人们的感觉器官、感性意识、感性关系和感性生活同社会空间的关系。

比迪尔凯姆和齐美尔等经典社会学家在欧洲开展空间问题研究稍晚几年，美国芝加哥学派也开展了深入实际的城市空间社会学研究。莫里斯·詹诺维茨在评论芝加哥学派的空间社会学研究时指出："当时的学术界有一种思潮，主张把城市看作社会学研究的专门客体，这种思潮对于城市社会学的芝加哥学派推动极大。这几位大师当时很热衷于研究城市社区的复杂性，想通过研究它的迷离表象揭示出其中隐藏的规律。"② 被称为大师的芝加哥学派代表人物是帕克、伯吉斯和麦肯齐等人，他们把生态学的理论视角引入了城市空间分析，在居住状况和群体关系的基础上揭示了城市社区空间分布的理论模型。像詹诺维茨指出的那样，芝加哥学派承继了把社会现象作为客体分析，并揭示其展开结构与发展规律的实证主义立场。

帕克等芝加哥学派成员在坚持实证主义立场的同时，强调了心理状态、风俗习惯和文化传统等因素在城市生活中的地位与作用。帕克指出："城市，它是一种心理状态，是各种礼俗和传统构成的整体，是这些礼俗中所包含，并随

① 盖奥尔格·西美尔：《社会学关于社会化形式的研究》，林荣远译，华夏出版社 2002 年版，第 516 页。

② R. E. 帕克、E. N. 伯吉斯、R. D. 麦肯齐：《城市社会学》，宋俊岭、郑也夫译，商务印书馆 2012 年版，第 2 页。

传统而流传的那些统一思想和感情所构成的整体。”①可见，帕克高度重视心理状态和文化传统，而不是单纯关注城市的居住分布和地理环境，这似乎与坚持物理学立场的严格实证主义不同。然而，对心理和文化现象的关注并不意味着把社会当作物看待的立场发生了转变。“城市绝非简单的物质现象，绝非简单的人工构成物。城市已同其居民们的各种重要活动密切地联系在一起，它是自然的产物，而尤其是人类属性的产物。”②帕克的观点表明，他们仍然把城市作为具有客观性的自然的产物，区别不过在于重视了城市社会的人文色彩。

芝加哥学派把他们的城市空间社会学研究称为人类生态学。麦肯齐给人类生态学作了界定，他指出：人类生态学“是研究人类在其环境的选择力、分配力和调节力的影响作用下所形成的在空间和时间上的联系的科学。人类生态学尤其注重研究区位（position）包括在时间和空间两个概念上，对于人类组结方式和人类行为活动的影响”③。人类生态学强调了人在城市时空中的地位与作用，这确实有别于把社会单纯作为物看待的立场，但生态学是在地理学和生物学的基础上形成的，就像斯宾塞的生物学立场同孔德物理学立场没有本质区别一样，人类生态学不过是坚持客观论的物理学立场，把人类、地理环境和社会关系放到一个系统中开展具有整体联系的研究罢了。

综上所述，19世纪后期至20世纪初期的西方社会学已经开展了空间社会学研究，并形成了一些比较重要的学术成果和学术流派。虽然这个时期的空间社会学已经呈现了一定程度的丰富性，但从其所立足的基本立场、方法论原则和理论取向上看，基本上都坚持了实证主义或物理学主义的客观论立场。进一步说，无论经典时期空间社会学的视野有多么广阔，其方法原则、基本观点或

---

① R. E. 帕克、E. N. 伯吉斯、R. D. 麦肯齐：《城市社会学》，宋俊岭、郑也夫译，商务印书馆2012年版，第4页。

② R. E. 帕克、E. N. 伯吉斯、R. D. 麦肯齐：《城市社会学》，宋俊岭、郑也夫译，商务印书馆2012年版，第4页。

③ R. E. 帕克、E. N. 伯吉斯、R. D. 麦肯齐：《城市社会学》，宋俊岭、郑也夫译，商务印书馆2012年版，第61—62页。

理论构架大都建立于物理学的知识基础之上。

这里所谓知识基础，不仅是指一个学科建立与发展所依靠的知识背景和思想观点的知识来源，更重要的是指该学科开展学术研究所依据的思维方式、方法论原则和价值立场。所谓思维方式最基本的含义是指思维活动展开的基本关系和认知模式，当孔德和迪尔凯姆强调实证社会学要把社会当作外在的“物”去看待并揭示其客观本质和自然规律时，他们就是在坚持以物理学为代表的主客二元对立的思维方式，并且，正是这种思维方式规定了他们坚持的客观反映论和排斥价值追求的方法原则与价值立场。

孔德和迪尔凯姆所立足的基础是物理学的基本立场和方法原则。孔德要把实证社会学建设成社会物理学，而迪尔凯姆则更明确地宣称：“关于把社会事实视为物这个命题，是我方法的基础。”①“凡是供我们观察的一切，凡是呈现在我们面前的一切，或更确切地说，凡是要求我们观察的一切，都是物。把社会现象作为物来研究，就是把社会现象作为构成社会学研究的出发点的实物论据来研究。”②把社会现象作为物来研究，就是像物理学那样坚持从客观性、外在性的立场来观察社会现象、分析社会问题，进而揭示社会生活的本质联系、运行模式和发展规律。

孔德和迪尔凯姆的社会物理学立场受到了斯宾塞的反对，斯宾塞认为，社会是有生命的有机体，应当用生物学而不是物理学的方法来研究社会有机体。用生物学的方法把社会作为生命有机体看待，这比把社会当成物理学面对的无生命之物似乎更符合社会的实际。然而，如果看到斯宾塞主张更加严格的客观主义立场，坚持用自然主义眼光去观察和分析社会有机体的客观结构，那么可以说斯宾塞坚持的生物学立场同孔德和迪尔凯姆的物理学立场并无本质上的区别。

韦伯主张的理解论研究方法，通常被认为是同实证社会学的物理学研究方

① E. 迪尔凯姆：《社会学方法的准则》，狄玉明译，商务印书馆 1995 年版，第 7 页。

② E. 迪尔凯姆：《社会学方法的准则》，狄玉明译，商务印书馆 1995 年版，第 47 页。

法明确对立的。韦伯不同意迪尔凯姆把社会现象当作“物”去研究的观点，韦伯指出：“社会学应该被称之为一门想解释性地理解社会行为，并且通过这种办法在社会行为的过程和影响上说明其原因的科学。”①并且，韦伯认为，社会行为的本质特点是人们在主观意愿上发生了联系的行动，因此，研究社会行为必须理解人们的主观意愿及其相互联系，而不能把它等同于客观的“物”去看待。在这个意义上，韦伯的理解论同实证主义的社会物理学方法是明确对立的。

然而，韦伯的理解论同实证论的对立是不彻底的，其价值中立原则同实证主义和物理学的客观原则在本质上是相同的。韦伯在论述社会科学的研究方法时指出：“价值中立作为经验科学的原则向文化科学提出了客观性要求：将价值判断从经验科学的认识中剔除出去，划清价值判断与科学认识的界限。”②“经验科学只能告诉人们事实怎么样，它可能怎么样，但绝不能教导人们应当怎么样，后者完全取决人们自己依据于一定价值取向的选择。”③可见，韦伯的理解论或解释学立场包含着排斥价值原则的客观主义原则，而这正是实证社会学从物理学那里移植而来的立场与方法。

概而言之，经典社会学是以物理学的客观主义原则为基础的，特别是其关于社会空间现象的本质联系、结构功能、发展规律等理论追求，不过是以经典物理学为代表的传统科学的学术视野和理论指向在空间社会学中的表现。因此，经典的空间社会学的知识基础或方法原则就是经典物理学。这个指向客观性的基础与原则，被经典社会学家认为是区别于哲学、文学和个体心理学的根本立场或本质特点，是实证社会学实现了精神史革命的标志，是不能放弃或不可改变的。④

---

① 马克斯·韦伯：《经济与社会》，林荣远译，商务印书馆 1997 年版，第 40 页。

② 马克斯·韦伯：《社会科学方法论》，韩水法、莫茜译，中央编译出版社 2002 年版，第 19 页。

③ 马克斯·韦伯：《社会科学方法论》，韩水法、莫茜译，中央编译出版社 2002 年版，第 22 页。

④ 参见奥古斯特·孔德：《论实证精神》，黄建华译，商务印书馆 2001 年版，第 10 页。

二、现象学对物理学主义的空间论批判

正当经典社会学坚持以物理学为模本的实证主义立场对社会空间开展客观性研究之时，对实证主义的立场与方法开展的批判却逐渐兴起。在接踵而至的批判浪潮中，最激烈的批判莫过于法兰克福学派。在20世纪三四十年代，马尔库塞等法兰克福学派成员认为实证主义的物理主义立场和客观主义原则，弱化了思想理论界乃至社会各界的批判意识，扫平了法西斯主义泛滥流行的道路。马尔库塞尖锐地指出："孔德的实证哲学奠定了反对理性主义否定倾向的社会理论的基本结构。它是为资产阶级社会作意识形态的辩护，而且，它孕育了为极权主义社会作辩护的萌芽。实证哲学和非理性主义之间的联系形成了随着自由主义衰落而产生的极权主义观念论的特征，这一联系在孔德的著作中尤为显著。"①

法兰克福学派对实证主义的批判，重点在于揭示其片面强调外在客观性和因排斥价值评价而弱化了具有批判性的辩证思维，进而导致思想理论对法西斯主义放松警惕，在响应实证主义服从统治、维护秩序的号召中对法西斯主义放任自流，最终导致了对人类的空前浩劫。在法兰克福学派对实证主义开展激烈的意识形态批判的同时，现象学从学术基础或思想根基上对实证主义开展了深入的学术批判。

虽然胡塞尔对实证主义和物理主义的批判早在20世纪初就已经开始，但最集中也是最深入的批判是阐述于1936年前后写作的《欧洲科学的危机与超越论的现象学》。20世纪30年代，正是法西斯主义泛滥成灾的年代，像法兰克福学派一样，胡塞尔对科学危机的论述，与法西斯主义造成的社会危机直接相关。胡塞尔指出："在19世纪后半叶，现代人的整个世界观唯一受实证科学

① 马尔库塞：《理性与革命》，程志民等译，重庆出版社1993年版，第309页。

的支配，并且唯一被科学所造成的‘繁荣’所迷惑，这种唯一性意味着人们以冷漠的态度避开了对真正的人性具有决定意义的问题。单纯注重事实的科学，造就单纯注重事实的人。”①单纯注重事实的科学就是以物理学为模本的实证哲学或实证社会学，它高举科学的旗帜却放弃了对人生的关怀和对人性的追求，造就了仅仅关注客观事实而不顾人生扭曲和人性压抑，放纵了法西斯主义的泛滥，进而导致了科学与社会的双重危机。

胡塞尔进一步揭示了实证科学危机的要害或实质：“在我们生存的危急时刻，这种科学什么也没有告诉我们。它从原则上排除的正是对于在我们这个不幸时代听由命运攸关的根本变革所支配的人们来说，十分紧迫的问题：即关于这整个的人的生存有意义与无意义的问题。这些对所有的人都具有普遍性和必然性的问题难道不也要求进行总体上的思考并以理性的洞察给予回答吗？”②人类生存的意义或价值，正是实证主义或实证社会学回避或放弃的问题，而坚持意义或价值的追求，就是对人的自由的肯定与捍卫。

为了更深刻地揭示实证科学单纯客观主义的错误根源，胡塞尔对实证科学的模本——古典物理学开展了追根溯源的批判。物理学是借助数学特别是几何学发展起来的，因此，胡塞尔对物理学主义的批判开始于对数学或几何学的批判。胡塞尔指出：“首先是提供给数学（作为几何学和作为数和量的形式的—抽象的理论）的普遍的任务，这种任务具有一种全新的，古代人不知道的样式。古代人就已经在柏拉图理念学说的指导下将经验的数、量，经验的空间图形，即点、线、面、体，都理念化了；并借此将几何学的命题和证明改造为理念的—几何学的命题和证明。”③几何学是关于空间的数学，把几何学的空间图形理念化，即像柏拉图的理念说那样把这些空间概念和空间图形原则化、普遍化。

用几何学理念开启自然现象或物理空间研究的代表首先是伽利略。伽利略

① 胡塞尔：《欧洲科学的危机与超越论的现象学》，王炳文译，商务印书馆 2017 年版，第 16 页。
② 胡塞尔：《欧洲科学的危机与超越论的现象学》，王炳文译，商务印书馆 2017 年版，第 18 页。
③ 胡塞尔：《欧洲科学的危机与超越论的现象学》，王炳文译，商务印书馆 2017 年版，第 33 页。

创造了一种“纯几何学”，“即关于空间时间的一般形态的纯数学：它作为古老的传统呈现于伽利略面前，处于生动地向前发展的过程中，因此一般说来，就如同它对于我们自己也在那里存在着一样，一方面作为关于‘纯粹理念东西’的科学，另一方面被经常实际应用于感性经验的世界”①。这种几何学空间或物理学空间，是被概念化的纯粹理念，它相当于柏拉图所论述的绝对理念，被伽利略普遍化为可以解释一切经验现象的原则或根据。

尤其重要的是，这种具有普遍性的纯几何学或量化物理学空间观念，甚至成为人们在生活世界中的思维方式或认知模式，以致“在日常生活中，我们对于先验理论与经验之间的转变都很熟悉，以致我们通常都倾向于不区分几何学所谈论的空间和空间形态与经验显示中的空间和空间形态，仿佛它们是同一个东西”②。然而，正如胡塞尔一再强调的那样，几何学或物理学的空间观念是经过抽象化的，是关于人性自由、生活意义和生命价值等主观因素都已从中被过滤掉了的实证科学观念。把实证科学的空间观念混同于日常生活中实际存在的空间形态，不仅犯了实证科学或物理学空间观念普泛化的错误，而且还发生了对日常生活中的经验空间简单化或抽象化认知的错误。

用几何学、物理学的空间观念去观察和揭示日常生活中的经验空间，更严重的后果是忘却了作为意义基础的生活世界。“伽利略在其从几何学出发，从感性上呈现的并且可以数学化的东西出发，对世界的考察中，抽去了在人格的生活中作为人格的主体；抽去了一切在任何意义上都是精神的东西，抽去了一切在人的实践中附到事物上的文化特性。通过这种抽象产生出纯粹物体的东西；但是这种纯粹物体的东西被当作具体的现实性来接受。”③一个没有人格主体、精神和文化的纯粹物体的世界，是一个抽象的客观世界，而不是现实的生活世界，于是，生动而充满丰富意义的生活世界被遮蔽、被忘却了。

胡塞尔发出了放弃单纯客观主义立场而转向以生活世界为基础的呼唤：

---

① 胡塞尔：《欧洲科学的危机与超越论的现象学》，王炳文译，商务印书馆2017年版，第37页。
② 胡塞尔：《欧洲科学的危机与超越论的现象学》，王炳文译，商务印书馆2017年版，第37页。
③ 胡塞尔：《欧洲科学的危机与超越论的现象学》，王炳文译，商务印书馆2017年版，第80页。

“预先给定的生活世界的存在意义是主观的构成物，是正在经历着的生活的，前科学的生活的成就。世界的意义和世界的存在的有效性，就是在这种生活中建立起来的，而且总是那个特定的世界对于当时的经历者现时有效。”①可见，转向以生活世界为基础，就是从单纯的客观主义立场转向注重主观性的立场，是从抽象的科学世界转向具体的日常生活世界。

胡塞尔所呼唤的这种生活世界，实质上正是社会学研究必须面对甚至必须身处其中的日常经验世界。也正是在这个意义上，胡塞尔关于以生活世界为基础的空间研究，发生了同社会学的视界融合。在生活世界中，我们“与当前的、过去的、将来的另一些人，一起存在于共同体之中，以现在、那时、将来这些样式一起存在于共同体之中”②。生活世界是人类互为主体的世界，是以群体关系生活在一起的世界，是每个人的周围世界，是未分化的原初世界。

不过，需要指出的是，尽管胡塞尔呼唤的生活世界与社会学面对的经验世界实质上是同一个社会空间，但现象学在其中关注的同社会学还是不同的。社会学在作为经验过程的生活世界中看到的是那些人们的感性经验活动及其展开的社会关系，社会学认为其所看到的就是具体的社会生活本身；而现象学则认为，人们在生活世界中观察的首先是人们在日常生活中形成的知觉。生活世界被现象学看成包含着主体交互性、生活意义与生命价值、主观意向和理想要求的知觉空间，在人们的视野中呈现为知觉的空间表象。因此，现象学视野中的生活世界的主要特点是其主观性，抑或共主观性、交互主观性，而这与实证社会学把社会生活当作客观的物来看待的观点是截然对立的。

强调从知觉出发来理解生活世界乃至科学世界，梅洛－庞蒂在这一点上作了更加明确的论述。在评述胡塞尔现象学基本立场时，梅洛－庞蒂指出：“整个科学世界是在主观世界之上构成的，如果我们想严格地思考科学本身，准确地评价科学的含义和意义，那么我们应该首先唤起对世界的这种体验，而科学

① 胡塞尔：《欧洲科学的危机与超越论的现象学》，王炳文译，商务印书馆2017年版，第91页。

② 胡塞尔：《共主观性的现象学》第3卷，王炳文译，商务印书馆2018年版，第577页。

则是这种体验的间接表达。”① 这里所指的作为科学基础的体验，就是被梅洛－庞蒂认为具有首要地位的知觉，是人的认识活动与实践行为的前提或基础。“世界本身，大致可以定义为全部可知觉物、作为万物之物的世界本身，也不应被理解为数学家或物理学家所言意义上的客体……而应被理解为所有可能存在的知觉的普遍风格。”② 可见，梅洛－庞蒂像胡塞尔一样坚定地反对物理学或实证科学的单纯客观主义立场。

梅洛·庞蒂进一步从身体活动和身体图式论述知觉空间的整体性和基础性。他以马克斯·韦特海默（Max Wertheimer，1880—1943）的心理学实验为例说明身体、知觉和空间的关系。③ 被试者在镜中看到了一个他不在其中的镜像，但当被试者的目光离开镜子后，他在镜中形成的影像知觉仍然使他能想起生活在镜中的房间里。也就是说，知觉是感受、表象或认知生活空间的基础，人可以依靠知觉而实现对空间的进入与占有。“通过我的身体对世界的某种占有，我的身体对世界的某种把握。”④

知觉具有形象性、整体性和身体性，而以知觉为基础对空间的认知和占有，就是一种生动的、具体的、整体的认知和占有，其表现就不仅是对周围世界空间的表象认识，而且还要依据身体的综合感受、生活经历对世界给出道德评价和理想预期。“一个空间平面的构成只是一个充满物体的世界的构成方式之一：当我的知觉尽可能地向我提供一个千变万化的且十分清晰的景象时，当我的运动意向在展开时从世界得到所期待的反应时，我的身体就能把握世界。在知觉中和在活动中的这种最大清晰度规定了一个知觉的基础。我的生活的一个背景，我的生活和世界共存的一个一般环境。”⑤

---

① 莫里斯·梅洛－庞蒂：《知觉现象学》，姜志辉译，商务印书馆 2003 年版，第 3 页。

② 莫里斯·梅洛－庞蒂：《知觉的首要地位及其哲学结论》，王东亮译，生活·读书·新知三联书店 2002 年版，第 13 页。

③ 参见莫里斯·梅洛－庞蒂：《知觉现象学》，姜志辉译，商务印书馆 2003 年版，第 318 页。

④ 莫里斯·梅洛－庞蒂：《知觉现象学》，姜志辉译，商务印书馆 2003 年版，第 318—319 页。

⑤ 莫里斯·梅洛－庞蒂：《知觉现象学》，姜志辉译，商务印书馆 2003 年版，第 319 页。

总之，梅洛－庞蒂进一步坚持了现象学强调从主观性出发来认识社会生活的空间关系的立场，并且把对空间知觉或空间表象的主观意识的强调，扩展到身体的综合感受，即不仅重视知觉表象的主观意识，而且还从身体的处境、身体的行动和身体的环境与经历来看知觉形成的整体性。于是，梅洛－庞蒂把身体作为最基本的也是首要的空间，考察人是怎样依据身体知觉亦即身体空间去进入、接受和占有社会空间。在这个意义上，知觉现象学向人们展开了一个更加重视人类主体性和实践性的社会空间观。

三、以现象学为基础的当代空间社会学

现象学对物理学主义或实证主义的空间论批判，对当代社会学的空间研究产生了深远影响。自 20 世纪 60 年代始，以福柯、布迪厄和列斐伏尔等一批法国社会学家，积极吸收和借鉴现象学的思想观点与方法原则，掀起了从结构论向空间论转变的学术浪潮，并逐渐波及欧美其他国家社会学界，当代空间社会学以其崭新的面目而迅速崛起。

提到当代空间社会学，在中国社会学界通常首先想到的是以列斐伏尔为代表的法国新马克思主义空间社会学，但实际上，福柯以现象学为基础开展的空间社会学研究要早于列斐伏尔。早在 1963 年出版的《临床医学的诞生》中，福柯开篇就宣布："这是一部关于空间、语言和死亡的著作。"[①]福柯首先考察了分类医学和解剖医学治疗精神病的档案，论述了医生依据不同的医学知识形成医学表象对身体空间开展的不同治疗，揭示了治疗过程中知识话语、空间表象和医治权力的关系。在福柯看来，无论是分类医学还是解剖医学，其诊治过程都是医生通过接受和储备特定时代的医学知识而形成对疾病的医学表象，然后

① 米歇尔·福柯：《临床医学的诞生》，刘北成译，译林出版社 2011 年版，第 1 页。

用医学表象去对照患者的身体状态，形成在某种空间环境中的疾病诊断，进而实施医学治疗。因为医生接受的医学知识不同，对同一种疾病形成的表象和实行的治疗也不同，并且治疗的结果也不同。

福柯的分析说明，医生对疾病的观察与治疗，是在接受某种医学知识形成医学表象后去面对患者的身体状况，医生诊断疾病并非直接面对患者的实际身体状况，而是首先直接面对医学表象和在医学表象作用下生成的患者身体表象。医生同患者之间的直接关系，实质上是医生头脑中关于疾病的医学表象，同医生目视患者而形成的身体表象的对照。如果这两种表象具有相符性，医生就可以作出疾病的诊断并采取治疗措施。因此，医学表象是在治疗之前就已经形成了以医学知识为根据的具有改造身体权力的空间表象，“这个空间是一个有深度的空间，先于一切感知而存在，而且从远处控制着感知；正是以这个空间为基础，通过疾病所配置和安排等级的肉体组织，疾病出现在我们的目视之下，体现在一个活生生的有机体中。”①

表象是在记忆中储存下来并可以在社会中传递的知觉，当福柯从医学表象、身体表象和知识、权力与空间的关系对临床医学作出分析时，其实也就是接受了现象学关于知觉、身体和空间等方面的基本观点和立场。正如胡塞尔和梅洛-庞蒂强调的那样，人们的认识和行动，并不是直接以客观存在为对象的，人们首先、直接或实质面对的是在某种知识的规定下经过外物刺激而形成的知觉表象。这是现象学考察各种现象的基本原则或基本立场，也是同物理学主义和实证主义最明确对立的基本观点。福柯接受了现象学的这个基本观点，并以之为基本原则或基本立场开展了身体规训、表象化惩罚、全景敞视监控和社会治理等方面的空间社会学研究。

福柯以现象学为知识基础的空间社会学研究，直接影响了布迪厄等人的社会学研究。虽然布迪厄延续了社会学研究的某些传统，例如坚持开展对社会实践和社会关系的结构论分析，但他的一个非常明确的立场是把所关注的社会现

① 米歇尔·福柯：《临床医学的诞生》，刘北成译，译林出版社 2011 年版，第 3 页。

象放到社会场域中考察分析，而场域就是空间场所或空间关系。布迪厄对场域中的惯习、身体图式、实践感等重要问题的论述，同福柯和现象学关于知觉、表象、身体和空间关系的论述有紧密联系，充分显示了现象学的理论与方法已成为布迪厄空间社会学研究的重要的知识基础。

列斐伏尔对城市空间开展的研究开始于20世纪60年代后期，是在1968年的巴黎五月风暴以及60年代后期的大规模城市改造的影响下开始的。列斐伏尔在五月风暴和城市改造中发现了城市空间中的社会矛盾和激烈冲突，统治者和金融资本联手把城市空间作为生产对象，在空间资源的重新配置和经营交易中获得巨额利润，而基层社会成员和产业工人，却在城市空间的改造中处于被排挤和剥夺的地位。于是，列斐伏尔从政治经济学的角度对后工业社会条件下的空间生产开展了批判。

作为法国新马克思主义的代表人物，列斐伏尔对空间生产的批判首先是建立在马克思主义思想理论之上的。在这个意义上，列斐伏尔开展空间研究的知识基础首先是马克思主义思想理论。然而不能忽视的是，列斐伏尔在继承马克思主义的实践立场、批判原则、阶级分析、矛盾分析等基本观点的同时，也大量吸收了现象学的思想观点和方法原则。列斐伏尔对空间问题的如下阐述，明确地显示了现象学的立场与原则对他的影响：

> a）空间观念的理论规定是什么？精神空间（感知的、想象的、被表现的）与社会空间（被建构的、被生产的、被规划的，尤其是都市空间）之间是什么关系？即表现的空间（l’espace de représentation）与空间的表现（la représentation de l’espace）①之间是什么关系？
>
> b）空间（被表现的、被设计的、被建立的）是如何进入社会、经济，或者政治、工业与都市的实践中的？空间的观念在什么地方、什么时候表

① 从列斐伏尔使用这个词赋予的含义看，représentation应当翻译为表象，因为这个词是被作为观念使用的，因此不应译为表现。l’espace de représentation，即表象的空间；la représentation de l’espace，即空间的表象。

现出来？这一观念在什么时候会表现出它的有效性？在怎样的范围内？①

从列斐伏尔对空间问题的上述论述可以看出，他已经接受了现象学重视主观空间（空间表象与表象空间）和主体建构性（建构、生产、规划）的原则，而不是仅从政治经济学视角对空间生产、空间价值、空间占有和空间冲突等问题开展研究。正是这种吸收了现象学注重空间主观性的基本原则，才使列斐伏尔开创的新马克思主义空间社会学具有对现实重大问题批判分析的深刻性。

列斐伏尔把现象学重视空间主观性的原则同政治经济学的立场综合起来，在哈维的空间社会学研究中得到了进一步发挥。哈维不仅像列斐伏尔那样站在马克思主义立场上对资本主义社会的空间生产开展了批判，而且他还试图把历史唯物主义同地理学综合起来——建立一种“历史—地理唯物主义”，展开了空间社会学研究的新视野。哈维概括了“历史—地理唯物主义”的基本观点：重视关于空间研究的历史条件；揭示围绕空间而展开的权力斗争；空间关系的生产是社会关系的产物；物质实践是最基础的经验空间；重视制度在社会空间、象征空间和符号空间中的制约作用；在思想、幻想和欲望等各种空间想象中揭示更加复杂的空间矛盾与空间冲突。②

虽然哈维对其“历史—地理唯物主义”的内容作了比较丰富的阐述，但最突出的特点是强调物质实践性和主体观念性。强调物质实践性是坚持历史唯物主义的基本立场，而强调主体观念性则是现象学的基本原则。哈维对现象学的直接论述较少，但他对福柯以现象学为基础的空间社会学思想理论予以高度重视，他对空间差异、空间表象、表象空间、身体空间、知识、权力与空间等问题的讨论，都显示了福柯现象学立场和思想观点对他的影响。

通过福柯进而受现象学的影响，在另一位新马克思主义者苏贾那里表现得更加清楚。苏贾将其空间社会学称为“后现代地理学”或“马克思主义地理学”，他不仅高度赞成列斐伏尔从物理空间、社会空间、表象空间考察城市空间中的

① 参见亨利·列斐伏尔：《空间与政治》，李春译，上海人民出版社 2015 年版，第 20 页。
② 戴维·哈维：《正义、自然和差异地理学》，胡大平译，上海人民出版社 2015 年版，第 128—130 页。

矛盾冲突，而且对福柯的空间思想观点也表示了高度认同。苏贾指出："福柯没有只关注于城市本身，而是通过观察源于空间、知识、权力的交叉关系所产生的'差异地点'开启了新的空间思维方法。"① 注重空间的异质性，是福柯空间社会学研究的突出贡献，苏贾认为，福柯新空间思维的贡献只有在现象学的角度才能充分展示。"福柯关于异位的异质性和关系性空间，既不是一种毫无内容的虚无，需要填入认知知觉的内容，也不是诸种物质形式的一种储藏室，需要在其所有的华丽的可变性方面从现象学的角度加以描述。"②

还有很多面对空间问题的当代社会学研究，其知识基础都不同程度地发生了向现象学的转移。产生这种理论现象的最重要的原因在于：超越单纯客观原则，在主体间性或共主观性的视角中展开新的学术视野。弗格森明确地揭示了当代空间社会学研究的知识基础转向现象学的原因："现象学与社会学的系统相关性产生于它们对主体间性的本质作出澄清的共同兴趣。现象学的洞见直指主体间性的中心，即自然态度与超验自我的现象学还原在特性中互为主体。"③ 胡塞尔阐述的生活世界之中的主体间性，其实也就是社会学直面社会生活中的人际关系或社会关系。"随着社会学对主体间的直接探索越来越深入，两个学科之间的牵涉也越来越深，社会学无法独立于现象学，现象学的发展也不可能不利用社会学所揭示的关于互为主体的实在的认识。"④

弗格森论述的社会学与现象学的这种内在联系，在吉登斯的时空社会学研究中也表现得十分明确。吉登斯把超越个体在场局限性、在日常生活的时空延

① 爱德华·W.苏贾：《寻求空间正义》，高春花、强乃社等译，社会科学文献出版社 2016 年版，第 99 页。

② 爱德华·W.苏贾：《后现代地理学——重申批判社会理论中的空间》，王文斌译，商务印书馆 2017 年版，第 27 页。

③ 哈维·弗格森：《现象学与社会学》，刘聪慧、郭之天、张琦译，北京大学出版社 2010 年版，第 90 页。

④ 哈维·弗格森：《现象学与社会学》，刘聪慧、郭之天、张琦译，北京大学出版社 2010 年版，第 90 页。

伸关系中研究社会秩序，看成是社会理论的根本问题。①“如果说，我们只有通过日常活动在社会实践中的反思性构成，才能把握主体，那我们脱离了例行性的日常生活，脱离了身体活动及行动者生产和再生产的进行处所，就无法理解人格结构。以实践意识为基础的例行化概念是结构化理论的关键所在。”②当吉登斯在主体互动性关系中面对日常生活世界在时空延伸中的社会秩序时，他的学术视野不可避免地同现象学发生了重合，现象学的方法原则成为其研究时空问题的重要基础。

吉登斯非常重视梅洛－庞蒂关于身体、空间和知觉等思想观点，他指出：“共同在场的社会特征以身体的空间性为基础，同时面向他人及经验中的自我，戈夫曼倾注了大量精力对此进行了分析，特别是有关‘脸面’的问题。但对这一问题最有说服力的思考或许得算是梅洛－庞蒂了。”③正是重视和借鉴了梅洛－庞蒂知觉现象学的观点，吉登斯对知觉和表象等感性意识在实践中的基础地位，身体图式对例行化行为的支配作用，身体定位、情景互动和空间延伸的构成方式，开展了大量富有现象学色彩的时空社会学研究。④

四、新形势下空间社会学研究的选择

虽然从现象学对实证社会学的批判可以看出二者在立场和方法上的鲜明对

---

① 参见安东尼·吉登斯：《社会的构成》，李康、李猛译，生活·读书·新知三联书店1998年版，第101页。

② 安东尼·吉登斯：《社会的构成》，李康、李猛译，生活·读书·新知三联书店1998年版，第133页。

③ 安东尼·吉登斯：《社会的构成》，李康、李猛译，生活·读书·新知三联书店1998年版，第138页。

④ 参见安东尼·吉登斯：《社会的构成》，李康、李猛译，生活·读书·新知三联书店1998年版，第195页。

立，但从以现象学为知识基础开展的当代空间社会学研究还可以看出，现象学与社会学又具有不可否认的内在联系。弗格森对现象学和社会学在形成起源、关注对象和理论追求等方面的本质联系做了深入考察。弗格森认为，现象学和社会学都是起源于对现代社会新现象、新经验的好奇与关注。“现代不仅是理性的年代，它也是惊异的年代、非凡的年代。非凡不只在对古代世界的发现中产生与重现，它更引人注目地出现在遥远未知土地的探索与征服中，以及对我们自身经验的探索中。”①

现象学和社会学都是观察经验现象的一种方式，区别在于：社会学站在经验论的立场上，对经验现象开展了直接的观察与描述；现象学不满足于对经验的直接观察与描述，而是要“洞见”，“不是把现象当作单纯的现象来对待，而是把它们化约/还原为基本知觉”②。从实证经验论角度看，现象学返回知觉的经验观察具有观念论的间接性，即没有直接面对现象本身；但在现象学看来，那些让人们感到新奇与惊异的新现象，首先是以知觉呈现在人们的观念中，必须通过知觉才能看清楚人们感到新奇与惊异的新现象。

虽然现象学关于知觉、身体和表象的研究并没有引起很多社会学研究的重视，“但在更具体的情境下，对时间、空间、身体、感觉、感知等现象学话题的历史及社会学研究都逐渐发展起来。尽管这些研究排斥或忽略现象学著作，但它们却经常通过描述现代经验来证明自身的价值，这种描述与现象学的洞见相符。因此，尽管还不明显，但新的主题思考与观点已经开始朝向建立一个真正的现象社会学”③。可见，弗格森期望建立一种在时空关系中关注身体与知觉、研究经验现象的现象学社会学。

---

① 哈维·弗格森：《现象学与社会学》，刘聪慧、郭之天、张琦译，北京大学出版社 2010 年版，第 18 页。

② 哈维·弗格森：《现象学与社会学》，刘聪慧、郭之天、张琦译，北京大学出版社 2010 年版，第 41 页。

③ 哈维·弗格森：《现象学与社会学》，刘聪慧、郭之天、张琦译，北京大学出版社 2010 年版，第 110 页。

应当肯定，弗格森的期望具有真实的现实基础。在进入21世纪以来的社会生活信息化和网络化大规模发展的新形势下，人类的行为与经验都发生了深刻变化，当代社会学面对的新经验现象，比现象学和社会学形成之初而为之惊奇的经验现象要复杂得多。特别是在信息化和网络化的推动下，不仅知觉、表象在信息交流与网络沟通中发挥了越来越重要的作用，调侃、段子、图片、笑脸、视频和抖音等情感沟通、知觉表象或影视图像的感性交往变得日益活跃，而且社会生活的时空关系也发生了空前深刻的变化。信息交流或网络传播的速度已经难以用时钟加以计量，出现了卡斯特所论的“无时间之时间”，而且还诞生了内容无限丰富、范围无限广阔的网络社会空间，社会空间发生了在场与缺场的双重分化。

在相当长一段时间内被称为虚拟空间的网络社会空间，人们现在已经日益清楚地认识到，虽然这是一个人的身体不在其中、面目不呈现出来的信息流动的空间，没有地方空间那样的边界性和实体性，但它不是一个虚拟的空间，而是有大量社会成员热烈参与的十分活跃的现实空间。截至2023年12月，中国网民规模已达10.92亿，全国互联网普及率已经达到77.5%。大量网民参与的网络空间，其中的网络活动已经遍及经济、政治、文化和日常生活各种领域，网络空间已经很少有人再称之为虚拟空间了。

虽然网络空间是每日每时都有数以亿计的网民参与其中的空间，是一个人们喜闻乐见的日常交流的空间，因此似乎是一个人们都十分熟悉的空间。然而，网络空间毕竟是由大部分社会成员还比较陌生的信息技术支撑的空间，信息技术把海量知识信息光速般地向网民传递，在网络空间快速传播。这种快速的海量信息供应，不仅引发了网络空间中的信息接受、知识图景和舆论表达的迅速更新，使网民在其中面对大量场景不断转换与形式持续翻新的新现象，并且这些新现象被大量新推出的流行话语或专业知识包装起来，刺激人们的知觉表象发生着难理其序的更迭。

对新形势下中国社会空间的不平衡发展而言，在现象学与社会学的综合视角中看到的空间变迁或新经验现象，就更值得在主观与客观的统一中开展一种新方式的研究。人民日益增长的美好生活需要和不平衡不充分的发展之间的矛盾是中国社会的主要矛盾，而这个主要矛盾是通过空间的差异性状态表现出来的。揭示差异、批判差异，是以现象学为基础的空间社会学研究的主要追求，面对中国社会的不平衡发展，重视差异性考察与分析的空间社会学研究获得了更大的施展空间。注重差异性的空间社会学研究，就是承认多样性、个别性、面向特殊性的空间研究，它将使人们更清楚、更具体地认清中国社会发展中的偏颇。

中国改革开放 40 多年来最明显的变化之一是城市空间的大规模开发。无论是北上广深这些超大城市和一些省会的特大城市，还是三线城市乃至县城乡镇，城市边界、建筑、街道和小区环境都发生了巨大而广泛的变化。比 20 世纪 60 年代后期开始的欧美城市开发规模大上数倍的中国城市房地产开发，其中的发展不平衡问题表现得更加尖锐。不仅出现了北上广深一线城市的房价比三线城市房价高上几倍的空间价值分化，而且同一城市之内的不同区域或不同位置的房产价格也明显分化，由此也导致城市居民家庭财产的分化。

城市居民因房产价格分化而导致的家庭财富分化，一定会反映到人们的空间认知、空间评价和空间表象上。特别是经由政策安排而产生的公租房、公产房、共产房、保障房、经济适用房和商品房等多样化产权，不同产权的房产在市场交易出现了巨大差别。同一城区的商品房在十几年中发生了飞速上涨，而公产房等难以进入市场交易，其所有者的财富增长相比商品房所有者而言停滞了。这些直接关系城市居民家庭财产和生活质量的变化，致使城市居民对房地产市场或空间价值的涨跌预期，对市场效应、政府行为和政策规定的认知与评价，形成了巨大差异和心理冲突。

凡此种种新形势下的新经验、新现象，都在呼唤以综合视角开展一种新空间社会学研究。应当超越物理学和现象学主客二元对立的思维方式，在主客统一中，从地理空间、社会空间、网络空间和表象空间的整体联系中，对当代中国社会以及人类社会的空间变迁，开展更深入、更符合实际的空间社会学研究。

第十七章　以实践为基础的当代空间社会学

自20世纪60年代以来，西方社会学发生了一场影响广泛的空间论转向。在当代各种空间社会学研究中，有一条清晰可见的发展线索，即从实践出发或立足实践开展对空间变迁、空间矛盾、空间权利、空间治理和空间秩序等方面的研究。而这种从实践出发的空间研究，通常都同马克思的实践观点保持着密切联系，清楚揭示这种联系的理论逻辑和现实基础，对于继承和坚持马克思的实践观点或实践原则，积极地借鉴空间社会学的研究成果，对改革开放以来的中国空间变迁、空间分化和空间矛盾开展深入研究，具有十分重要的理论意义与实践意义。

一、马克思的感性实践观点

提起实践，人文社会科学的研究者们通常都会想到马克思，因为实践是马克思主义的理论基石，马克思恩格斯正是在实践基础上建立起辩证唯物主义和历史唯物主义的理论大厦。1845年春季，马克思撰写了《关于费尔巴哈的提纲》（以下简称《提纲》），在这个被恩格斯称为包含了天才的新世界观的萌芽的文献中，马克思纲领性地阐述了他的实践观点。马克思说："从前的一切唯物主义（包括费尔巴哈的唯物主义）的主要缺点是：对对象、现实、感性，只是从客体的或者直观的形式去理解，而不是把它们当做感性的人的活动，当做实践去理解”[①]。这里，马克思首先批评了法国唯物主义者和费尔巴哈，指出他们在强调物质世界的客观性时没有看到能动的主观性，不懂得人类可以在自己意识的支配下去能动地改造客观世界。虽然费尔巴哈关心人、注重人的主体性，但是他关心的人是抽象的个人，他谈论的人的活动是宗教行为和伦理行为，所以他阐述的具有人本主义立场的唯物主义也是直观的、抽象的。

马克思肯定了德国古典哲学关于人的能动性的观点，但是他认为德国古典哲学坚持的能动性仅仅是思想观念的能动性，是以概念逻辑展开自身的思辨能动性，因此是抽象的。马克思说：“和唯物主义相反，唯心主义却把能动的方面抽象地发展了，当然，唯心主义是不知道现实的、感性的活动本身的。”[②]马克思一再强调感性的活动，这是针对唯心主义的理性活动而言的。自柏拉图开始，唯心主义者就一向贬低感性活动，柏拉图认为人类的生产劳动和日常生活行为都是低级的活动，是受意见和常识支配的活动，其展开形式或活动方式都是肤浅而充满了偶然性的，只有以理念—善为追求目的的理性活动才是至高无上的。德国古典哲学虽然在比较复杂的理论形式中处理人的理性活动同感性活动之间的关系，但其实质同柏拉图的理念论一样，仍然是崇尚人的理性活动而贬斥人的感性活动。

马克思的感性活动概念包含着对法国唯物主义直观性和德国唯心主义抽象性的超越。法国唯物主义者在强调外界事物的客观自在性和感觉经验对理性思维的基础性时，轻视了人的活动的主观能动性和理性思维对感觉经验的支配性；与法国唯物主义相反，德国古典哲学过高估计了理性思维对感性经验的支配作用，以至于无视感性经验的基础性，把人的实践活动也解释为理性逻辑的运动变化。马克思认为人类的实践活动既有感性实在性，又有理性能动性，是在理性思维支配下展开的创造性的感性活动。

马克思的“感性活动”概念同实践“概念”具有同等的含义，在这个意义

① 《马克思恩格斯文集》第1卷，人民出版社2009年版，第499页。

② 《马克思恩格斯文集》第1卷，人民出版社2009年版，第499页。

上，我们也可以把马克思的“实践”概念直接称为感性实践。当马克思把实践称为感性活动时，突出了实践的现实性和物质性。康德和黑格尔等人也对实践作出了丰富论述，但是康德讲的实践是道德践履，是在绝对命令支配下的从善行为；黑格尔讲的实践实质上是指绝对精神的活动，尽管他注意到实践因其自身的矛盾而运动变化，并且谈到劳动，但是他说的实践归根结底还是精神实践。马克思的“实践”概念经历了从精神实践到生产实践的发展过程，在《提纲》中，虽然马克思论述的“实践”概念不是仅指生产实践，是在一般意义上论及实践，其中包含了对实践的多种形式的概括，这一点在其撰写的《德意志意识形态》中有明确的阐述，然而，应当强调的是，尽管马克思认识到实践具有多种形式，但是，生产实践在他那里乃是主要的实践形式，是根本的作为其他实践的前提和基础的实践活动。

正是因为把生产实践作为根本的、主要的实践形式，马克思才强调实践是一种感性活动。在马克思那里，感性是同现实性和具体性紧密联系的。感性的活动是人们亲身经历的实际过程，是必须通过人的身体行动展开的过程。感性相对理性而言，理性活动不必通过身体经历实现，它可以通过概念思辨或逻辑推演来实现，就像黑格尔构建的逻辑体系一样，是一种间接性的观念活动；感性是直接性，感性活动依赖于人的感官在特定环境中展开，因此，无论是人体还是人体活动于其中的环境，都一定是具体的。正是感性活动或感性实践的具体性和条件性，决定了它是直接的现实性。

也正是对实践感性特质的深入论述，马克思的感性实践观点才为百年后兴起的当代空间社会学研究提供了理论基础。一方面，作为感性活动的实践，一定是在特定空间范围中发生和进行的活动，其活动者、活动对象、活动过程都一定呈现出各种空间形式，因此，立足感性实践和从感性实践出发的学术研究，不可回避地要面对空间存在、接触空间问题、开展空间思维；另一方面，面对具有真实内容的社会空间现象或社会空间问题，也一定同感性的实践活动发生必然联系，因为无论哪种社会空间现象或社会空间问题，一定是通过人们在特定条件中的感性实践而生成的。因此，从感性实践出发的学术研究和面对社会空间现象和空间问题的空间社会学，二者具有内在的本质的逻辑关系。

进一步说，身体行动、生产资料、活动场所、周围环境等实践要素，都是在特定空间范围中的感性存在，它们不仅呈现了具体的感性的空间形式，而且人们也只有用感性的空间知觉、空间表象才能明确地认识它们的存在状况和展开过程。因此，实践及其构成要素的感性特质和空间形式，决定了关注空间存在、揭示空间矛盾、分析空间表象的当代空间社会学，不仅要立足实践这个现实基础，而且要把马克思关于感性实践的基本观点作为思想来源甚至理论基础。

二、空间生产中的权利与矛盾

马克思阐述的感性实践观点，作为一种基本立场和方法原则，后来在列宁和以毛泽东为代表等的东方马克思主义和以卢卡奇、葛兰西、法兰克福学派为代表的西方马克思主义那里都得到继承和发扬。但把感性实践同空间社会学研究紧密联系起来，直到20世纪60年代才逐渐形成了学术热潮。最明确地从马克思主义实践立场出发开展空间社会学研究的，是法国新马克思主义者列斐伏尔。他直接以马克思的感性实践概念为基础，以巴黎等城市改造对基层社会成员城市权利侵占与剥夺、进而引发城市空间矛盾冲突等问题为研究对象，开启了以空间生产批判为主要内容的空间社会学研究。

在城市空间问题成为列斐伏尔学术研究的主要问题之前，他就对马克思的“实践概念”作了深入论述，特别是强调了实践的感性形式或感性特质。在1966年出版的著作《马克思的社会学》中，列斐伏尔明确指出，马克思的“实践”概念在马克思主义社会学理论体系中占有基础地位，尤其是马克思关于实践的感性特质的强调，蕴含了十分丰富的理论意义。“实践的概念预设了感性世界的复兴，以及作为对感性世界之关注的实践感的恢复。正如费尔巴哈所见，感性是所有知识的基础，因为它是存在（being）的基础。感性不仅意义丰富，它还是人类的创造。”①

由于列斐伏尔坚定地继承了马克思的感性实践观点，以致当他的学术目光聚焦于城市改造或城市矛盾时，便十分明确地从实践的立场、观点和方法去观察、思考展现在他面前的空间场景或感性存在。列斐伏尔把巴黎等地的大规模城市改造称为“空间生产”，而“空间生产”不过是以空间为对象的生产实践。“国家官僚主义的行为，按照(资本主义的）生产方式的要求对空间所进行的管理，也就是按照生产关系的再生产的要求对空间所进行的管理。这一实践的一个重要的、或许是根本的方面就出现了：将空间进行分割（fragmentation），以便用来买卖（交易）。”②

像马克思当年批判资本主义生产实践那样，列斐伏尔在巴黎等地的城市空间生产中看到的不仅是楼房和街道的拆迁重建，亦即物理空间的改变，更重要的是发现了社会空间的颠覆与重构。“不管在什么地方，处于中心地位的是生产关系的再生产。这一过程发生在每一个人的眼皮底下，并在每一项社会活动中完成，其中包括那些表面上最无关紧要的活动（休闲、日常生活、居住与住宅、空间的利用）。”③ 这里所指的生产关系，就是马克思所说的人们在生产实践中结成的人与人的关系，包括财产占有与分配关系，人与人之间的地位或阶级关系，居住与交往关系等。这种生产关系在空间生产中被改变了，弱势群体、工人阶级、基层社会成员，在城市改造中被排斥到城市边缘，而与政治权力勾结在一起的金融资本占领了城市中心，分割、掠夺和倾吞了城市资源与财富，城市居民的生存权利被剥夺了。④

列斐伏尔认为，空间生产“一开始涉及了实际空间，与社会实践相联系。

① 亨利·列斐伏尔：《马克思的社会学》，谢永康、毛林林译，北京师范大学出版社 2013 年版，第 24 页。

② 亨利·列斐伏尔：《空间与政治》，李春译，上海人民出版社 2015 年版，第 4—5 页。

③ 亨利·列斐伏尔：《空间与政治》，李春译，上海人民出版社 2015 年版，第 4 页。

④ 参见亨利·列斐伏尔：《空间与政治》，李春译，上海人民出版社 2015 年版，第 13 页。

由这一空间产生的问题构成，包含着一个由多个局部问题构成的总体，而这个总体具有一个和这些问题密切相关的特征：'空间性'"①。简言之，作为社会实践，从空间生产关系到社会生活的各种方面，是一个具有总体性的问题。正是在这个意义上，列斐伏尔还论述了空间生产引起的空间观念变迁问题。因为空间生产首先是一种物质生产活动，它不仅改变了城市物理空间的存在状态和社会空间的矛盾关系，而且一定要反映到人们的思想观念中，进而引起空间观念的变化。他进一步提出的问题是："空间观念的理论规定是什么？精神空间（感知的、想象的、被表现的）与社会空间（被建构的、被生产的、被规划的，尤其是都市空间）之间是什么关系？即表现的空间（l' espace de représentation）与空间的表现（la représentation de l' espace）②之间是什么关系？"③

列斐伏尔从实践出发对巴黎等城市空间改造中的空间权利、空间矛盾和空间冲突的研究，后来在哈维那里得到了更深入的推进与扩展。哈维反对把时间和空间问题作为单纯的客观现象去分析，认为"时间和空间的客观性在各种情况下都是由社会再生产的物质实践活动所赋予的，由于后两个方面在地理上和历史上变化着，因而我们发现社会时间和社会空间的建构有很大差别。简言之，各种独特的生产方式或者社会构成方式，都将体现出一系列独特的时间与空间的实践活动和概念"④。

通过对后工业社会城市空间开发与重构，金融资本与政府权力联合起来排斥工业产业，产业工人城市权利被剥夺，阶级关系和阶级地位重构，后现代文化氛围中的空间表象和表象空间的矛盾冲突、时空压缩与时空冲突、占领运动

① 亨利·列斐伏尔：《空间与政治》，李春译，上海人民出版社 2015 年版，第 20 页。

② l' espace de représentation 不如译为"表象的空间"，而 la represéntation de l' espace 不如译为"空间的表象"。实际上，列斐伏尔等人的空间社会学研究都受到了梅洛·庞蒂的知觉现象学的影响，而知觉现象学对感性的观念空间（即形象的能直接反映具体存在的感性认识：知觉和表象）作出了深入阐述。在感性认识角度讨论 représentation，理应将之译为"表象"，而不应译为"表现"。并且，这也符合汉语的习惯。

③ 亨利·列斐伏尔：《空间与政治》，李春译，上海人民出版社 2015 年版，第 20 页。

④ 戴维·哈维：《后现代的状况》，阎嘉译，商务印书馆 2013 年版，第 255 页。

中城市权力争夺与空间正义等方面问题的批判分析，哈维在十分广阔的视野中阐述了当代城市空间社会学研究的一系列重大理论问题，使当代空间社会学呈现出内容充实、问题重大和观点创新的理论体系。

三、空间治理中的权力与身体

在列斐伏尔把学术研究的视角聚焦于城市空间问题之前，福柯就已经对空间问题作出了很深入的论述。在1963年发表的《临床医学的诞生》这部著作中，福柯开篇就宣称："这是一部关于空间、语言和死亡的著作。"[①]确实如此，这部著作的主题就是考察医学根据什么样的知识或话语来治疗患者的身体疾病，不仅分析了不同话语知识同技术结合而形成了医治权力，进而对身体采取各种不同的治疗方式，而且还抨击了统治者利用话语知识同操作技术的结合，在维护社会秩序与促进社会进步的名义下，而对社会开展的旨在维护和巩固统治者权力的社会治理。

福柯抨击的社会治理也是一种社会实践，属于马克思论述的社会斗争实践范畴。列斐伏尔论述的空间生产是在特定地理范围中发生的具有明显物质性的感性实践，而福柯论述的则是一种在特定空间场所中展开的医学感性实践。虽然医学的治疗实践与城市改造的空间生产不同，但在通过感性行动、作用感性存在、形成感性表象等方面，都具有共同的感性实践特征。在稍晚出版的著作《知识考古学》中，福柯指出："我们理解的不仅是异质成分的并列、共存或者相互影响（如机构、技术、社会团体、感觉器官、各种话语之间的关系），而且还有由话语的实践——以确定的形成——建立起的它们之间的关系。"[②]

① 米歇尔·福柯：《临床医学的诞生》，刘北成译，译林出版社2011年版，第1页。

② 米歇尔·福柯：《知识考古学》，谢强、马月译，生活·读书·新知三联书店1998年版，第89页。

话语实践亦即以某种知识为根据利用操作技术而开展的实践。在医生那里是根据某种医学知识利用不同的医学技术或治疗手段而开展的对身体的诊断和医治，患者在医生面前是身体或精神不正常、有障碍的病人；在统治者那里，话语实践是根据某种社会科学知识，特别是各种管理知识，利用各种管理规则、制度、纪律、意识形态或价值原则而对社会开展的治理工程，社会在统治者或管理者面前是秩序紊乱、运行不正常的病态社会。可见，无论从哪个角度看，福柯论述的话语实践都是一种知识、技术、权力统一起来对身体和社会进行治疗或治理的过程，特别是当福柯把这些过程放到医院、监狱、刑场等特定空间考察时，就更加明确地具有了感性实在性，因此也可以称之为感性实践。

福柯关于临床医学三次空间化的论述，十分清楚地说明了医生治疗是一种感性实践。福柯写道："通过第一次空间化的作用，分类医学把疾病置于同系统的领域"①，即疾病被纳入分类医学知识领域，医生根据分类医学知识形成了对疾病的空间表象。"在第二次空间化的过程中……需要一种对个人的敏锐感知……医生和病人被卷入一种前所未有的亲密关系中，被绑在一起"②。其实，第二次空间化就是医生根据医学知识形成关于疾病的空间表象后，直接面对患者开展对身体的观察与治疗，是医生用医学的表象空间面对和诊治患者的身体空间。在第三次空间化中，"一个特定的社会圈定一种疾病，对其进行医学干涉，将其封闭起来，并划分出封闭的、特殊的领域，或者按照最有利的方式将其毫无遗漏地分配给各个治疗中心"③。福柯在《疯狂与文明》中讨论的中世纪对麻风病的治疗、文艺复兴时期对癫狂的治疗以及 17、18 世纪法国总医院对下层流民的监禁，都属于这种第三次空间化，实质上是医学的表象空间社会化，也就是以医学知识为根据形成的医学表象被强加于社会，医学表象成了控制、监禁、压迫社会的工具。

在《规训与惩罚》中，福柯通过刑罚从肉体撕裂的酷刑到表象化的社会化

---

① 米歇尔·福柯：《临床医学的诞生》，刘北成译，译林出版社 2011 年版，第 16 页。

② 米歇尔·福柯：《临床医学的诞生》，刘北成译，译林出版社 2011 年版，第 16 页。

③ 米歇尔·福柯：《临床医学的诞生》，刘北成译，译林出版社 2011 年版，第 16 页。

行刑，再到全景畅视监狱对社会的全面监控演变史的考察，更尖锐地揭示了知识、技术和权力扭结在一起，形成了越来越深入、越来越广泛的社会惩罚。“当整个社会处在制定各种程序——分配人员，固定他们的空间位置，对他们进行分类，最大限度从他们身上榨取时间和力量，训练他们的肉体，把他们的连续动作编入法典，在他们周围形成一种观察和记录机器，建立一部关于他们的知识并不断积累和集中这种知识时——，监狱已经在法律机构之外形成了。”①

可见，福柯同列斐伏尔一样，都是在具有感性特质的实践过程中，或以感性实践过程为对象开展了空间社会学研究。二者的区别不过在于：列斐伏尔通过对城市改造的物质生产过程——空间生产的批判，揭示了统治者在空间生产中对工人阶级和广大基层社会成员的权利剥夺；而福柯则在医学治疗和社会治理的话语实践中，其实质是在社会斗争中，揭示了知识、技术和权力结合起来在空间场所、空间关系和空间表象中实现了对身体与社会的治理和惩罚。

四、立足实践的空间社会学前景

还有很多学者像列斐伏尔和福柯那样从实践立场出发，通过对实践结构、实践关系或实践过程的研究，进入或展开了广阔的空间社会学视野。具有代表性的学者有布迪厄、吉登斯和卡斯特等人。

布迪厄的社会学思想理论受到了马克思主义的深刻影响，他像马克思那样把自己的学术研究立足于实践之上，明确主张从实践出发超越片面强调客观性的结构主义和片面强调主观性的建构主义，坚持在实践的主观与客观的辩证统一中考察和揭示社会的深层结构，创建了社会实践理论。华康德在评价布迪

① 米歇尔·福柯：《规训与惩罚》，刘北成、杨远婴译，生活·读书·新知三联书店 1999 年版，第 259 页。

厄的社会实践论时指出:“由此产生的社会实践理论综合了‘结构主义’和‘建构主义’两种途径。首先我们将世俗表象搁置一旁，先建构各种客观结构（各种位置的空间），亦即社会有效资源的分配情况；正是这种社会有效资源的状况规定了加诸互动和表象之上的外在约束。其次，我们再引入行动者的直接体验，以揭示从内部建构其行动的各种知觉和评价（及各种性情倾向）的范畴。”①

确如华康德所论，布迪厄从实践出发论述的社会深层结构，就是实践的行为结构，就是把实践放到场域中揭示其构成要素及其矛盾运行关系。场域是贯穿于布迪厄全部学说的核心概念之一，其实质就是把社会实践放到空间场所中加以考察和论述。“我们可以把场域设想为一个空间，在这个空间里，场域的效果得以发挥，并且，由于这种效果的存在，对任何与这个空间有所关联的对象，都不能仅凭其研究对象的内在性质予以解释。”②场域中的效果或有效资源，即社会资本、文化资本和经济资本等，是通过由前逻辑的“实践感”或作为身心图式的“惯习”支配的实践活动发挥作用的。总之，布迪厄具有创新性的思想观点大部分都是围绕场域空间、资源效果和社会实践而展开论述的。

与列斐伏尔和福柯具有强烈批判性的空间社会学研究不同，像布迪厄这样保留了一定程度客观性的空间社会学研究，在吉登斯那里也可以发现很丰富的内容。提到吉登斯对社会学的贡献，人们首先想到的是他的结构化理论，而结构化理论的主要内容是对存在于时间和空间中的社会实践的论述。吉登斯说:“我之所以提出结构化理论，其基本目标之一就在于宣告这些建立霸主体制的努力的破产。③在结构化理论看来，社会科学研究的主要领域既不是个体行动的经验，也不是任何形式的社会总体的存在，而是在时空向度上得到有序安排

---

① 皮埃尔·布迪厄、华康德:《实践与反思》，李猛、李康译，中央编译出版社 1998 年版，第 11 页。

② 皮埃尔·布迪厄、华康德:《实践与反思》，李猛、李康译，中央编译出版社 1998 年版，第 138 页。

③ 这里所批评的建立霸主体制的努力，是指解释社会学、结构主义和功能主义或者偏重主观性或者偏重客观性的社会学的学术追求，作者注。

的各种社会实践。”[①]也正是从社会实践出发，吉登斯论述了具有丰富新意的时空延展、时空抽离、空间脱域、惯例性行为、前台区域与后台区域、地方性和全球化等大量空间社会学思想理论，推进了当代空间社会学研究的进一步发展。

从实践出发，对当代空间社会学研究作出了开拓性贡献的还有卡斯特。在其代表作《信息时代三部曲》的第一部《网络社会的崛起》中，卡斯特从生产工具革新、生产力革命和生产方式变革出发，亦即从信息化时代的生产实践出发，论述了市场运行、企业经营和工作方式的变迁，揭示了网络社会经济基础和物质生活条件的变化；在《信息时代三部曲》的第二部《认同的力量》中，卡斯特论述了以社会认同为核心的各种社会运动，其实就是面对了马克思所论述的社会实践的另一种基本形式——社会斗争。而贯穿这两部著作的主要内容或中心线索，即在信息技术革命推动下网络社会崛起引起的时空变迁。卡斯特关于“无时间之时间”“流动的权力优先于权力的流动”“缺场交往”“缺场的流动空间”“传递经验”“空间重组了时间”等大量崭新的时空概念，深刻地反映了网络化时代的空间变迁，为当代空间社会学向崭新的网络信息空间的进军，引发了无限丰富的想象力和创造力。

本章考察的这些从实践出发而形成的空间社会学研究成果，对中国社会学立足本国实际，寻求学术创新具有十分重要的借鉴意义。40多年来，中国最重要的、最伟大的社会实践是改革开放，而改革开放引起的最显著、最普遍的变化是中国社会的空间变迁。回首40年改革开放实践，不仅能看到深圳、浦东、中关村等这些崭新而辉煌的城市空间，看到北京、上海、广州等超大城市的宏伟建筑，看到几亿人口大规模地向中心城市的流动，还能看到东南沿海地区的迅速发展而走向富裕，以及全国区域发展不平衡的情况。如何在改革开放的实践基础上或实践过程中，考察和总结这场全民参与的伟大实践及同时产生的空间创造、空间发展和空间不平衡，是中国社会学不可回避的时代课题。

---

① 安东尼·吉登斯：《社会的构成》，李康、李猛译，生活·读书·新知三联书店1998年版，第61页。

参考文献

上 篇

[1] 马克思：《关于费尔巴哈的提纲》，《马克思恩格斯选集》第 1 卷，人民出版社 2012 年版。

[2] 马克思：《德意志意识形态》，《马克思恩格斯选集》第 1 卷，人民出版社 2012 年版。

[3] 马克思：《1844 年经济学哲学手稿》，人民出版社 2018 年版。

[4] 柏拉图：《国家篇》，载苗力田主编：《古希腊哲学》，中国人民大学出版社 1989 年版。

[5] 亚里士多德：《形而上学》，商务印书馆 1959 年版。

[6] 笛卡尔：《哲学原理》，商务印书馆 1959 年版。

[7] 洛克：《人类理解论》，商务印书馆 1959 年版。

[8] 康德：《纯粹理性批判》，商务印书馆 1982 年版。

[9] 黑格尔：《哲学史讲演录》第 1—4 卷，商务印书馆 1978 年版。

[10] 黑格尔：《小逻辑》，商务印书馆 1980 年版。

[11] 文德尔班：《哲学史教程》上卷，商务印书馆 1989 年版。

[12] 李凯尔特：《文化科学和自然科学》，商务印书馆 1991 年版。

[13] 维柯：《新科学》，商务印书馆 1989 年版。

[14] 席勒：《审美教育书简》，北京大学出版社 1985 年版。

[15] 柯林伍德：《历史的观念》，中国社会科学出版社 1986 年版。

[16] F. C. S. 席勒：《人本主义研究》，上海人民出版社 1966 年版。

[17] 杜威：《人的问题》，上海人民出版社 1965 年版。

[18] 卡西尔：《人文科学的逻辑》，台湾联经出版事业公司 1986 年版。

[19] 卡西尔：《语言与神话》，生活 · 读书 · 新知三联书店 1988 年版。

[20] 维特根斯坦：《哲学研究》，生活 · 读书 · 新知三联书店 1992 年版。

[21] 海德格尔：《存在与时间》，陈嘉映、王庆节译，生活 · 读书 · 新知三联书店

1987 年版。

[22] 利科尔:《解释学与人文科学》，河北人民出版社 1987 年版。

[23] 哈贝马斯:《交往与社会进化》，重庆出版社 1989 年版。

[24] 库恩:《必要的张力》，福建人民出版社 1981 年版。

[25] 费耶阿本德:《自由社会中的科学》，上海译文出版社 1990 年版。

[26] 夏皮尔:《理由与求知》，上海译文出版社 1990 年版。

[27] 波普尔:《客观知识》，上海译文出版社 1987 年版。

[28] 普特南:《理性、真理与历史》，辽宁教育出版社 1988 年版。

[29] 罗蒂:《哲学与自然之镜》，生活・读书・新知三联书店 1987 年版。

[30] 马尔库塞:《单向度的人》，上海译文出版社 1989 年版。

[31] 胡塞尔:《现象学与哲学危机》，国际文化出版公司 1988 年版。

[32] 伽达默尔:《科学时代的理性》，国际文化出版公司 1988 年版。

[33] 卢卡奇:《审美特性》第 1 卷，中国社会科学出版社 1986 年版。

[34] 赫勒:《日常生活》，重庆出版社 1990 年版。

[35] 皮尔森:《文化战略》，中国社会科学出版社 1992 年版。

[36] 丹尼尔・贝尔:《资本主义文化矛盾》，生活・读书・新知三联书店 1989 年版。

[37] 里克曼:《狄尔泰》，中国社会科学出版社 1989 年版。

[38] 肖前等主编:《辩证唯物主义原理》，人民出版社 1983 年版。

[39] 高清海:《哲学与主体自我意识》，吉林大学出版社 1988 年版。

[40] 涂纪亮:《英美语言哲学概论》，人民出版社 1988 年版。

[41] 殷鼎:《理解的命运》，生活・读书・新知三联书店 1989 年版。

[42] 张汝伦:《意义的探究》，辽宁人民出版社 1985 年版。

[43] 王永昌:《实践活动论》，中国人民大学出版社 1992 年版。

[44] E. Husserl : *Ideas Pertaining to a Pure Phenomenology and to a Phenomenological Philosophy*, Matinus Nijhoff Publishers, London, 1982.

[45] H. G. Gadamer : *Truth and Method*, The Crossroad Publishing Corporation, 1989.

[46] J. Habermas : *The Theory of Communicative Action*, Heinemann' London, 1984.

[47] G. B. Madison : *The Hermeneutics of Postmodernity*, Indiana University Press, 1988.

[48] P. Ricoeur : *The Rule of Metaphor*, Routledge and Kegan Paul Ltd., 1987.

[49] E. Bloch : *The Principle of Hope*, The MIT Press, 1986.

[50] J. Silverman, D. Ihde : *Hermeneutics and Deconstruction*, State University of New York Press, 1985.

[51] R. Wachterhauser : *Hermeneutics and Modern Philosophy*, State University of New York Press, 1986.

下 篇

[1]《马克思恩格斯全集》第 2 卷，人民出版社 2005 年版。

[2]《马克思恩格斯文集》第 1 卷，人民出版社 2009 年版。

[3]《马克思恩格斯文集》第 2 卷，人民出版社 2009 年版。

[4]《马克思恩格斯文集》第 4 卷，人民出版社 2009 年版。

[5]《马克思恩格斯选集》第 2 卷，人民出版社 2012 年版。

[6]《李大钊文集》(下)，人民出版社 1984 年版。

[7]《列宁全集》第 1 卷，人民出版社 2013 年版。

[8]《列宁专题文集　论辩证唯物主义和历史唯物主义》，人民出版社 2009 年版。

[9]《普列汉诺夫哲学著作选集》第 2 卷，生活・读书・新知三联书店 1961 年版。

[10]《瞿秋白文集》(政治理论编) 第 2 卷，人民出版社 1988 年版。

[11] D. P. 约翰逊:《社会学理论》，南开大学社会学系译，国际文化出版公司 1988 年版。

[12] E. 迪尔凯姆:《社会学方法的准则》，狄玉明译，商务印书馆 1995 年版。

[13] M. 怀特:《分析的时代》，杜任之主译，商务印书馆 1981 年版。

[14] R.E. 帕克、E.N. 伯吉斯、R.D. 麦肯齐:《城市社会学》，宋俊岭、郑也夫译，商务印书馆 2012 年版。

[15] 阿尔温・托夫勒:《第三次浪潮》，朱志焱等译，生活・读书・新知三联书店 1983 年版。

[16] 爱德华・W. 苏贾:《寻求空间正义》，高春花、强乃社等译，社会科学文献出版社 2016 年版。

[17] 爱弥尔・涂尔干:《孟德斯鸠与卢梭》，李鲁宁、赵立玮、付德根译，上海人民出版社 2003 年版。

[18] 爱弥尔・涂尔干:《社会分工论》，渠敬东译，生活・读书・新知三联书店 2000 年版。

[19] 爱弥尔・涂尔干:《宗教生活的基本形式》，渠敬东、汲喆译，上海人民出版社 1999 年版。

[20] 安东尼・吉登斯:《社会的构成》，李康、李猛译，生活・读书・新知三联书店 1998 年版。

[21] 奥古斯特・孔德:《论实证精神》，黄建华译，商务印书馆 2001 年版。

[22] 彼得・伯克:《历史学与社会理论》，姚鹏等译，上海人民出版社 2001 年版。

[23] 布赖恩・特纳:《社会理论指南》，李康译，上海人民出版社 2003 年版。

[24] 戴维・哈维:《后现代的状况》，阎嘉译，商务印书馆 2013 年版。

[25] 戴维·哈维：《正义、自然和差异地理学》，胡大平译，上海人民出版社 2015 年版。

[26] 戴维·麦克莱伦：《马克思传》，王珍译，中国人民大学出版社 2016 年版。

[27] 丹尼尔·贝尔：《后工业社会的来临》，高銛等译，新华出版社 1997 年版。

[28] 斐迪南·滕尼斯：《共同体与社会》，林荣远译，商务印书馆 1999 年版。

[29] 盖奥尔格·西美尔：《社会学关于社会化形式的研究》，林荣远译，华夏出版社 2002 年版。

[30] 哈贝马斯：《交往行为理论》，曹卫东译，上海人民出版社 2004 年版。

[31] 哈贝马斯：《交往与社会进化》，张博树译，重庆出版社 1989 年版。

[32] 哈维·弗格森：《现象学与社会学》，刘聪慧、郭之天、张琦译，北京大学出版社 2010 年版。

[33] 亨利·列斐伏尔：《空间与政治》，李春译，上海人民出版社 2015 年版。

[34] 亨利·列斐伏尔：《马克思的社会学》，谢永康、毛林林译，北京师范大学出版社 2013 年版。

[35] 胡塞尔：《共主观性的现象学》第 3 卷，王炳文译，商务印书馆 2018 年版。

[36] 胡塞尔：《欧洲科学的危机与超越论的现象学》，王炳文译，商务印书馆 2017 年版。

[37] 胡塞尔：《现象学与哲学的危机》，吕祥译，国际文化出版公司 1988 年版。

[38] 卡斯特：《网络社会的崛起》，夏铸九、王志弘等译，社会科学文献出版社 2006 年版。

[39] 孔德：《论实证精神》，黄建华译，商务印书馆 2001 年版。

[40] 李达：《现代社会学》，武汉大学出版社 2007 年版。

[41] 利奥塔：《后现代知识状态——关于知识的报告》，车槿山译，生活·读书·新知三联书店 1997 年版。

[42] 梁漱溟：《中国文化要义》，学林出版社 2000 年版。

[43] 刘少杰：《后现代西方社会学理论》（第二版），北京大学出版社 2014 年版。

[44] 刘少杰：《经济社会学的新视野：理性选择与感性选择》，社会科学文献出版社 2005 年版。

[45] 刘少杰：《中国社会学的发端与扩展》，中国人民大学出版社 2007 年版。

[46] 刘易斯·A. 科瑟：《社会学思想名家》，石人译，中国社会科学出版社 1990 年版。

[47] 鲁思·华莱士、艾莉森·沃尔夫：《当代社会学理论》，刘少杰等译，中国人民大学出版社 2008 年版。

[48] 马尔库塞：《爱欲与文明》，黄勇、薛民译，上海译文出版社 1987 年版。

[49] 马尔库塞：《理性与革命》，程志民等译，重庆出版社 1993 年版。

[50] 马科斯·韦伯：《经济与社会》，林荣远译，商务印书馆 1997 年版。

［51］马克斯·韦伯：《社会科学方法论》，韩水法、莫茜译，中央编译出版社 2002 年版。

［52］迈克尔·曼：《社会权力的来源》第一卷（上），郭台辉等译，上海人民出版社 2018 年版。

［53］曼纽尔·卡斯特：《网络社会的崛起》，夏铸九、王志弘等译，社会科学文献出版社 2001 年版。

［54］米歇尔·福柯：《规训与惩罚》，刘北成、杨远婴译，生活·读书·新知三联书店 1999 年版。

［55］米歇尔·福柯：《临床医学的诞生》，刘北成译，译林出版社 2011 年版。

［56］米歇尔·福柯：《知识考古学》，谢强、马月译，生活·读书·新知三联书店 1998 年版。

［57］莫里斯·梅洛－庞蒂：《知觉的首要地位及其哲学结论》，王东亮译，生活·读书·新知三联书店 2002 年版。

［58］莫里斯·梅洛－庞蒂：《知觉现象学》，姜志辉译，商务印书馆 2003 年版。

［59］莫伟民、姜宇辉、王礼平：《二十世纪法国哲学》，人民出版社 2008 年版。

［60］尼·布哈林：《历史唯物主义理论》，人民出版社 1983 年版。

［61］皮埃尔·布迪厄、华康德：《实践与反思》，李猛、李康译，中央编译出版社 1998 年版。

［62］乔纳森·特纳：《社会学理论的结构》（上），邱泽奇等译，华夏出版社 2001 年版。

［63］乔治·瑞泽尔、D.J. 古德曼：《古典社会学理论》，北京大学出版社 2004 年版。

［64］王元明：《行动与效果：美国实用主义研究》，中国社会科学出版社 1998 年版。

［65］萧灼基：《恩格斯传》，中国社会科学出版社 2008 年版。

［66］Granovetter，M，Getting A Job：*A Study of Contacts and Careers*，Cambridge，MA. Harvard University Press，1974.

［67］Karl Polanyi，Conrad Aresenberg，and Henry Pearson，eds.，*Trade and Market in the Empires Glencoe*，Ⅲ：Free Press，1957.

［68］陈兆芬、都超：《列宁优良作风的回顾与启示》，《武汉理工大学学报（社会科学版）》2016 年第 6 期。

［69］成伯清、李林艳：《激情与社会——马克思情感社会学初探》，《社会学研究》2017 年第 4 期。

［70］丁克全：《关于社会学内容体系的建议——兼论社会学与历史唯物主义》，《社会科学战线》1981 年第 3 期。

［71］费孝通：《关于社会学的几个问题》，《社会科学研究》1982 年第 5 期。

［72］冯钢：《马克思的“过渡”理论与“卡夫丁峡谷”之谜》，《社会学研究》2018 年第 2 期。

［73］洪大用：《超越西方化与本土化——新时代中国社会学话语体系建设的实质与方

向》，《社会学研究》2018年第1期。

[74] 李培林：《20世纪上半叶的唯物史观社会学》，《东岳论丛》2009年第1期。

[75] 刘少杰：《社会学的语言学转向》，《社会学研究》1999年第4期。

[76] 刘少杰：《网络化时代的社会空间分化与冲突》，《社会学评论》2013年第1期。

[77] 刘少杰：《中国网络社会的集体表象与空间区隔》，《江苏行政学院学报》2018年第1期。

[78] 潘革平：《布鲁塞尔：〈共产党宣言〉诞生的地方》，《参考消息》2018年5月1日。

[79] 潘允康：《社会学和历史唯物主义》，《中国社会科学》1981年第6期。

[80] 魏特尔、惠松、从明：《历史唯物主义和社会学的关系》，《现代外国哲学社会科学文摘》1983年第6期。

[81] 应星：《事件社会学脉络下的阶级政治与国家自主性——马克思〈路易·波拿巴的雾月十八日〉新释》，《社会学研究》2017年第2期。

[82] 张德琴：《马克思主义研究的社会理论视角以及社会学马克思主义——回应邹诗鹏教授》，《江苏社会科学》2012年第5期。

[83] 张敦福、周汝静：《马克思主义经济社会学及其消费理论研究：危机与重建》，《中共福建省委党校学报》2012年第4期。

[84] 邹诗鹏：《唯物史观与经典社会理论》，《学术研究》2010年第1期。

后　记

本书的上篇“实践理解论引论”，是我在恩师高清海先生精心指导下完成的博士论文。1989年9月至1993年6月，我在吉林大学哲学系攻读博士研究生，虽然恩师当时已是年逾花甲，但身体健康、精力充沛，为推进马克思主义哲学改革创新作出了重大贡献，在国内外学术界产生了深远影响。

1994 年，我的博士论文在吉林大学出版社出版。因为所获出版资助很少，印数甚微，没有进入发行渠道。博士论文编入本书，未做任何改动，主要是为了纪念恩师逝世 20 周年。这篇论文从选题到立论和行文论述，通篇饱含了恩师对学生的辛勤培育。

下篇“社会理解论”中的 9 篇论文，是关于当代社会学的思维方式转变、以实践为基础的空间社会学发展，以及马克思主义社会学的学术地位、理论贡献和历史机遇等方面的研究成果。这些研究成果坚持以实践为基础，在辩证关系中去理解社会发展变迁和思想理论演变，可以看作是在恩师指导下形成的理论基础和学术追求的进一步扩展。

人民出版社郭彦辰编辑为本书的出版做了很多工作，付出了辛苦的劳作，在此表示诚挚的谢意！

刘少杰

2023 年 8 月于北京世纪城时雨园